35/N.

274

The
Oxford Book of
German Verse

The
Oxford Book of
German Verse

From the 12th to the
20th Century

THIRD EDITION

EDITED BY

E. L. STAHL

OXFORD
AT THE CLARENDON PRESS
1967

Oxford University Press, Ely House, London W.1

GLASGOW NEW YORK TORONTO MELBOURNE WELLINGTON
CAPE TOWN SALISBURY IBADAN NAIROBI LUSAKA ADDIS ABABA
BOMBAY CALCUTTA MADRAS KARACHI LAHORE DACCA
KUALA LUMPUR HONG KONG TOKYO

FIRST EDITION 1911
SECOND EDITION 1927
THIRD EDITION 1967

PRINTED IN GREAT BRITAIN

PREFACE TO THE
THIRD EDITION

A^N anthology was originally intended to be a garland of short lyric poems. This idea has long since been modified: it is now established practice to include in an anthology longer poems not necessarily of purely lyric quality. Thus H. G. Fiedler incorporated in the previous edition of this book such lengthy descriptive and reflective poems as Schiller's *Das Lied von der Glocke*. I have gone further by including, with other long pieces, *Der Spaziergang*, some of Hölderlin's elaborate later poems, and the full text of Klopstock's *Die Frühlingsfeier* and Novalis's *Das Lied der Toten* represented in the previous edition only in an abbreviated form.

These extensions have resulted in changing the general character of the book. I have tried, as far as possible, to preserve the flavour which H. G. Fiedler gave to his selection, but I have also made quite radical alterations. Above all, I have renounced rigorous allegiance to the principle of 'popularity' which Gerhart Hauptmann in his 'Geleitwort' to the first edition singled out as guiding the original choice of poems in implementation of Goethe's 'Plan eines lyrischen Volksbuches'. Fiedler skilfully achieved this aim at a time when the task of compiling an anthology of German poetry for use in England was still conditioned by the need to make an immediate impact. His pioneering effort was crowned with the

v

success it deserved because he largely drew upon the 'Lied', the ballad, and gnomic or aphoristic verse to effect the desired appeal.

Towards the same end the commanding position enjoyed by German composers at the beginning of the present century proved an invaluable aid. The links between German music and poetry, particularly in the Romantic era, are intimate and manifold, but they are no longer considered to be of primary importance, Bertolt Brecht and other writers of 'chansons' notwithstanding; nor is music held to be the ideal condition to which poetry invariably aspires. The evolution of new types of poetry in the post-Romantic era has led to a re-assessment of the production of earlier ages. The appearance of political verse in the second half of the nineteenth century, the emergence of 'objective' forms of poetry such as 'Dinggedichte' in the work of Mörike and C. F. Meyer, and the evolution of Symbolist poetry have all tended to relegate the 'Lied' and kindred lyric forms from the dominant position which they formerly held in anthologies of German poetry.

I have followed these trends of reappraisal in my choice of poems from the work of earlier writers as well as more recent ones. I have perhaps omitted an inordinately large number of poets represented in the former selection—some 45 in all—whose contribution lay principally in the field of 'Stimmungslyrik' and of purely confessional or emotional utterance. Their expression of gentle melancholy has yielded to the harshness and acerbity so characteristic of modern German poetry, in the work of the ten or so recent poets who are new to the Oxford Book of German Verse.

PREFACE TO THE THIRD EDITION

In accordance with modern trends and changes of taste I have also revised the selections from several poets already well represented. More attention has been paid to the later work of Goethe and Heine as well as to Hölderlin's poetry, all of which has won high esteem in recent criticism. Even Romantics like Eichendorff and Brentano now seem less carefree than some earlier anthologists thought: I have accordingly found room for some of their more astringent lyric utterances. I have also filled what I consider to be gaps in most current presentations of the poetry of the Romantic era by giving examples from the work of Friedrich Schlegel and Ludwig Tieck, just as I have tried to fill in missing details in the over-all picture of eighteenth-century poetry by drawing, if only in small measure, upon Uz, Matthisson, and Stolberg, who are admittedly minor poets, yet whose work, historically, is neither without importance nor lacking intrinsic merit.

An even greater shift of emphasis has been brought about by my taking into account the results of recent scholarship on the form and style of the poetry written in the earlier and the later Middle Ages and during the seventeenth century. They have necessitated an increase, however modest, in the selection of poets and of their work from those important phases of German literature. By the same token a new selection has been made from the work of poets of the twentieth century such as Stefan George and Rilke by stressing aspects of their later writings. Others, like Morgenstern and Trakl, find a place for the first time, as do a number of different poets whose writings have become more widely known since the last revision of the Oxford Book of German

Verse. I decided have to conclude the anthology with a brief selection from the poetry of Bertolt Brecht because it marks the end of a definable epoch. The poets belonging to the generation which emerged after the Second World War are not represented here: some of their work will be found in W. Rose's *Book of Modern German Lyric Verse.*

One other change made in the present edition should be noted. Following the example of editors of other Books in the same series, for editorial matter I have used the medium of English where Fiedler used German. Moreover, in compiling the Notes I have adopted the practice of giving some data about the poets' lives and adding bibliographical material which may be found useful by students of German poetry.

H. G. Fiedler translated the poems he selected from the medieval period into New High German (see his 'Vorwort', p. xiii). I have kept the Middle High German form in my selection (nos. 1–18) but have modernized the spelling in all the poems from subsequent periods. In the case of Stefan George and Hans Arp, their own prescriptive spelling and punctuation have been carefully preserved.

E. L. S.

Oxford
May 1966

viii

GELEITWORT

WAS mein Freund Professor Fiedler im Auftrage der altehrwürdigen Universität Oxford an poetischem Gut aus acht Jahrhunderten mit Liebe und tiefem Verständnis zusammengetragen und in ein gegenwärtiges Ganzes vereinigt hat, kommt dem sehr nahe, was Goethe für ein lyrisches Volksbuch fordert. Der große Dichter schrieb achtzehnhundertacht „Über den Plan eines lyrischen Volksbuches": „Das Vortreffliche aller Art, das zugleich populär wäre, ist das Seltenste. Dies müßte man zu allererst aufsuchen und zum Grunde der Sammlung legen."

Das *Oxforder Buch deutscher Dichtung* ist im edelsten Sinne deutsch-populär. Sein Herausgeber hat Vortreffliches aller Art, das zugleich populär ist, dem Werke zu Grunde gelegt und darauf weiter gebaut.

Wo das Eigenste und Verbreitetste eines Volkes seinen Ausdruck gefunden hat, wird es auch dem Nachbarvolke am besten verständlich werden, und zwar eben dort und in jenen Kreisen des Nachbarvolkes, wo dessen poetisch Vortrefflichstes und zugleich Eigenstes lebendig ist.

Wer sich veranlaßt sieht, einem Buche wie diesem geleitende Worte voranzustellen, empfindet die ehrenvollste Verantwortung und fühlt sich zugleich durch eine Übermacht poetischen Reichtums eingeschränkt. Alle diese gepflückten Blumen aus den Gärten vieler Jahrhunderte reden nicht nur durch eigene Form, Farbe und Duft, sondern der Geist erfüllt sich durch sie mit

Gesichten vergangener Weltalter, weiter Gefilde, darin sie
wurzelten, und deren letzte, übrig gebliebene Zeugen sie
sind; oder sie sind mit Namen verknüpft wie Walther
von der Vogelweide, Martin Luther, Klopstock, Goethe,
Schiller, Hölderlin und anderen, von denen jeder allein
zum ewigen Thema geworden ist.

Bis zur Gegenwart fortgesetzt, enthält diese Sammlung
aber auch jüngere und jüngste poetische Elemente. Der
Herausgeber konnte und wollte, als eine überall mit dem
lebendigsten Leben der Kultur verknüpfte Persönlich-
keit, seinen Blick vor dem Werden unserer Tage nicht
verschließen. Nur eine Zeit, in der es aus dem Reichtum
des Muttergrundes schöpferisch keimt, schwillt, wächst
und zum Lichte drängt, ist wert der großen Vergangen-
heit und vermag sich wahrhaft in deren Besitz zu setzen.
Auch hier ist es nicht anders als in der Natur, wo die Saat
zur Ernte, die Ernte zur Saat werden muß und zwar
mittelst der immer lebendigen Ur-Scholle.

Namen wie Eichendorff, Lenau, Hebbel, Annette von
Droste-Hülshoff, Mörike, Keller, Meyer, Storm, Lilien-
cron, Dehmel, Dauthendey und andere decken reiche und
besondere Welten und erweisen, daß es in Deutschland
immer noch reichlich fruchttragende Gelände des Geistes
gibt.

Wer wollte sich anmaßen, von einem solchen Kultur-
besitz, wie er hier aufgespeichert ist, nach seiner Breite
und Tiefe, nach der Summe dessen, was an verschieden-
artigem Metall, an Klang, Schicksal, Philosophie und
Volkstum in ihm enthalten ist, Rechenschaft anzutreten?
Der mächtige Schatz widerstrebt seinem Wesen nach
der Ausmünzung. Das Beste an ihm ist selbst bei
vollster Realität nicht mit Händen zu greifen und am

allerwenigsten dann, wenn es in einer Seele zum vollsten
Besitz geworden ist.

Alles übrige angehend, wird man dem Buche Beurteiler
und warme Freunde wünschen, etwa von der Art des
großen George Meredith, die dem deutschen Wesen ver-
wandt und offen sind: gute Genien, denen es gegeben ist,
den beseelten Gehalt dieser mannigfaltigen Dichtungen
zu erschließen, unter ihre Wurzeln hinab und über die
Sphäre ihres besonderen Blütenaroms hinauf zu dringen.
In der Hut solcher Fürsprecher werden die Kinder
deutscher Erde, selbst von der eigenen Scholle losgelöst,
nicht entwurzelt sein und auch inmitten stammver-
wandter Volkskreise eine Art Heimatsrecht genießen.

GERHART HAUPTMANN

Agnetendorf im Riesengebirge

VORWORT

DAS *Oxforder Buch deutscher Dichtung* schließt sich in Anlage und äußerer Form den Oxforder Sammlungen englischer, französischer und italienischer Gedichte an, weicht aber in manchen Einzelheiten von ihnen ab. Außer lyrischen Gedichten und Balladen wurde auch eine Auswahl aus dem reichen Schatze deutscher Spruchdichtung aufgenommen, und um dem Ganzen einen einheitlichen Charakter zu geben, sind die Anmerkungen in deutscher Sprache abgefaßt. Die Anordnung ist chronologisch, doch ist die Zeitfolge der Gedichte hie und da zu Gunsten einer Gruppierung nach künstlerischen Gesichtspunkten oder inneren Zusammenhängen leicht verschoben worden.

Die Gedichte, die zum eisernen Bestande jeder deutschen Anthologie geworden sind, mußten auch den Grundstock dieser Auswahl bilden, doch wird man darin auch manchem Gedichte selbst älterer Zeit begegnen, das in früheren Sammlungen fehlt. Ich habe mich bemüht Dichter jeder Richtung zu Worte kommen zu lassen und habe heiteren Gedichten neben ernsten, schlichten neben gedankenschweren, ja selbst Kinderliedern eine Stelle gegönnt, wenn sie mir vortrefflich in ihrer Art, gesund und echt schienen.

Die Lieder und Sprüche aus der Zeit der Minnesänger habe ich ins Neuhochdeutsche übersetzt; in den Gedichten des 15. und 16. und der ersten Hälfte des 17. Jahrhunderts habe ich die Schreibung und schwierigere Wortformen, in den späteren aber nur die Schreibung

modernisiert. Im übrigen habe ich die Texte nach den besten Drucken, in der Regel nach der letzten vom Dichter überwachten Ausgabe, gegeben.

In den Anmerkungen habe ich zusammengestellt, was mir zum Verständnis der Gedichte notwendig oder förderlich schien. Veraltete oder seltene Wörter, schwierigere Konstruktionen, technische Ausdrücke, Anspielungen auf Gestalten der Geschichte oder Sage habe ich in möglichst knapper Form erklärt und bin literarischen Einflüssen und den Stoffquellen der Balladen nachgegangen. Allgemeine biographische Angaben über die Dichter sind ausgeschlossen worden, dagegen habe ich besondere äußere Umstände oder persönliche Stimmungen, denen die Gedichte entsprangen, angedeutet, wenn möglich in des Dichters eigenen Worten.

Die Anregung zu dem Versuche die wichtigeren Kompositionen der Gedichte anzugeben verdanke ich den Arbeiten meines verehrten Freundes Professor Dr. Max Friedländer, besonders seinem grundlegenden Werke „Das deutsche Lied im 18. Jahrhundert", Stuttgart, Cotta. Für die späteren Perioden hat mir auch Ernst Challiers „Großer Lieder-Katalog", obwohl er sich auf einstimmige Lieder beschränkt, wesentliche Dienste geleistet.

Großen Dank schulde ich Frau Baronin Dr. Marie von Ebner-Eschenbach, Frau Dr. Ricarda Huch, den Herren Dr. Ferdinand Avenarius, Victor Blüthgen, Geheimen Justizrat Professor Dr. Felix Dahn, Max Dauthendey, Dr. Richard Dehmel, Gustav Falke, Dr. Gerhart Hauptmann, Dr. Paul von Heyse, Dr. Hugo von Hofmannsthal, Arno Holz, Dr. Wilhelm Jensen, Freiherrn Dr. Börries von Münchhausen, Dr. Richard Schaukal und Dr. Carl Spitteler für die Erlaubnis zum Abdruck ihrer

Gedichte; Frl. Joh. Achgalis für ein Gedicht von Hermann Allmers, Frl. Marie Fitger für Gedichte von Arthur Fitger, Frau Elisabeth Förster-Nietzsche für ein Gedicht von Friedrich Nietzsche, Frau Julie Weitbrecht für ein Gedicht von Karl Weitbrecht, Herrn V. von Scheffel für ein Gedicht seines Vaters Viktor von Scheffel, Herrn Justizrat Ernst Storm für Gedichte seines Vaters Theodor Storm und Herrn Senats-Präsidenten Dr. Thomsen für Gedichte von Klaus Groth; den Verlegern C. F. Amelang in Leipzig für Gedichte von Martin Greif, J. G. Cotta-Nachfolger in Stuttgart für Gedichte von Theodor Fontane, Emanuel Geibel, Wilhelm Hertz, Hans Hoffmann, Gottfried Keller, Hermann Lingg und Friedrich Theodor Vischer, G. Grote in Berlin für ein Gedicht von Julius Grosse, H. Haessel in Leipzig für Gedichte von Conrad Ferdinand Meyer, Hesse und Becker in Leipzig für Gedichte von Ferdinand von Saar, Schuster und Loeffler in Berlin für Gedichte von Detlev von Liliencron und ein Gedicht von Peter Hille, und dem Insel-Verlage für Gedichte von Otto Julius Bierbaum. Genaue Angaben über die benutzten Ausgaben dieser Gedichte habe ich in den Anmerkungen gedruckt.

Möge das Buch Freude an deutscher Dichtung wecken und fördern!

<div style="text-align: right">H. G. FIEDLER</div>

Oxford, am 27. September 1911

ZUR NEUEN AUSGABE

Die Sammlung, bis zur Gegenwart fortgeführt, ist um achtundfünfzig Gedichte (521–5, 528–9, 536–55, 562–4, 566–93) von den folgenden Verfassern vermehrt worden:—Ricarda Huch, Cäsar Flaischlen, Anna Ritter, Hugo Salus, Ernst Zahn, Rudolf Binding, Stefan George, Carl Busse, Alfred Mombert, Lulu von Strauß und Torney, Martin Boelitz, Richard von Schaukal, Rainer Maria Rilke, Herbert Eulenberg, Theodor Däubler, Hans Carossa, Agnes Miegel, Josef Winckler, Ernst Stadler, Georg Heym, Heinrich Lersch, Gerrit Engelke, und Franz Werfel.

Die benutzten Gedichtbände und ihre Verleger sind in den Anmerkungen verzeichnet.

<div align="right">H. G. FIEDLER</div>

Oxford, am 21. Februar 1927

ACKNOWLEDGEMENTS

IN preparing the medieval section of this edition I have had most generous help from my colleagues in Oxford, particularly from Mrs. Olive Sayce and Dr. F. P. Ganz. They have made their specialist knowledge readily available to me and have given much valuable advice. If any errors remain, or if my choice and presentation of the poems concerned leave anything to be desired, the blame must be entirely mine.

It is also a pleasure to acknowledge my obligation to the following publishers for permitting me to include the poems for which they hold the copyright and which now appear in the *Oxford Book of German Verse* for the first time:

Verlag der Arche, Peter Schifferli, Zürich (Bergen-gruen, Hoddis)

Verlag Heinrich Ellermann, Munich (Heym, Stadler)

Hoffmann und Campe Verlag, Hamburg (Weinheber)

Verlag Helmut Küpper vormals Georg Bondi, Düsseldorf (Stefan George)

Kösel Verlag, Munich (Kolmar, Lasker-Schüler)

Insel Verlag, Frankfurt am Main (Hofmannsthal, Rilke, Morgenstern)

Limes Verlag, Wiesbaden (Arp, Benn, Goll)

Hermann Luchterhand Verlag, Neuwied (Arno Holz)

Otto Müller Verlag, Salzburg (Trakl)

Verlag Lambert Schneider, Heidelberg (Lehmann)

ACKNOWLEDGEMENTS

Suhrkamp Verlag, Frankfurt am Main (Brecht and Loerke)

Finally, I wish to express my sincere thanks to Frau Claire Goll for kindly giving me permission to include two poems by her husband.

E. L. STAHL

LIST OF POETS INCLUDED IN EARLIER EDITIONS AND OMITTED FROM THE THIRD EDITION

H. Allmers, F. Avenarius, O. J. Bierbaum, V. Blüthgen, M. Boelitz, C. Busse, F. Dahn, L. Dreves, H. Eulenberg, G. Falke, E. von Feuchtersleben, A. Fitger, C. Flaischlen, Freidank, M. Greif, J. Grosse, K. Groth, A. Grün, W. Hauff, W. Hertz, G. Herwegh, P. Heyse, P. Hille, H. Hoffmann, W. Jensen, A. Kopisch, H. Lersch, H. Leuthold, H. Lingg, F. von Logau, A. Möser, A. Mombert, J. Mosen, Wolfgang Müller, J. Neander, R. Reinick, A. Ritter, H. Salus, M. von Strachwitz, L. von Strauß und Torney, F. T. Vischer, J. Vogel, J. Winckler, E. Zahn, J. C. Zedlitz.

LIST OF POETS NEWLY INCLUDED IN THE THIRD EDITION

Angelus Silesius (J. Scheffler), G. Arnold, H. Arp, G. Benn, W. Bergengruen, Bertolt Brecht, Dietmar von Aist, Wolfram von Eschenbach, Yvan Goll, G. P. Harsdörffer, Friedrich von Hausen, J. van Hoddis, J. Klaj, G. Kolmar, Der von Kürenberg, E. Lasker-Schüler, W. Lehmann, O. Loerke, D. C. von Lohenstein, F. von Matthisson, C. Morgenstern, Heinrich von Morungen, J. Rist, J. G. von Salis-Seewis, F. Schlegel, F. L. von Stolberg, L. Tieck, G. Trakl, J. P. Uz, G. R. Weckherlin, J. Weinheber, Oswald von Wolkenstein, Konrad von Würzburg, P. Zech.

ANONYMOUS

1
Dû bist mîn, ich bin dîn ...

Dû bist mîn, ich bin dîn:
des solt dû gewis sîn.
dû bist beslozzen
in mînem herzen:
verlorn ist daz slüzzelîn:
dû muost immer drinne sîn.

DER VON KÜRENBERG

About 1160

2
Ich zôch mir einen valken ...

Ich zôch mir einen valken mêre danne ein jâr.
„dô ich in gezamete als ich in wolte hân
und ich im sîn gevidere mit golde wol bewant,
er huop sich ûf vil hôhe und floug in anderiu lant.

Sît sach ich den valken schône fliegen:
er fuorte an sînem fuoze sîdîne riemen,
und was im sîn gevidere alrôt guldîn.
got sende si zesamene die gerne geliep wellen sîn!"

DIETMAR VON AIST

About 1170

 Ûf der linden obene . . .

Û F der linden obene dâ sanc ein kleinez vogellîn.
vor dem walde wart ez lût: dô huop sich aber
 daz herze mîn
an eine stat da'z ê dâ was. ich sach die rôsebluomen
 stân:
die manent mich der gedanke vil die ich hin zeiner
 frouwen hân.

„Ez dunket mich wol tûsent jâr daz ich an liebes
 arme lac.
sunder âne mîne schulde fremdet er mich mangen
 tac.
sît ich bluomen niht ensach noch hôrte kleiner
 vogele sanc,
sît was mir mîn fröide kurz und ouch der jâmer
 alzelanc.“

 Slâfst du, friedel ziere? . . .

S LÂFST du, friedel ziere?
 „ man weckt uns leider schiere:
ein vogellîn sô wol getân
daz ist der linden an daz zwî gegân.“

„Ich was vil sanfte entslâfen:
nu rüefestu, kint, wâfen.
liep âne leit mac niht gesîn.
swaz du gebiutst, daz leiste ich, friundin mîn.“

Diu frouwe begunde weinen.
„du rîtst und lâst mich eine.
wenne wilt du wider her zuo mir?
owê du füerst mîn fröide sament dir!"

5 *Ez stuont ein frouwe alleine . . .*

Ez stuont ein frouwe alleine
und warte uber heide
und warte ire liebe,
so gesach si valken fliegen.
„sô wol dir, valke, daz du bist!
du fliugest swar dir liep ist:
du erkiusest dir in dem walde
einen boum der dir gevalle.
alsô hân ouch ich getân:
ich erkos mir selbe einen man,
den erwelten mîniu ougen.
daz nîdent schœne frouwen.
owê wan lânt sie mir mîn liep?
jô 'ngerte ich ir dekeiner trûtes niet."

FRIEDRICH VON HAUSEN
Died 1190

6 *Ich denke under wîlen . . .*

Ich denke under wîlen,
ob ich ir nâher wære,
waz ich ir wolte sagen.

daz kürzet mir die mîlen,
swenn ich ir mîne swære
sô mit gedanken klage.
mich sehent mange tage
die liute in der gebære
als ich niht sorgen habe,
wan ichs alsô vertrage.

Het ich sô hôher minne
nie mich underwunden,
mîn möhte werden rât.
ich tete ez âne sinne:
des lîde ich zallen stunden
nôt diu mir nâhe gât.
mîn stæte mir nu hât
daz herze alsô gebunden,
daz siz niht scheiden lât
von ir als ez nu stât.

Ez ist ein grôzez wunder:
diech aller sêrest minne,
diu was mir ie gevê.
nu müeze solhen kumber
niemer man bevinden,
der alsô nâhe gê.
erkennen wânde i'n ê,
nu kan i'n baz bevinden:
mir was dâ heime wê,
und hie wol drîstunt mê.

Swie kleine ez mich vervâhe,
sô vröuwe ich mich doch sêre
daz mir sîn niemen kan
erwern, ichn denke ir nâhe
swar ich landes kêre.
den trôst sol si mir lân.
wil siz für guot enpfân,
daz fröut mich iemer mêre,
wan ich für alle man
ir ie was undertân.

HEINRICH VON MORUNGEN
Died 1222

7 *Von den elben wirt entsên . . .*

Von den elben wirt entsên vil manic man:
 sô bin ich von grôzer liebe entsên
von der besten die ie man ze friunt gewan.
wil sie aber mich dar umbe vên,
mir zunstaten stên, mac si dan rechen sich,
tuo des ich si bite: si fröit sô sêre mich,
daz mîn lîp vor liebe muoz zergên.

Si gebiutet unde ist in dem herzen mîn
frouwe und hêrer danne ich selbe sî:
hei wan müeste ich ir alsô gewaltic sîn
daz si mir mit triuwen wêre bî
ganzer tage drî und eteslîche naht!
sô verlüre ich niht den lîp und al die maht.
nust si leider vor mir alze frî.

5

Mich enzündet ir vil liehter ougen schîn
same daz fiur den dürren zunder tuot,
und ir fremden krenket mir daz herze mîn
same daz wazzer die vil heize gluot:
und ir hôher muot, ir schône, ir werdecheit,
und daz wunder daz man von ir tugenden seit,
deist mir übel und wirt noch lîhte guot.

Swenne ir liehten ougen sô verkêren sich
daz si mir aldurch mîn herze sên,
swer da 'nzwischen danne stêt und irret mich,
dem müez al sîn wunne gar zergên,
wan ich danne stên und warte der frouwen mîn
rehte alsô des tages diu kleinen vogellîn:
wenne sol mir iemer liep geschên?

8 *Si hât mich verwunt . . .*

Sı hât mich verwunt reht aldurch mine sêle
in den vil tôtlichen grunt,
dô ich ir tet kunt, daz ich tobte unde quêle
umbe ir vil güetlichen munt.
den mînen bat ich zeiner stunt, daz er mich ze dienste
ir bevêle
und daz ich mir stêle
von ir ein senftez küssen, so wêre ich iemer gesunt.

Wie wirde ich gehaz ir vil rôsevarn munde,
des ich noch niender vergaz!
doch sô müet mich daz daz er mir zeiner stunde
sô mit gewalte versaz.

des bin ich worden laz, alsô daz ich vil schiere gesunde
in der helle grunde
brunne ê ich ir iemer diende, ine wisse rehte umbe waz.

9 *Owê, sol aber mir iemer mê . . .*

Owê, sol aber mir iemer mê
 geliuhten dur die naht
noch wîzer danne ein snê
ir lîp vil wol geslaht?
der trouc diu ougen mîn:
ich wânde, ez solde sîn
des liehten mânen schîn,
 dô taget ez.

„Owê, sol aber er iemer mê
den morgen hie betagen?
als uns diu naht engê,
daz wir niht durfen klagen:
,owê, nû ist ez tac‘,
als er mit klage pflac
do'r jungest bî mir lac.
 dô taget ez.“

Owê, si kuste âne zal
in deme slâfe mich.
dô vielen hin ze tal
ir trêne nidersich,
iedoch getrôste ich sî,
daz si ir weinen lî
und mich al ummevî.
 dô taget ez.

7

„Owê, daz er sô dicke sich
bî mir ersêen hât!
als er endahte mich,
sô wolte er sunder wât
mîn arme schouwen blôz.
ez was ein wunder grôz
daz in des nie verdrôz.
 dô taget ez.“

WOLFRAM VON ESCHENBACH
About 1170—1220

10 *Sîne klâwen durh die wolken sint
 geslagen . . .*

Sîne klâwen durh die wolken sint geslagen,
„Er stîget ûf mit grôzer kraft,
ich sihe in grâwen tägelîch, als er wil tagen,
den tac, der im geselleschaft
erwenden wil, dem werden man,
den ich mit sorgen în verliez.
ich bringe in hinnen, ob ich kan.
sîn vil manegiu tugent michz leisten hiez.“

„Wahtær, du singest, daz mir manege freude nimt
unde mêret mîne klage.
mær du bringest, der mich leider niht gezimt,
iemer morgens gegen dem tage.
diu solt du mir verswîgen gar.
daz biut ich den triuwen dîn:
des lôn ich dir, als ich getar.
so belîbet hie der geselle mîn.“

8

bî dem brunnen ich gesaz,
mîner sorgen ich gar vergaz,
schier entslief ich umbe daz.

Dâ bedûhte mich zehant
wie mir dienten elliu lant,
wie mîn sêle wære
ze himel âne swære,
und der lîp hie solte
gebâren swie er wolte.
dâne was mir niht ze wê.
got gewaldes, swiez ergê!
schœner troum enwart nie mê.

Gerne slief ich iemer dâ,
wan ein unsæligiu krâ
diu begonde schrîen.
daz alle krâ gedîen
als ich in des günne!
si nam mir michel wünne.
von ir schrîenne ich erschrac.
wan daz dâ niht steines lac,
so wær ez ir suonetac.

Ein vil wunderaltez wîp
diu getrôste mir den lîp.
die begond ich eiden.
nu hât si mir bescheiden
waz der troum bediute.
daz merket, lieben liute!
zwên und einer daz sint drî,
dannoch seit si mir da bî
daz mîn dûme ein vinger sî.

14 *Herzeliebez frowelîn . . .*

Herzeliebez frowelîn,
got gebe dir hiute und iemer guot.
kund ich baz gedenken dîn,
des hete ich willeclîchen muot.
waz mac ich dir sagen mê,
wan daz dir nieman holder ist? owê, dâ von ist mir vil wê.

Sie verwîzent mir, daz ich
sô nidere wende mînen sanc.
daz si niht versinnent sich,
waz liebe sî, des haben undanc!
sie getraf diu liebe nie.
die nâch dem guote und nâch der schœne minnent; wê
 wie minnent die?

Bî der schœne ist dicke haz;
zer schœne niemen sî ze gâch.
liebe tuot dem herzen baz;
der liebe gêt diu schœne nâch.
liebe machet schœne wîp:
desn mac diu schœne niht getuon, sin machet niemer
 lieben lîp.

Ich vertrage, als ich vertruoc
und als ich iemer wil vertragen.
dû bist schœne und hâst genuoc:
waz mugen si mir dâ von gesagen?
swaz si sagen, ich bin dir holt,
und nim dîn glesîn vingerlîn für einer küneginne golt.

Hâst dû triuwe und stætekeit,
sô bin ich sîn ân angest gar,
daz mir iemer herzeleit
mit dînem willen widervar.
hâst ab dû der zweier niht,
son müezest dû mîn niemer werden. owê danne, ob daz
 geschiht!

15 *Under der linden ...*

 U NDER der linden
 „ an der heide,
dâ unser zweier bette was,
dâ mugt ir vinden
schône beide
gebrochen bluomen unde gras.
vor dem walde in einem tal,
tandaradei,
 schône sanc diu nahtegal.

Ich kam gegangen
zuo der ouwe:
dô was min friedel komen ê.
dâ wart ich enphangen,
hêre frouwe,
daz ich bin sælic iemer mê.
kuster mich? wol tûsentstunt:
tandaradei,
 seht wie rôt mir ist der munt.

Dô het er gemachet
alsô rîche
von bluomen eine bettestat.
des wirt noch gelachet
innecliche,
kumt iemen an daz selbe pfat.
bî den rôsen er wol mac,
tandaradei,
 merken wâ mirz houbet lac.

Daz er bî mir læge,
wessez iemen
(nu enwelle got!), so schamt ich mich.
wes er mit mir pflæge,
niemer niemen
bevinde daz, wan er unt ich,
und ein kleinez vogellîn:
tandaradei,
 daz mac wol getriuwe sîn."

16 *Owê war sint verswunden ...*

Owê war sint verswunden alliu mîniu jâr!
ist mir mîn leben getroumet, oder ist ez wâr?
daz ich ie wânde ez wære, was daz allez iht?
dar nâch hân ich geslâfen und enweiz es niht.
nû bin ich erwachet und ist mir unbekant,
daz mir hie vor was kündic als mîn ander hant.
liut unde lant, dar inn ich von kinde bin erzogen,
die sint mir worden frömde, reht als ez sî gelogen.

die mîne gespilen wâren, die sint træge unt alt.
bereitet ist daz velt, verhouwen ist der walt:
wan daz daz wazzer fliuzet, als ez wîlent flôz,
für wâr mîn ungelücke, wânde ich wurde grôz.
mich grüezet maneger trâge, der mich bekande ê wol.
diu welt ist allenthalben ungenâden vol.
als ich gedenke an manegen wünneclîchen tac,
die mir sint enpfallen als in daz mer ein slac.
 iemer mêr owê.

Owê wie jæmerlîche junge liute tuont,
den ê vil hovelîchen ir gemüete stuont!
die kunnen niuwan sorgen: owê wie tuont sie sô?
swar ich zer werlte kêre, dâ ist nieman frô.
tanzen, lachen, singen zergât mit sorgen gar:
nie kein kristenman gesach sô jæmerlîche schar.
nû merkent, wie den frouwen ir gebende stât;
die stolzen ritter tragent an dörperliche wât.
uns sint unsenfte brieve her von Rôme komen,
uns ist erloubet trûren und fröide gar benomen.
daz müet mich inneclîchen (wir lebten ê vil wol)
daz ich nû für mîn lachen weinen kiesen sol.
die vogel in der wilde betrüebet unser klage:
waz wunders ist ob ich dâ von an fröiden gar
 verzage?
wê waz spriche ich tumber man durch mînen bœsen
 zorn?
swer dirre wünne volget, hât jene dort verlorn.
 iemer mêr owê.

Owê wie uns mit süezen dingen ist vergeben!
ich sihe die bittern gallen mitten in dem honege
sweben.

diu welt ist ûzen schœne, wîz, grüen unde rôt,
und innân swarzer varwe, vinster sam der tôt.
swen si nû habe verleitet, der schouwe sînen trôst:
er wirt mit swacher buoze grôzer sünde erlôst.
dar an gedenket, ritter: ez ist iuwer dinc!
ir traget die liehten helme und manegen herten rinc,
dar zuo die vesten schilte und diu gewîhten swert.
wolte got wan wære ich der sigenünfte wert!
so wolte ich nôtic arm man verdienen rîchen solt.
joch meine ich niht die huoben noch der hêrren golt.
ich wolte selbe krône ewiclîchen tragen:
die mohte ein soldenære mit sîme sper bejagen.
möht ich die lieben reise gevaren über sê,
sô wolte ich denne singen „wol" und niemer mêr
„owê".

KONRAD VON WÜRZBURG
About 1225—1287

17 *Tou mit vollen aber triufet ...*

Tou mit vollen aber triufet
ûf die rôsen âne tuft;
ûzer bollen schône sliufet
manger lôsen blüete cluft.
darîn senket sich diu vogellîn,
diu gedœne lûte erklenkent,
daz vil schœne kan gesîn.

Bî der wünne wol mit êren
sol sich cleiden mannes lîp,
daz im künne fröude mêren
ein bescheiden sælec wîp.
swer verschulden wîbes minne sol,
der muoz ringen nâch ir hulden
mit vil dingen tugende vol.

Swer mit sinne valsch kan üeben
als ein dieplich nâchgebûr,
der wil minne sô betrüeben,
daz ir lieplich lôn wirt sûr:
man sol zwischen minne mit genuht
triuwe in glanzer stæte mischen:
daz birt ganzer fröuden fruht.

OSWALD VON WOLKENSTEIN

1377—1445

18 *Freu dich, du weltlich creatür ...*

FREU dich, du weltlich creatür,
 das dir nach maisterlicher kür
gemessen ist rain all dein figur,
verglanzt ze tal nach der mensur
an tadel, adel krefftiklich dar inn verslossen.
der possen gossen ist an mail,
dem er sich geben hat zu tail,
der mag sich des erfreuen wol von herzen.

19

Ain höbtlin klain, dez nam ich war,
dar auff krawss, plank, krumliert das har,
zwo smale pra, die euglein clar,
ain mundlein rubein, roslein var,
nass, kinn und kel, das vell blaich, weis mit wenglin
 prinnen;
die tinnen sinnen volgestakt,
von jungen jaren dar inn verstrakt.
dankh hab ain man, der es schon wurcht an smerzen.

Wann ich durch all mein sinn betracht
des bildes form, leib, schon und macht,
wie es der maister hat bedacht,
und darnach genzlich wirt volbracht,
das kain so rain ir geleich auff erd mug simulieren,
regniren, pulchrieren, wie man wil;
gewalticlich behalt si daz spil;
mit eren zwar tar si wol ernsten und scherzen.

MARTIN LUTHER
1483—1546

19 *Ein' feste Burg ist unser Gott ...*

Ein' feste Burg ist unser Gott,
Ein' gute Wehr und Waffen;
Er hilft uns frei aus aller Not,
Die uns itzt hat betroffen.
Der alt böse Feind
Mit Ernst er's itzt meint;
Groß Macht und viel List
Sein grausam Rüstung ist,
Auf Erd' ist nicht seins gleichen.

20

„Er muoz et hinnen balde und âne sûmen sich:
nu gib im urloup, süezes wîp.
lâz in minnen her nâch sô verholne dich,
daz er behalte êr und den lîp.
er gab sich mîner triuwe alsô,
daz ich in bræhte ouch wider dan.
ez ist nu tac; naht was ez dô:
mit drucke an brust dîn kus mirn an gewan."

„Swaz dir gevalle wahtær, sinc, und lâ den hie,
der minne brâht und minne enphienc.
von dînem schalle ist er und ich erschrocken ie:
sô ninder morgenstern ûf gienc
ûf in, der her nâch minne ist komen,
noch ninder lûhte tages lieht.
du hâst in dicke mir benomen
von blanken armen, und ûz herzen nieht."

Von den blicken, die der tac tet durh diu glas,
und dô der wahtær warnen sanc,
sî muose erschricken durch den der dâ bî ir was.
ir brüstelîn an brust si dwanc.
der rîter ellens niht vergaz
(des wold' in wenden wahtærs dôn):
urloup nâh und nâher baz
mit kusse und anders gab in minne lôn.

22 *Ich saz ûf eime steine ...*

Ich saz ûf eime steine
und dahte bein mit beine:
dar ûf satzt ich den ellenbogen:
ich hete in mîne hant gesmogen
daz kinne und ein mîn wange.
dô dâhte ich mir vil ange,
wie man zer welte solte leben:
deheinen rât kond ich gegeben,
wie man driu dinc erwurbe,
der keines niht verdurbe.
diu zwei sint êre und varnde guot,
daz dicke ein ander schaden tuot:
daz dritte ist gotes hulde,
der zweier übergulde.
die wolte ich gerne in einen schrîn:
jâ leider desn mac niht gesîn,
daz guot und weltlich êre
und gotes hulde mêre
zesamene in ein herze komen.
stîg und wege sint in benomen:
untriuwe ist in der sâze,
gewalt vert uf der strâze:
fride unde reht sint sêre wunt.
diu driu enhabent geleites niht,
diu zwei enwerden ê gesunt.

12 *Ir sult sprechen willekomen* ...

IR sult sprechen willekomen:
 der iu mære bringet, daz bin ich.
allez daz ir habt vernomen,
 daz ist gar ein wint: nû frâget mich.
ich wil aber miete:
wirt mîn lôn iht guot,
ich gesage iu lîhte daz iu sanfte tuot.
seht waz man mir êren biete.

Ich wil tiuschen frowen sagen
 solhiu mære daz si deste baz
al der werlte suln behagen:
 âne grôze miete tuon ich daz.
waz wold' ich ze lône?
si sint mir ze hêr:
sô bin ich gefüege, und bite si nihtes mêr
wan daz si mich grüezen schône.

Ich hân lande vil gesehen
 unde nam der besten gerne war:
übel müeze mir geschehen,
 kunde ich ie mîn herze bringen dar
daz im wol gevallen
wolde fremeder site.
nû waz hulfe mich, ob ich unrehte strite?
tiuschiu zuht gât vor in allen.

Von der Elbe unz an den Rîn
 und her wider unz an Ungerlant
mugen wol die besten sîn
 die ich in der werlte hân erkant.

kan ich rehte schouwen
guot gelâz und lîp,
sem mir got, sô swüere ich wol daz hie diu wîp
bezzer sint danne ander frouwen.

Tiusche man sint wol gezogen,
 rehte als engel sint diu wîp getân.
swer si schildet, derst betrogen:
 ich enkan sîn anders niht verstân.
tugent und reine minne,
swer die suochen wil,
der sol komen in unser lant: dâ ist wünne vil:
lange müeze ich leben dar inne!

23 *Dô der sumer komen was . . .*

Dô der sumer komen was
 und die bluomen dur daz gras
wünneclîchen sprungen,
aldâ die vogele sungen,
dô kom ich gegangen
an einen anger langen,
dâ ein lûter brunne entspranc:
vor dem walde was sîn ganc,
dâ diu nahtegale sanc.

Bî dem brunnen stuont ein boum:
dâ gesach ich einen troum.
ich was von der sunnen
gegangen zuo dem brunnen,
daz diu linde mære
den küelen schaten bære.

bî dem brunnen ich gesaz,
mîner sorgen ich gar vergaz,
schier entslief ich umbe daz.

Dâ bedûhte mich zehant
wie mir dienten elliu lant,
wie mîn sêle wære
ze himel âne swære,
und der lîp hie solte
gebâren swie er wolte.
dâne was mir niht ze wê.
got gewaldes, swiez ergê!
schœner troum enwart nie mê.

Gerne slief ich iemer dâ,
wan ein unsæligiu krâ
diu begonde schrîen.
daz alle krâ gedîen
als ich in des günne!
si nam mir michel wünne.
von ir schrîenne ich erschrac.
wan daz dâ niht steines lac,
so wær ez ir suonetac.

Ein vil wunderaltez wîp
diu getrôste mir den lîp.
die begond ich eiden.
nu hât si mir bescheiden
waz der troum bediute.
daz merket, lieben liute!
zwên und einer daz sint drî,
dannoch seit si mir da bî
daz mîn dûme ein vinger sî.

14 *Herzeliebez frowelîn...*

Herzeliebez frowelîn,
got gebe dir hiute und iemer guot.
kund ich baz gedenken dîn,
des hete ich willeclîchen muot.
waz mac ich dir sagen mê,
wan daz dir nieman holder ist? owê, dâ von ist mir vil wê.

Sie verwîzent mir, daz ich
sô nidere wende mînen sanc.
daz si niht versinnent sich,
waz liebe sî, des haben undanc!
sie getraf diu liebe nie.
die nâch dem guote und nâch der schœne minnent; wê
 wie minnent die?

Bî der schœne ist dicke haz;
zer schœne niemen sî ze gâch.
liebe tuot dem herzen baz;
der liebe gêt diu schœne nâch.
liebe machet schœne wîp:
desn mac diu schœne niht getuon, sin machet niemer
 lieben lîp.

Ich vertrage, als ich vertruoc
und als ich iemer wil vertragen.
dû bist schœne und hâst genuoc:
waz mugen si mir dâ von gesagen?
swaz si sagen, ich bin dir holt,
und nim dîn glesîn vingerlîn für einer küneginne golt.

Hâst dû triuwe und stætekeit,
sô bin ich sîn ân angest gar,
daz mir iemer herzeleit
mit dînem willen widervar.
hâst ab dû der zweier niht,
son müezest dû mîn niemer werden. owê danne, ob daz
 geschiht!

15 *Under der linden ...*

U NDER der linden
„ an der heide,
dâ unser zweier bette was,
dâ mugt ir vinden
schône beide
gebrochen bluomen unde gras.
vor dem walde in einem tal,
tandaradei,
 schône sanc diu nahtegal.

Ich kam gegangen
zuo der ouwe:
dô was min friedel komen ê.
dâ wart ich enphangen,
hêre frouwe,
daz ich bin sælic iemer mê.
kuster mich? wol tûsentstunt:
tandaradei,
 seht wie rôt mir ist der munt.

Dô het er gemachet
alsô rîche
von bluomen eine bettestat.
des wirt noch gelachet
inneclîche,
kumt iemen an daz selbe pfat.
bî den rôsen er wol mac,
tandaradei,
 merken wâ mirz houbet lac.

Daz er bî mir læge,
wessez iemen
(nu enwelle got!), so schamt ich mich.
wes er mit mir pflæge,
niemer niemen
bevinde daz, wan er unt ich,
und ein kleinez vogellîn:
tandaradei,
 daz mac wol getriuwe sîn."

16 *Owê war sint verswunden . . .*

Owê war sint verswunden alliu mîniu jâr!
ist mir mîn leben getroumet, oder ist ez wâr?
daz ich ie wânde ez wære, was daz allez iht?
dar nâch hân ich geslâfen und enweiz es niht.
nû bin ich erwachet und ist mir unbekant,
daz mir hie vor was kündic als mîn ander hant.
liut unde lant, dar inn ich von kinde bin erzogen,
die sint mir worden frömde, reht als ez sî gelogen.

die mîne gespilen wâren, die sint træge unt alt.
bereitet ist daz velt, verhouwen ist der walt:
wan daz daz wazzer fliuzet, als ez wîlent flôz,
für wâr mîn ungelücke, wânde ich wurde grôz.
mich grüezet maneger trâge, der mich bekande ê wol.
diu welt ist allenthalben ungenâden vol.
als ich gedenke an manegen wünneclîchen tac,
die mir sint enpfallen als in daz mer ein slac.
 iemer mêr owê.

Owê wie jæmerlîche junge liute tuont,
den ê vil hovelîchen ir gemüete stuont!
die kunnen niuwan sorgen: owê wie tuont sie sô?
swar ich zer werlte kêre, dâ ist nieman frô.
tanzen, lachen, singen zergât mit sorgen gar:
nie kein kristenman gesach sô jæmerlîche schar.
nû merkent, wie den frouwen ir gebende stât;
die stolzen ritter tragent an dörperlîche wât.
uns sint unsenfte brieve her von Rôme komen,
uns ist erloubet trûren und fröide gar benomen.
daz müet mich inneclîchen (wir lebten ê vil wol)
daz ich nû für mîn lachen weinen kiesen sol.
die vogel in der wilde betrüebet unser klage:
waz wunders ist ob ich dâ von an fröiden gar
 verzage?
wê waz spriche ich tumber man durch mînen bœsen
 zorn?
swer dirre wünne volget, hât jene dort verlorn.
 iemer mêr owê.

Owê wie uns mit süezen dingen ist vergeben!
ich sihe die bittern gallen mitten in dem honege
 sweben.

diu welt ist ûzen schœne, wîz, grüen unde rôt,
und innân swarzer varwe, vinster sam der tôt.
swen si nû habe verleitet, der schouwe sînen trôst:
er wirt mit swacher buoze grôzer sünde erlôst.
dar an gedenket, ritter: ez ist iuwer dinc!
ir traget die liehten helme und manegen herten rinc,
dar zuo die vesten schilte und diu gewîhten swert.
wolte got wan wære ich der sigenünfte wert!
so wolte ich nôtic arm man verdienen rîchen solt.
joch meine ich niht die huoben noch der hêrren golt.
ich wolte selbe krône ewiclîchen tragen:
die mohte ein soldenære mit sîme sper bejagen.
möht ich die lieben reise gevaren über sê,
sô wolte ich denne singen „wol" und niemer mêr
 „owê".

KONRAD VON WÜRZBURG

About 1225—1287

17 *Tou mit vollen aber triufet . . .*

Tou mit vollen aber triufet
ûf die rôsen âne tuft;
ûzer bollen schône sliufet
manger lôsen blüete cluft.
darîn senket sich diu vogellîn,
diu gedœne lûte erklenkent,
daz vil schœne kan gesîn.

18

Bî der wünne wol mit êren
sol sich cleiden mannes lîp,
daz im künne fröude mêren
ein bescheiden sælec wîp.
swer verschulden wîbes minne sol,
der muoz ringen nâch ir hulden
mit vil dingen tugende vol.

Swer mit sinne valsch kan üeben
als ein dieplich nâchgebûr,
der wil minne sô betrüeben,
daz ir lieplich lôn wirt sûr:
man sol zwischen minne mit genuht
triuwe in glanzer stæte mischen:
daz birt ganzer fröuden fruht.

OSWALD VON WOLKENSTEIN
1377—1445
18 Freu dich, du weltlich creatür ...

Freu dich, du weltlich creatür,
 das dir nach maisterlicher kür
gemessen ist rain all dein figur,
verglanzt ze tal nach der mensur
an tadel, adel krefftiklich dar inn verslossen.
der possen gossen ist an mail,
dem er sich geben hat zu tail,
der mag sich des erfreuen wol von herzen.

19

Ain höbtlin klain, dez nam ich war,
dar auff krawss, plank, krumliert das har,
zwo smale pra, die euglein clar,
ain mundlein rubein, roslein var,
nass, kinn und kel, das vell blaich, weis mit wenglin
 prinnen;
die tinnen sinnen volgestakt,
von jungen jaren dar inn verstrakt.
dankh hab ain man, der es schon wurcht an smerzen.

Wann ich durch all mein sinn betracht
des bildes form, leib, schon und macht,
wie es der maister hat bedacht,
und darnach genzlich wirt volbracht,
das kain so rain ir geleich auff erd mug simulieren,
regniren, pulchrieren, wie man wil;
gewalticlich behalt si daz spil;
mit eren zwar tar si wol ernsten und scherzen.

MARTIN LUTHER

1483—1546

19 Ein' feste Burg ist unser Gott ...

E IN' feste Burg ist unser Gott,
Ein' gute Wehr und Waffen;
Er hilft uns frei aus aller Not,
Die uns itzt hat betroffen.
Der alt böse Feind
Mit Ernst er's itzt meint;
Groß Macht und viel List
Sein grausam Rüstung ist,
Auf Erd' ist nicht seins gleichen.

Mit unser Macht ist nichts getan,
Wir sind gar bald verloren;
Es streit für uns der rechte Mann,
Den Gott hat selbst erkoren.
Fragst du, wer der ist?
Er heißt Jesus Christ,
Der Herr Zebaoth,
Und ist kein ander Gott.
Das Feld muß er behalten.

Und wenn die Welt voll Teufel wär'
Und wollt' uns gar verschlingen,
So fürchten wir uns nicht so sehr,
Es soll uns doch gelingen.
Der Fürst dieser Welt,
Wie sauer er sich stellt,
Tut er uns doch nicht;
Das macht, er ist gericht:
Ein Wörtlein kann ihn fällen.

Das Wort sie sollen lassen stahn
Und kein Dank dazu haben;
Er ist bei uns wohl auf dem Plan
Mit seinem Geist und Gaben.
Nehmen sie den Leib,
Gut, Ehr', Kind und Weib;
Laß fahren dahin!
Sie haben's kein Gewinn;
Das Reich muß uns doch bleiben.

20 *Frau Musica*

Für allen Freuden auf Erden
Kann niemand keine feiner werden,
Denn die ich geb' mit meim Singen
Und mit manchem süßen Klingen.

Hie kann nicht sein ein böser Mut,
Wo da singen Gesellen gut;
Hie bleibt kein Zorn, Zank, Haß noch Neid,
Weichen muß alles Herzeleid;
Geiz, Sorg' und was sonst hart anleit,
Fährt hin mit aller Traurigkeit.

Auch ist ein jeder des wohl frei,
Daß solche Freud' kein Sünde sei,
Sondern auch Gott viel baß gefällt
Denn alle Freud' der ganzen Welt.
Dem Teufel sie sein Werk zerstört
Und verhindert viel böser Mörd.

Das zeugt David des Königs Tat.
Der dem Saul oft gewehret hat
Mit gutem, süßem Harfenspiel,
Daß er in großen Mord nicht fiel.
Zum göttlichen Wort und Wahrheit
Macht sie das Herz still und bereit;
Solchs hat Eliseus bekannt,
Da er den Geist durchs Harfen fand.

Die beste Zeit im Jahr ist mein,
Da singen alle Vögelein;
Himmel und Erden ist der voll,
Viel gut Gesang da lautet wohl.
Voran die liebe Nachtigall
Macht alles fröhlich überall
Mit ihrem lieblichen Gesang;
Des muß sie haben immer Dank.

Viel mehr der liebe Herre Gott,
Der sie also geschaffen hat,
Zu sein die rechte Sängerin,
Der Musicen ein' Meisterin.
Dem singt und springt sie Tag und Nacht,
Seins Lobs sie nichts müde macht.
Den ehrt und lobt auch mein Gesang
Und sagt ihm einen ewigen Dank.

ANONYMOUS

16th–18th centuries

21 *Es ritten drei Reiter ...*

Es ritten drei Reiter zum Tore hinaus,
 Ade!
Feinsliebchen das schaute zum Fenster hinaus,
 Ade!
Und wenn es denn soll geschieden sein,
So reich mir dein goldenes Ringelein!
 Ade, Ade, Ade!
Ja, Scheiden und Meiden tut weh.

d der uns scheidet, das ist der Tod,
 Ade!
Er scheidet so manches Mündlein rot,
 Ade!
Er scheidet so manchen Mann vom Weib,
Die konnten sich machen viel Zeitvertreib.
 Ade, Ade, Ade!
Ja, Scheiden und Meiden tut weh.

Er scheidet das Kindlein wohl in der Wieg'n,
 Ade!
Wann werd' ich mein schwarzbraun's Mädel noch krieg'n?
 Ade!
Und ist es nicht morgen, ach, wär' es doch heut,
Es macht' uns allbeiden gar große Freud'.
 Ade, Ade, Ade!
Ja, Scheiden und Meiden tut weh.

22 *Morgen muß ich fort von hier . . .*

MORGEN muß ich fort von hier
Und muß Abschied nehmen;
O du allerschönste Zier,
Scheiden das bringt Grämen.
Da ich dich so treu geliebt
Über alle Maßen,
Soll ich dich verlassen.

Wenn zwei gute Freunde sind,
Die einander kennen,
Sonn' und Mond bewegen sich,
Ehe sie sich trennen.
Noch viel größer ist der Schmerz,
Wenn ein treu verliebtes Herz
In die Fremde ziehet.

Küsset dir ein Lüftelein
Wangen oder Hände,
Denke, daß es Seufzer sein,
Die ich zu dir sende,
Tausend schick' ich täglich aus,
Die da wehen um dein Haus,
Weil ich dein gedenke.

23 *Ich hab' die Nacht geträumet . . .*

ICH hab' die Nacht geträumet
Wohl einen schweren Traum;
Es wuchs in meinem Garten
Ein Rosmarienbaum.

Ein Kirchhof war der Garten,
Ein Blumenbeet das Grab,
Und von dem grünen Baume
Fiel Kron' und Blüte ab.

Die Blüten tät ich sammeln
In einen goldnen Krug;
Der fiel mir aus den Händen,
Daß er in Stücke schlug.

Draus sah ich Perlen rinnen
Und Tröpflein rosenrot.
Was mag der Traum bedeuten?
Ach Liebster, bist du tot?

24 *Wenn ich ein Vöglein wär'* . . .

Wenn ich ein Vöglein wär'
 Und auch zwei Flüglein hätt',
Flög' ich zu dir.
Weil's aber nicht kann sein,
Bleib' ich allhier.

Bin ich gleich weit von dir,
Bin ich doch im Schlaf bei dir
Und red' mit dir;
Wenn ich erwachen tu',
Bin ich allein.

Es vergeht keine Stund' in der Nacht,
Da mein Herze nicht erwacht
Und an dich gedenkt,
Daß du mir viel tausendmal
Dein Herz geschenkt.

25 *Ich hört' ein Sichelein rauschen* . . .

Ich hört' ein Sichelein rauschen
 Wohl rauschen durch das Korn,
Ich hört' ein' feine Magd klagen,
Sie hätt' ihr Lieb verlorn.

„Laß rauschen, Lieb, laß rauschen,
Ich acht' nicht wie es geh';
Ich hab' mir ein' Buhlen erworben
In Veiel und grünem Klee."

„Hast du ein' Buhlen erworben
In Veiel und grünem Klee,
So steh' ich hie alleine,
Tut meinem Herzen weh."

26 *Dort hoch auf jenem Berge . . .*

DORT hoch auf jenem Berge
Da geht ein Mühlenrad,
Das mahlet nichts denn Liebe
Die Nacht bis an den Tag.

Die Mühle ist zerbrochen,
Die Liebe hat ein End',
So g'segen dich Gott, mein feines Lieb!
Jetzt fahr' ich ins Elend.

27 *Es ist ein Schnee gefallen . . .*

ES ist ein Schnee gefallen,
Und ist es doch nit Zeit,
Man wirft mich mit den Ballen,
Der Weg ist mir verschneit.

Mein Haus hat keinen Giebel,
Es ist mir worden alt,
Zerbrochen sind die Riegel,
Mein Stüblein ist mir kalt.

27

Ach Lieb, laß dich's erbarmen,
Daß ich so elend bin,
Und schließ mich in dein' Arme!
So fährt der Winter hin.

28 *Es ist ein' Ros' entsprungen . . .*

Es ist ein' Ros' entsprungen
Aus einer Wurzel zart,
Als uns die Alten sungen;
Aus Jesse kam die Art
Und hat ein Blümlein bracht
Mitten im kalten Winter
Wohl zu der halben Nacht.

Das Röslein, das ich meine,
Davon Esaias sagt,
Hat uns gebracht alleine
Marie die reine Magd:
Aus Gottes ew'gem Rat
Hat sie ein Kind geboren,
Wohl zu der halben Nacht.

29 *Es geht eine dunkle Wolk' herein . . .*

Es geht eine dunkle Wolk' herein,
Mich deucht, es wird ein Regen sein,
Ein Regen aus den Wolken
Wohl in das grüne Gras.

Und kommst du, liebe Sonn', nit bald,
So weset alls im grünen Wald,
Und all die müden Blumen,
Die haben müden Tod.

Es geht eine dunkle Wolk' herein,
Es soll und muß geschieden sein,
Ade, Feinslieb, dein Scheiden
Macht mir das Herze schwer.

30 *Es waren zwei Königskinder* . . .

E s waren zwei Königskinder,
Die hatten einander so lieb;
Sie konnten zusammen nicht kommen,
Das Wasser war viel zu tief.

„Ach Liebster, könntest du schwimmen,
So schwimm doch herüber zu mir!
Drei Kerzen will ich anzünden,
Und die sollen leuchten dir."

Das hört' ein falsches Nönnchen,
Die tät, als wenn sie schlief';
Sie tät die Kerzlein auslöschen,
Der Jüngling ertrank so tief.

31 *Willst du dein Herz mir schenken* . . .

W illst du dein Herz mir schenken,
So fang es heimlich an,
Daß unser beider Denken
Niemand erraten kann.

Die Liebe muß bei beiden
Allzeit verschwiegen sein,
Drum schließ die größten Freuden
In deinem Herzen ein!

Behutsam sei und schweige
Und traue keiner Wand,
Lieb innerlich und zeige
Dich außen unbekannt:
Kein Argwohn mußt du geben,
Verstellung nötig ist,
Genug, daß du, mein Leben,
Der Treu' versichert bist.

Begehre keine Blicke
Von meiner Liebe nicht.
Der Neid hat viele Tücke
Auf unsern Bund gericht.
Du mußt die Brust verschließen,
Halt deine Neigung ein,
Die Lust, die wir genießen,
Muß ein Geheimnis sein.

Zu frei sein, sich ergehen,
Hat oft Gefahr gebracht.
Man muß sich wohl verstehen,
Weil ein falsch Auge wacht.
Du mußt den Spruch bedenken,
Den ich vorher getan:
Willst du dein Herz mir schenken,
So fang es heimlich an.

32 *Die Rose blüht . . .*

D I E Rose blüht, ich bin die fromme Biene
Und rühre zwar die keuschen Blätter an,
Daher ich Tau und Honig schöpfen kann,
Doch lebt ihr Glanz und bleibet immer grüne,
Und also bin ich wohlgemüt,
Weil meine Rose blüht.

Die Rose blüht, Gott laß den Schein verziehen,
Damit die Zeit des Sommers langsam geht,
Und weder Frost noch andre Not entsteht,
So wird mein Glück in dieser Rose blühen,
So klingt mein süßes Freudenlied:
Ach, meine Rose blüht.

Die Rose blüht und lacht vor andern Rosen
Mit solcher Zier und Herzempfindlichkeit,
Daß auch mein Sinn sich zu der Pflicht erbeut,
Mit keiner Blum' im Garten liebzukosen,
Weil alles, was man sonsten sieht,
In dieser Rose blüht.

GEORG RUDOLF WECKHERLIN
1584—1653

33 *Von ihren überschönen Augen*

I HR Augen, die ihr mich mit einem Blick und Blitz
Scharf oder süß nach Lust könnt strafen und belohnen,
O liebliches Gestirn, Stern', deren Licht und Hitz'
Kann, züchtigend den Stolz, der Züchtigen verschonen:

Und ihr, der Lieb' Werkzeug, Kundschafter unsrer Witz',
Augbrauen, ja vielmehr Triumphbogen, nein, Kronen,
Darunter Lieb' und Zucht in überschönem Sitz
Mit brauner Klarheit Schmuck erleuchtet, leuchtend
 wohnen!

Wer recht kann eure Form, Farb', Wesen, Wirkung, Kraft,
Der kann der Engeln Stand, Schein, Schönheit, Tun und
 Gehen,
Der kann der wahren Lieb' Gewalt und Eigenschaft,

Der Schönheit Schönheit selbst, der Seelen Freud' und
 Flehen,
Und der Glückseligkeit und Tugenden Freundschaft,
In euch, der Natur Kunst besehend, wohl verstehen.

FRIEDRICH VON SPEE

1591—1635

34 From *Liebgesang der Gespons Jesu,
im Anfang der Sommerzeit*

D ER trübe Winter ist vorbei,
 Die Kranich' wiederkehren;
Nun reget sich der Vögel Schrei,
 Die Nester sich vermehren:
 Laub mit Gemach
 Nun schleicht an Tag;
Die Blümlein sich nun melden.
 Wie Schlänglein krumm
 Gehn lächelnd um
Die Bächlein kühl in Wäldern.

Der Brünnlein klar, und Quellen rein,
Viel hie, viel dort erscheinen,
All silberweiße Töchterlein
Der hohlen Berg' und Steinen:
In großer Meng'
Sie mit Gedräng
Wie Pfeil' von Felsen zielen;
Bald rauschen's her,
Nit ohn' Geplärr,
Und mit den Steinlein spielen.

Die Jägerin Diana stolz,
Auch Wald- und Wassernymphen,
Nun wieder frisch in grünem Holz
Gehn spielen, scherz- und schimpfen.
Die reine Sonn'
Schmückt ihre Kron',
Den Köcher füllt mit Pfeilen:
Ihr besten Roß,
Läßt laufen los,
Auf marmerglatten Meilen.

Mit ihr die kühlen Sommerwind',
All' Jüngling' still von Sitten,
In Luft zu spielen seind gesinnt,
Auf Wolken leicht beritten;
Die Bäum' und Nest'
Auch tun das Best',
Bereichen sich mit Schatten;
Da sich verhalt
Das Wild im Wald,
Wann's pflegt von Hitz' ermatten.

Die Meng' der Vöglein hören läßt
Ihr Schir- und Tirelire;
Da sauset auch so mancher Nast,
Sammt er mit musiziere.
Die Zweiglein schwank
Zum Vogelsang
Sich auf, sich nieder neigen,
Auch höret man
Im Grünen gahn
Spazieren Laut- und Geigen.

Wo man nur schaut, fast alle Welt
Zu'n Freuden sich tut rüsten:
Zum Scherzen alles ist gestellt,
Schwebt alles fast in Lüsten.
Nur ich allein,
Ich leide Pein,
Ohne End' ich werd' gequälet,
Seit ich mit dir,
Und du mit mir,
O Jesu, dich vermählet.

35 *Trauergesang von der Not Christi am Ölberg in dem Garten*

BEI stiller Nacht, zur ersten Wacht
Ein Stimm' sich gund zu klagen.
Ich nahm in acht, was die doch sagt;
Tat hin mit Augen schlagen.

Ein junges Blut von Sitten gut,
Alleinig ohn' Gefährten,
In großer Not fast halber tot
Im Garten lag auf Erden.

Es war der liebe Gottessohn,
Sein Haupt er hat in Armen.
Viel weiß- und bleicher dann der Mon
Ei'm Stein es mocht' erbarmen.

„Ach Vater, liebster Vater mein,
Und muß den Kelch ich trinken?
Und mag's dann ja nit anders sein?
Mein Seel' nit laß versinken!"

„Ach liebes Kind, trink aus geschwind;
Dir's laß in Treuen sagen:
Sei wohl gesinnt, bald überwind,
Den Handel mußt du wagen."

„Ach Vater mein, und kann's nit sein?
Und muß ich's je dann wagen?
Will trinken rein, den Kelch allein,
Kann dir's ja nit versagen.

Doch Sinn und Mut erschrecken tut,
Soll ich mein Leben lassen?
O bitter Tod, mein' Angst und Not
Ist über alle Maßen.

Maria zart, jungfräulich Art,
Sollst du mein Schmerzen wissen;
Mein Leiden hart zu dieser Fahrt,
Dein Herz war schon gerissen.

Ach Mutter mein, bin ja kein Stein;
Das Herz mir dürft' zerspringen:
Sehr große Pein, muß nehmen ein,
Mit Tod und Marter ringen.

Ade, ade zu guter Nacht
Maria Mutter milde!
Ist niemand, der dann mit mir wacht,
In dieser Wüsten wilde?

Ein Kreuz mir vor den Augen schwebt,
O weh der Pein und Schmerzen!
Dran soll ich morgen wern erhebt,
Das greifet mir zum Herzen.

Viel Ruten, Geißel, Skorpion
In meinen Ohren sausen:
Auch kommt mir vor ein dornen Kron;
O Gott, wem wollt' nit grausen!

Zu Gott ich hab' gerufen zwar
Aus tiefen Todesbanden:
Dennoch ich bleib' verlassen gar,
Ist Hilf' noch Trost vorhanden.

Der schöne Mond will untergahn,
Vor Leid nit mag mehr scheinen.
Die Sternen lan ihr Glitzen stahn,
Mit mir sie wollen weinen.

Kein Vogelsang, noch Freudenklang
Man höret in den Lüften,
Die wilden Tier', traur'n auch mit mir,
In Steinen und in Klüften."

MARTIN OPITZ

1597—1639

36 Ich empfinde fast ein Grauen...

Ich empfinde fast ein Grauen,
Daß ich, Plato, für und für
Bin gesessen über dir;
Es ist Zeit hinaus zu schauen
Und sich bei den frischen Quellen
In dem Grünen zu ergehn,
Wo die schönen Blumen stehn,
Und die Fischer Netze stellen.

Wozu dienet das Studieren
Als zu lauter Ungemach?
Unterdessen läuft die Bach
Unsers Lebens, das wir führen,
Ehe wir es inne werden
Auf sein letztes Ende hin;
Dann kommt ohne Geist und Sinn
Dieses alles in die Erden.

Holla, Junger, geh' und frage,
Wo der beste Trunk mag sein,
Nimm den Krug und fülle Wein!
Alles Trauern, Leid und Klage,
Wie wir Menschen täglich haben,
Eh' uns Clotho fortgerafft,
Will ich in den süßen Saft,
Den die Traube gibt, vergraben.

Kaufe gleichfalls auch Melonen
Und vergiß des Zuckers nicht;
Schaue nur, daß nichts gebricht.
Jener mag der Heller schonen,
Der bei seinem Gold und Schätzen
Tolle sich zu kränken pflegt
Und nicht satt zu Bette legt;
Ich will, weil ich kann, mich letzen.

Bitte meine gute Brüder
Auf die Musik und ein Glas;
Nichts schickt, dünkt mich, nichts sich baß,
Als gut Trank und gute Lieder.
Laß ich gleich nicht viel zu erben,
Ei, so hab' ich edlen Wein;
Will mit andern lustig sein,
Muß ich gleich alleine sterben.

37 *Ich will dies halbe Mich . . .*

ICH will dies halbe Mich, was wir den Körper nennen,
Dies mein geringstes Teil, verzehren durch die Glut,
Will wie Alkmenen Sohn mit unverwandtem Mut
Hier diese meine Last, den schnöden Leib, verbrennen,

Den Himmel auf zu gehn. Mein Geist beginnt zu rennen
Auf etwas Bessers zu. Das Fleisch, die Hand voll Blut,
Muß ausgetauschet sein für ein viel besser Gut,
Das sterbliche Vernunft und Fleisch und Blut nicht
kennen.

Mein Licht, entzünde mich mit deiner Augen Brunst,
Auf daß ich dieser Haut, des finstern Leibes Dunst,
Des Kerkers voller Wust und Grauens, werd' entnommen

Und ledig, frei und los, der Schwachheit abgetan,
Weit über alle Luft und Himmel fliegen kann,
Die Schönheit anzusehn, von der die deine kommen!

SIMON DACH
1605—1659

38 *Vorjahr-Liedchen*

DIE Lust hat mich gezwungen,
Zu fahren in den Wald,
Wo durch der Vögel Zungen
Die ganze Luft erschallt.

Fahrt fort, ihr Freuden-Kinder,
Ihr Büsche-Bürgerei
Und Freiheit-Volk nicht minder,
Singt eure Melodei!

Ihr lebt ohn' alle Sorgen
Und lobt die Güt' und Macht
Des Schöpfers, von dem Morgen
Bis in die späte Nacht.

Ihr baut euch artig Neste,
Nur daß ihr Junge heckt,
Seid nirgends Fremd' und Gäste,
Habt euren Tisch gedeckt.

Ihr strebet nicht nach Schätzen
Durch Abgunst, Müh' und Streit,
Der Wald ist eu'r Ergetzen,
Die Federn euer Kleid.

Ach, wollte Gott, wir lebten
In Unschuld, gleich wie ihr,
Nicht ohn' Aufhören schwebten
In sorglicher Begier!

Wer ist, der also trauet
Auf Gott, das höchste Gut,
Der diese Welt gebauet
Und allen Gutes tut?

Wir sind nicht zu erfüllen
Mit Reichtum und Gewinn
Und gehn um Geldes willen
Oft zu der Höllen hin.

O daß wir Gott anhingen,
Der uns versorgen kann,
Und recht zu leben fingen
Von euch, ihr Vögel, an!

39 *Klaggedicht bei seiner schmerzlichen Krankheit*

WIE, ist es denn nicht g'nug, gern einmal sterben
 wollen?
Natur, Verhängnis, Gott, was haltet ihr mich auf?
Kein Säumnis ist bei mir, vollendet ist mein Lauf,
 Soll ich die Durchfahrt euch denn tausendmal ver-
 zollen?
 Was kränkt es, fertig sein und sich verweilen sollen!
Ist Sterben mein Gewinn, o mir ein schwerer Kauf,
Mich töten so viel Jahr und Krankheiten zuhauf,
 Ich lebe noch und bin wohl zehnmal tot erschollen.
Weib, Kinder, macht es ihr, verlängert ihr mein Licht?
Seht meinen Jammer an, ist dieses Liebespflicht,
 Zu schlechtem Vorteil euch mein Vorteil mir nicht
 gönnen?
Ach, kränket mich nicht mehr durch euer Angesicht!
Die allerletzte Pein ist, glaub' ich, ärger nicht
 Als leben müssen, sterben wollen und nicht können.

JOHANN RIST
1607—1667

40 *An einem schönen Frühlingstage*

NUN sich Himmel und Erd' erfreut
 In der lieblichen Frühlingszeit,
Nun die Vögelein stimmen an
Das die Menschen ergetzen kann;

Nun die Flüsse so sanft und fein
Wiedrum schleichen ins Meer hinein,
Nun der Winter sich gibt zur Ruh'
Und die Wärme nimmt täglich zu;

Nun die Bäume gleich schwanger stehn,
Und die Blumen sich lassen sehn,
Nun die flüchtigen Tier' im Wald
Artig springen und tanzen bald;

Ist der Mangel an denen doch,
Die nur lieben des Krieges Joch
Und nicht suchen des Friedens Ziel;
Menschen halten das Widerspiel.

GEORG PHILIPP HARSDÖRFFER
1607—1658

41 *Was ist die arge Welt?*

EIN ungestümes Meer,
Ein Haus voll böser Kinder,
Ein Richter sonder Ehr',
Ein Stall voll dummer Rinder.
Ein Feld voll böser Frucht,
Ein Reich vom Wahn regieret,
Ein Kriegsheer ohne Zucht,
Die Blindheit stolz gezieret.
Der Thron der Eitelkeit,
Die Feindin aller Tugend,
Ein Weg fast Höllen weit,
Die Freundin aller Jugend.

Der Sünden Aufenthalt,
Ein Hospital der Kranken.
Ein Raub- und Mörderwald,
Des Glücks und Unglücks Schranken.

PAUL GERHARDT
1607—1676

42 *Abendlied*

NUN ruhen alle Wälder,
Vieh, Menschen, Städt' und Felder;
Es schläft die ganze Welt.
Ihr aber, meine Sinnen,
Auf, auf, ihr sollt beginnen,
Was eurem Schöpfer wohlgefällt.

Wo bist du, Sonne, blieben?
Die Nacht hat dich vertrieben,
Die Nacht, des Tages Feind.
Fahr hin! ein' andre Sonne,
Mein Jesus, meine Wonne,
Gar hell in meinem Herzen scheint.

Der Tag ist nun vergangen,
Die güldnen Sternlein prangen
Am blauen Himmelssaal
So, so werd' ich auch stehen,
Wann mich wird heißen gehen
Mein Gott aus diesem Jammertal.

Der Leib der eilt zur Ruhe,
Legt ab das Kleid und Schuhe,
Das Bild der Sterblichkeit.
Die zieh' ich aus: dargegen
Wird Christus mir anlegen
Den Rock der Ehr' und Herrlichkeit.

Das Haupt, die Füß' und Hände
Sind froh, daß nun zum Ende
Die Arbeit kommen sei.
Herz, freu' dich, du sollt werden
Vom Elend dieser Erden
Und von der Sünden Arbeit frei.

Nun geht, ihr matten Glieder,
Geht, geht und legt euch nieder,
Der Betten ihr begehrt.
Es kommen Stund' und Zeiten,
Da man euch wird bereiten
Zur Ruh' ein Bettlein in der Erd'.

Mein' Augen stehn verdrossen,
Im Hui sind sie geschlossen;
Wo bleibt dann Leib und Seel'?
Nimm sie zu deinen Gnaden,
Sei gut für allen Schaden,
Du Aug' und Wächter Israel!

Breit' aus die Flügel beide,
O Jesu, meine Freude,
Und nimm dein Küchlein ein!
Will Satan mich verschlingen,
So laß die Englein singen:
Dies Kind soll unverletzet sein.

PAUL GERHARDT

Auch euch, ihr meine Lieben,
Soll heute nicht betrüben
Ein Unfall noch Gefahr.
Gott laß euch ruhig schlafen,
Stell' euch die güldnen Waffen
Ums Bett und seiner Engel Schar.

PAUL FLEMING
1609—1640

43 *Gedanken über der Zeit*

IHR lebet in der Zeit und kennt doch keine Zeit;
So wißt ihr Menschen nicht, von und in was ihr seid.
Dies wißt ihr, daß ihr seid in einer Zeit geboren
Und daß ihr werdet auch in einer Zeit verloren.
 Was aber war die Zeit, die euch in sich gebracht?
 Und was wird diese sein, die euch zu nichts mehr
 macht?
Die Zeit ist was und nichts, der Mensch in gleichem Falle;
Doch was dasselbe was und nichts sei, zweifeln alle.
 Die Zeit, die stirbt in sich und zeugt sich auch aus sich.
 Dies kömmt aus mir und dir, von dem bist du und ich.
Der Mensch ist in der Zeit, sie ist in ihm ingleichen;
Doch aber muß der Mensch, wenn sie noch bleibet,
 weichen.
 Die Zeit ist, was ihr seid, und ihr seid, was die Zeit,
 Nur daß ihr wen'ger noch, als was die Zeit ist, seid.
Ach daß doch jene Zeit, die ohne Zeit ist, käme
Und uns aus dieser Zeit in ihre Zeiten nähme,
 Und aus uns selbsten uns, daß wir gleich könnten sein
 Wie *der* itzt jener Zeit, die keine Zeit geht ein!

44 *Ergebenheit*

Lass dich nur nichts nicht dauern
 Mit Trauern!
 Sei stille!
 Wie Gott es fügt,
 So sei vergnügt
 Mein Wille!

Was willst du heute sorgen
 Auf morgen?
 Der Eine
 Steht allem für,
 Der gibt auch dir
 Das Deine.

Sei nur in allem Handel
 Ohn' Wandel!
 Steh feste!
 Was Gott beschleußt,
 Das ist und heißt
 Das Beste.

45 *An sich*

Sei dennoch unverzagt! Gib dennoch unverloren!
Weich keinem Glücke nicht! Steh' höher als der Neid!
Vergnüge dich an dir, und acht es für kein Leid,
Hat sich gleich wider dich Glück, Ort und Zeit ver-
schworen.

Was dich betrübt und labt, halt alles für erkoren!
Nimm dein Verhängnis an! Laß alles unbereut!
Tu, was getan muß sein und eh' man dir's gebeut!
Was du noch hoffen kannst, das wird noch stets geboren.

Was klagt, was lobt man doch? Sein Unglück und sein
 Glücke
Ist ihm ein jeder selbst. Schau alle Sachen an!
Dies alles ist in dir, laß deinen eitlen Wahn,

Und eh' du fürder gehst, so geh' in dich zurücke!
Wer sein selbst Meister ist und sich beherrschen kann,
Dem ist die weite Welt und alles untertan.

46 *Bei einer Leichen*

EINE Dunst in reger Luft,
Ein geschwindes Wetterleuchten;
Güsse, so den Grund nicht feuchten;
Ein Geschoß, das bald verpufft,

Hall, der durch die Täler ruft;
Stürme, so uns nichts sein deuchten;
Pfeile, die den Zweck erreichten;
Eis in einer warmen Gruft;

Alle diese sind zwar richtig,
Daß sie flüchtig sein und nichtig,
Doch wie nichts sie alle sein,

So ist doch, o Mensch, dein Leben,
Mehr, als sie, der Flucht ergeben.
Nichts ist alles, du sein Schein.

47

ANDREAS GRYPHIUS

1616—1664

47 *Tränen des Vaterlandes, anno 1636*

WIR sind doch nunmehr ganz, ja mehr denn ganz
 verheeret,
Der frechen Völker Schar, die rasende Posaun,
Das vom Blut fette Schwert, die donnernde Kartaun
Hat aller Schweiß und Fleiß und Vorrat aufgezehret.

Die Türme stehn in Glut, die Kirch' ist umgekehret,
Das Rathaus liegt im Graus, die Starken sind zerhaun,
Die Jungfern sind geschändt, und wo wir hin nur schaun,
Ist Feuer, Pest und Tod, der Herz und Geist durchfähret.

Hier durch die Schanz und Stadt rinnt allzeit frisches Blut.
Dreimal sind schon sechs Jahr', als unser Ströme Flut
Von Leichen fast verstopft, sich langsam fortgedrungen.

Doch schweig ich noch von dem, was ärger als der Tod,
Was grimmer denn die Pest und Glut und Hungersnot:
Daß auch der Seelenschatz so vielen abgezwungen.

48 *Abend*

DER schnelle Tag ist hin; die Nacht schwingt ihre
 Fahn'
Und führt die Sternen auf. Der Menschen müde Scharen
Verlassen Feld und Werk; wo Tier' und Vögel waren,
Traurt itzt die Einsamkeit. Wie ist die Zeit vertan!

Der Port naht mehr und mehr sich zu der Glieder Kahn.
Gleich wie dies Licht verfiel, so wird in wenig Jahren
Ich, du, und was man hat, und was man sieht, hinfahren.
Dies Leben kömmt mir vor als eine Rennebahn.

Laß, höchster Gott, mich doch nicht auf dem Laufplatz
 gleiten!
Laß mich nicht Ach, nicht Pracht, nicht Lust, nicht Angst
 verleiten!
Dein ewig heller Glanz sei vor und neben mir!

Laß, wenn der müde Leib entschläft, die Seele wachen,
Und wenn der letzte Tag wird mit mir Abend machen,
So reiß mich aus dem Tal der Finsternis zu dir!

49 *Es ist alles eitel*

Du siehst, wohin du siehst, nur Eitelkeit auf Erden.
 Was dieser heute baut, reißt jener morgen ein;
Wo jetzund Städte stehn, wird eine Wiese sein,
Auf der ein Schäferskind wird spielen mit den Herden.

Was jetzund prächtig blüht, soll bald zertreten werden;
Was jetzt so pocht und trotzt, ist morgen Asch' und Bein;
Nichts ist, das ewig sei, kein Erz, kein Marmorstein.
Jetzt lacht das Glück uns an, bald donnern die Be-
 schwerden.

Der hohen Taten Ruhm muß wie ein Traum vergehn.
Soll denn das Spiel der Zeit, der leichte Mensch bestehn?
Ach, was ist alles dies, was wir für köstlich achten,

Als schlechte Nichtigkeit, als Schatten, Staub und Wind,
Als eine Wiesenblum', die man nicht wieder find't!
Noch will, was ewig ist, kein einig' Mensch betrachten.

JOHANN KLAJ
1616—1656

50 *Spazierlust*

H ELLGLÄNZENDES Silber, mit welchem sich gatten
Der astigen Linden weitstreifende Schatten!
Deine sanftkühlend-geruhige Lust
Ist jedem bewußt.

Wie sollten kunstahmende Pinsel bemalen
Die Blätter, die schirmen vor brennenden Strahlen?
Keiner der Stämme, so grünlich beziert,
Die Ordnung verführt.

Es lispeln und wispeln die schlüpfrige Brunnen,
Von ihnen ist diese Begrünung gerunnen.
Sie schauern, betrauern und fürchten bereit
Die schneeichte Zeit.

51 *Vorzug des Frühlings*

I M Lenzen da glänzen die blümigen Auen,
Die Auen, die bauen die perlenen Tauen,
Die Nymphen in Sümpfen ihr Antlitz beschauen,
Es schmilzet der Schnee,
Man segelt zur See,
Bricht güldenen Klee.

Die Erlen den Schmerlen den Schatten versüßen,
Sie streichen, sie leichen in blaulichten Flüssen,
Die Angel aus Mangel und Reißen beküssen,
Die Lerche, die singt,
Das Haberrohr klingt,
Die Schäferin springt.

Die Hirten in Hürden begehen den Maien,
Man zieret und führet den singenden Reien,
Die Reien, die schreien um neues Gedeihen,
Die Herde, die schellt,
Der Rüde, der bellt,
Das Euter, das schwellt.

CHRISTIAN HOFMANN VON HOFMANNSWALDAU

1617—1679

52 *Vergänglichkeit der Schönheit*

Es wird der bleiche Tod mit seiner kalten Hand
Dir endlich mit der Zeit um deine Brüste streichen,
Der liebliche Korall der Lippen wird verbleichen;
Der Schultern warmer Schnee wird werden kalter Sand,

Der Augen süßer Blitz, die Kräfte deiner Hand,
Für welchen solches fällt, die werden zeitlich weichen.
Das Haar, das itzund kann des Goldes Glanz erreichen,
Tilgt endlich Tag und Jahr als ein gemeines Band.

51

Der wohlgesetzte Fuß, die lieblichen Gebärden,
Die werden teils zu Staub, teils nichts und nichtig werden,
Dann opfert keiner mehr der Gottheit deiner Pracht.

Dies und noch mehr als dies muß endlich untergehen.
Dein Herze kann allein zu aller Zeit bestehen,
Dieweil es die Natur aus Diamant gemacht.

53 *Die Welt*

W AS ist die Welt und ihr berühmtes Glänzen?
 Was ist die Welt und ihre ganze Pracht?
Ein schnöder Schein in kurzgefaßten Grenzen,
Ein schneller Blitz bei schwarzgewölkter Nacht;
Ein buntes Feld, da Kummerdisteln grünen;
Ein schön' Spital, so voller Krankheit steckt.
Ein Sklavenhaus, da alle Menschen dienen,
Ein faules Grab, so Alabaster deckt.
Das ist der Grund, darauf wir Menschen bauen,
Und was das Fleisch für einen Abgott hält.
Komm, Seele, komm und lerne weiter schauen,
Als sich erstreckt der Zirkel dieser Welt.
Streich ab von dir derselben kurzes Prangen,
Halt ihre Lust für eine schwere Last;
So wirst du leicht in diesen Port gelangen,
Da Ewigkeit und Schönheit sich umfaßt.

JOHANN SCHEFFLER

(ANGELUS SILESIUS)

1624—1677

54 From *Der Cherubinische Wandersmann*

I

Du selber machst die Zeit: das Uhrwerk sind die
 Sinnen:
Hemmst du die Unruh' nur, so ist die Zeit von hinnen.

II

MENSCH, werde wesentlich! Denn wann die Welt ver-
 geht,
So fällt der Zufall weg, das Wesen, das besteht.

III

GOTT ist ein lauter Nichts, Ihn rührt kein Nun noch Hier.
Je mehr du nach Ihm greifst, je mehr entwird Er dir.

IV

NICHTS bringt dich über dich als die Vernichtigkeit;
Wer mehr vernichtigt ist, der hat mehr Göttlichkeit.

V

ICH selbst bin Ewigkeit, wann ich die Zeit verlasse
Und mich in Gott und Gott in mich zusammenfasse.

VI

DER Abgrund meines Geists ruft immer mit Geschrei
Den Abgrund Gottes an; sag, welcher tiefer sei.

VII

I c h weiß, daß ohne mich Gott nicht ein Nu kann leben;
Werd' ich zu nicht, Er muß von Not den Geist
 aufgeben.

VIII

I c h selbst muß Sonne sein, ich muß mit meinen Strahlen
Das farbenlose Meer der ganzen Gottheit malen.

IX

M e n s c h, wirstu nicht ein Kind, so gehstu nimmer ein,
Wo Gottes Kinder sind: die Tür ist gar zu klein.

X

D i e Ros' ist ohn' Warum, sie blühet weil sie blühet,
Sie acht' nicht ihrer selbst, fragt nicht, ob man sie siehet.

HANS JAKOB CHRISTOFFEL VON GRIMMELSHAUSEN

1622—1676

55 Komm, Trost der Nacht, o Nachtigall!

K o m m, Trost der Nacht, o Nachtigall!
 Laß deine Stimm' mit Freudenschall
Aufs lieblichste erklingen;
Komm, komm und lob den Schöpfer dein,
Weil andre Vöglein schlafen sein,
Und nicht mehr mögen singen.

Laß dein Stimmlein
Laut erschallen, dann vor allen
Kannst du loben
Gott im Himmel hoch dort oben.

Obschon ist hin der Sonnenschein,
Und wir im Finstern müssen sein,
So können wir doch singen;
Von Gottes Güt' und seiner Macht,
Weil uns kann hindern keine Nacht,
Sein Lob zu vollenbringen.
Drum dein Stimmlein
Laß erschallen, dann vor allen
Kannst du loben
Gott im Himmel hoch dort oben.

Echo, der wilde Widerhall,
Will sein bei diesem Freudenschall,
Und lässet sich auch hören;
Verweist uns alle Müdigkeit,
Der wir ergeben allezeit,
Lehrt uns den Schlaf betören.
Drum dein Stimmlein
Laß erschallen, dann vor allen
Kannst du loben
Gott im Himmel hoch dort oben.

Die Sterne, so am Himmel stehn,
Sich lassen zum Lob Gottes sehn
Und Ehre ihm beweisen;
Die Eul' auch, die nicht singen kann,
Zeigt doch mit ihrem Heulen an,
Daß sie Gott auch tu' preisen.

Drum dein Stimmlein
Laß erschallen, dann vor allen
Kannst du loben
Gott im Himmel hoch dort oben.

Nur her, mein liebstes Vögelein,
Wir wollen nicht die Faulsten sein
Und schlafend liegen bleiben;
Vielmehr bis daß die Morgenröt'
Erfreuet diese Wälder öd,
In Gottes Lob vertreiben.
Laß dein Stimmlein
Laut erschallen, dann vor allen
Kannst du loben
Gott im Himmel hoch dort oben.

DANIEL CASPAR VON LOHENSTEIN
1635—1683

56 *Die Augen*

Lass Archimeden viel von seinen Spiegeln sagen,
Da durch geschliffen Glas der heißen Sonne Rad
Der Römer Schiff und Mast in Brand gestecket hat,
Die in der Doris Schoß für Syracusa lagen.

Den Ruhm verdienet mehr der güldnen Sonne Wagen,
Als Archimedens Kunst und seines Spiegels Blatt.
Denn dies sein Meisterstück hat nur an Dingen statt,
Mit denen jede Glut pflegt leichtlich anzuschlagen.

In deinen Augen steckt mehr Nachdruck, Schwefel, Tag,
Als hohler Gläser Kunst der Sonnenstrahl vermag,
Ja, ihr geschwinder Blitz hat viel mehr Macht zu brennen;

Sie zünden übers Meer entfernte Seelen an
Und Herzen, denen sich kein Eis vergleichen kann.
Soll man die Augen nun nicht Brennespiegel nennen?

GOTTFRIED ARNOLD
1666—1714

57 *Ich bin ein armes Kind . . .*

ICH bin ein armes Kind, aus dieser Welt gerissen,
Und von mir selbst entblößt, von allem abgetan,
Ich hab' und liebe nichts, ich kann und will nichts wissen,
Bekenne, daß ich mir im Grund nichts helfen kann.

So arm und bloß bin ich! Wo aber soll ich finden,
Was mich in Armut reich, im Elend herrlich macht?
Ich wähle, was ich will, so muß mir's bald verschwinden,
Die ganze Kreatur hat mir nichts zugebracht.

Die Welt, die gibt mir nichts, sie hat mich abgetrennet;
Die Frommen sind selbst arm, sie haben nichts für sich,
Ein jeder bettelt selbst, was er sein Eigen nennet:
So gar steht's außer Gott, um uns sehr jämmerlich.

Hier steh' ich, Herr, vor dir, umfass' mit Geistesarmen
Dein armes Leben nun; entblöss' und füll' zugleich
Aus deiner Liebe Füll' und herzlichem Erbarmen
Mein ausgeleertes Herz mit deinem Himmelreich.

BARTHOLD HEINRICH BROCKES

58 *Kirschblüte bei Nacht*

ICH sahe mit betrachtendem Gemüte
Jüngst einen Kirschbaum, welcher blühte,
In kühler Nacht beim Mondenschein;
Ich glaubt', es könne nichts von größrer Weiße sein.
Es schien, als wär' ein Schnee gefallen;
Ein jeder, auch der kleinste Ast,
Trug gleichsam eine rechte Last
Von zierlich weißen runden Ballen.
Es ist kein Schwan so weiß, da nämlich jedes Blatt
— Indem daselbst des Mondes sanftes Licht
Selbst durch die zarten Blätter bricht —
Sogar den Schatten weiß und sonder Schwärze hat.
Unmöglich, dacht' ich, kann auf Erden
Was Weißres aufgefunden werden.

Indem ich nun bald hin, bald her
Im Schatten dieses Baumes gehe,
Sah ich von ungefähr
Durch alle Blumen in die Höhe
Und ward noch einen weißern Schein,
Der tausendmal so weiß, der tausendmal so klar,
Fast halb darob erstaunt, gewahr.
Der Blüte Schnee schien schwarz zu sein
Bei diesem weißen Glanz. Es fiel mir ins Gesicht
Von einem hellen Stern ein weißes Licht,
Das mir recht in die Seele strahlte.

Wie sehr ich mich am Irdischen ergötze,
Dacht' ich, hat Gott dennoch weit größre Schätze.
Die größte Schönheit dieser Erden
Kann mit der himmlischen doch nicht verglichen
 werden.

JOHANN CHRISTIAN GÜNTHER

1695—1723

59 *Als er der Phillis einen Ring mit
 einem Totenkopf überreichte*

ERSCHRICK nicht vor dem Liebeszeichen,
Es traget unser künftig Bild,
Vor dem nur die allein erbleichen,
Bei welchen die Vernunft nichts gilt.
Wie schickt sich aber Eis und Flammen?
Wie reimt sich Lieb' und Tod zusammen?
Es schickt und reimt sich gar zu schön,
Denn beide sind von gleicher Stärke
Und spielen ihre Wunderwerke
Mit allen, die auf Erden gehn.

Ich gebe dir dies Pfand zur Lehre:
Das Gold bedeutet feste Treu',
Der Ring, daß uns die Zeit verehre,
Die Täubchen, wie vergnügt man sei;
Der Kopf erinnert dich des Lebens,
Im Grab ist aller Wunsch vergebens,

Drum lieb' und lebe, weil man kann,
Wer weiß, wie bald wir wandern müssen!
Das Leben steckt im treuen Küssen,
Ach, fang' den Augenblick noch an!

60 *Die unwiederbringliche Zeit*

ICH weiß noch wohl die liebe Zeit,
In der ich mich genug gefreut;
Was waren das vor süße Tage!
Die Schläfe trugen Blum' und Glut
Und kannten weder Wunsch noch Plage,
Noch was den Greisen bange tut.

Mein Sorgen ging auf Lust und Scherz,
Mein Herz war Amaranthens Herz,
Wir zählten weder Kuß noch Stunden;
Tanz, Schauplatz, Gärte, Spiel und Wein
Und aller Vorteil der Gesunden
Nahm Blut und Geist mit Wollust ein.

Wie? Was erzähl' ich einen Traum?
Zum wenigsten gedenkt mich's kaum.
Mein Gott, wie ist die Zeit entronnen!
Was hast du, Herz, von aller Lust?
Dies, daß du Reu' und Leid gewonnen
Und wissen und entbehren mußt.

Ihr, die ihr die Natur versteht,
Und durch die Kunst oft höher geht,
Ihr könnt euch mir recht sehr verbinden:
Ach, sagt mir doch, ich fleh' euch an,
Wie soll ich die Maschine finden,
Die Zeit und Jugend hemmen kann?

FRIEDRICH VON HAGEDORN

1708—1754

Der Mai

DER Nachtigall reizende Lieder
Ertönen und locken schon wieder
Die fröhlichsten Stunden ins Jahr.
Nun singet die steigende Lerche,
Nun klappern die reisenden Störche,
Nun schwatzet der gaukelnde Star.

Wie munter sind Schäfer und Herde!
Wie lieblich beblümt sich die Erde!
Wie lebhaft ist itzo die Welt!
Die Tauben verdoppeln die Küsse,
Der Entrich besuchet die Flüsse,
Der lustige Sperling sein Feld.

Wie gleichet doch Zephyr der Floren!
Sie haben sich weislich erkoren,
Sie wählen den Wechsel zur Pflicht.
Er flattert um Sprossen und Garben,
Sie liebet unzählige Farben,
Und Eifersucht trennet sie nicht.

Nun heben sich Binsen und Keime,
Nun kleiden die Blätter die Bäume,
Nun schwindet des Winters Gestalt;
Nun rauschen lebendige Quellen
Und tränken mit spielenden Wellen
Die Triften, den Anger, den Wald.

Wie buhlerisch, wie so gelinde
Erwärmen die westlichen Winde
Das Ufer, den Hügel, die Gruft!
Die jugendlich scherzende Liebe
Empfindet die Reizung der Triebe,
Empfindet die schmeichelnde Luft.

Nun stellt sich die Dorfschaft in Reihen,
Nun rufen euch eure Schalmeien,
Ihr stampfenden Tänzer, hervor.
Ihr springet auf grünender Wiese,
Der Bauerknecht hebet die Liese
In hurtiger Wendung empor.

Nicht fröhlicher, weidlicher, kühner
Schwang vormals der braune Sabiner
Mit männlicher Freiheit den Hut.
O reizet die Städte zum Neide,
Ihr Dörfer voll hüpfender Freude!
Was gleichet dem Landvolk an Mut?

62 *Die Küsse*

ALS sich aus Eigennutz Elisse
Dem muntern Coridon ergab,
Nahm sie für einen ihrer Küsse
Ihm anfangs dreißig Schäfchen ab.

Am andern Tag erschien die Stunde,
Daß er den Tausch viel besser traf.
Sein Mund gewann von ihrem Munde
Schon dreißig Küsse für ein Schaf.

Der dritte Tag war zu beneiden:
Da gab die milde Schäferin
Um einen neuen Kuß mit Freuden
Ihm alle Schafe wieder hin.

Allein am vierten ging's betrübter,
Indem sie Herd und Hund verhieß
Für einen Kuß, den ihr Geliebter
Umsonst an Doris überließ.

63 *An die Freude*

FREUDE, Göttin edler Herzen!
Höre mich!
Laß die Lieder, die hier schallen,
Dich vergrößern, dir gefallen;
Was hier tönet, tönt durch dich.

Muntre Schwester süßer Liebe!
Himmelskind!
Kraft der Seelen! Halbes Leben!
Ach, was kann das Glück uns geben,
Wenn man dich nicht auch gewinnt?

Stumme Hüter toter Schätze
Sind nur reich.
Dem, der keinen Schatz bewachet,
Sinnreich scherzt und singt und lachet,
Ist kein karger König gleich.

Gib den Kennern, die dich ehren,
Neuen Mut,
Neuen Scherz den regen Zungen,
Neue Fertigkeit den Jungen,
Und den Alten neues Blut.

Du erheiterst, holde Freude,
Die Vernunft.
Flieh auf ewig die Gesichter
Aller finstern Splitterrichter
Und die ganze Heuchlerzunft!

CHRISTIAN FÜRCHTEGOTT GELLERT
1715—1769

64 *Die Geschichte von dem Hute*

Das erste Buch

DER erste, der mit kluger Hand
Der Männer Schmuck, den Hut, erfand,
Trug seinen Hut unaufgeschlagen;
Die Krempen hingen flach herab,
Und dennoch wußt' er ihn zu tragen,
Daß ihm der Hut ein Ansehn gab.

Er starb und ließ bei seinem Sterben
Den runden Hut dem nächsten Erben.

Der Erbe weiß den runden Hut
Nicht recht gemächlich anzugreifen;
Er sinnt, und wagt es kurz und gut,
Er wagt's, zwo Krempen aufzusteifen.
Drauf läßt er sich dem Volke sehn;
Das Volk bleibt vor Verwundrung stehn
Und schreit: „Nun läßt der Hut erst schön!"

Er starb und ließ bei seinem Sterben
Den aufgesteiften Hut dem Erben.

Der Erbe nimmt den Hut und schmält:
„Ich", spricht er, „sehe wohl, was fehlt."
Er setzt darauf mit weisem Mute
Die dritte Krempe zu dem Hute.
„O", rief das Volk, „der hat Verstand!
Seht, was ein Sterblicher erfand!
Er, er erhöht sein Vaterland!"

Er starb und ließ bei seinem Sterben
Den dreifach spitzen Hut dem Erben.

Der Hut war freilich nicht mehr rein;
Doch sagt, wie konnt' es anders sein?
Er ging schon durch die vierten Hände.
Der Erbe färbt ihn schwarz, damit er was erfände.
„Beglückter Einfall!" rief die Stadt,
„So weit sah keiner noch, als der gesehen hat.
Ein weißer Hut ließ lächerlich,
Schwarz, Brüder, schwarz, so schickt es sich."

Er starb und ließ bei seinem Sterben
Den schwarzen Hut dem nächsten Erben.

Der Erbe trägt ihn in sein Haus
Und sieht, er ist sehr abgetragen;
Er sinnt, und sinnt das Kunststück aus
Ihn über einen Stock zu schlagen.
Durch heiße Bürsten wird er rein;
Er faßt ihn gar mit Schnüren ein.
Nun geht er aus und alle schreien:
„Was sehn wir? Sind es Zaubereien?
Ein neuer Hut! O glücklich Land,
Wo Wahn und Finsternis verschwinden!
Mehr kann kein Sterblicher erfinden,
Als dieser große Geist erfand!"

Er starb und ließ bei seinem Sterben
Den umgewandten Hut dem Erben.

Erfindung macht den Künstler groß
Und bei der Nachwelt unvergessen;
Der Erbe reißt die Schnüre los,
Umzieht den Hut mit goldnen Tressen,
Verherrlicht ihn durch einen Knopf
Und drückt ihn seitwärts auf den Kopf.
Ihn sieht das Volk und taumelt vor Vergnügen.
Nun ist die Kunst erst hoch gestiegen!
„Ihm", schrie es, „ihm allein ist Witz und Geist verliehn!
Nichts sind die andern gegen ihn!"

Er starb und ließ bei seinem Sterben
Den eingefaßten Hut dem Erben.
Und jedesmal ward die erfundne Tracht
Im ganzen Lande nachgemacht.

65 *Der Maler*

EIN kluger Maler in Athen,
Der minder, weil man ihn bezahlte,
Als, weil er Ehre suchte, malte,
Ließ einen Kenner einst den Mars im Bilde sehn
Und bat sich seine Meinung aus.
Der Kenner sagt' ihm frei heraus,
Daß ihm das Bild nicht ganz gefallen wollte,
Und daß es, um recht schön zu sein,
Weit minder Kunst verraten sollte.
Der Maler wandte vieles ein;
Der Kenner stritt mit ihm aus Gründen,
Und konnt' ihn doch nicht überwinden.

Gleich trat ein junger Geck herein
Und nahm das Bild in Augenschein.
„O!" rief er, bei dem ersten Blicke,
„Ihr Götter, welch ein Meisterstücke!
Ach, welcher Fuß! O wie geschickt
Sind nicht die Nägel ausgedrückt!
Mars lebt durchaus in diesem Bilde!
Wie viele Kunst, wie viele Pracht
Ist in dem Helm und in dem Schilde
Und in der Rüstung angebracht!"

Der Maler ward beschämt gerühret,
Und sah den Kenner kläglich an.
„Nun", sprach er, „bin ich überführet!
Ihr habt mir nicht zu viel getan."
Der junge Geck war kaum hinaus,
So strich er seinen Kriegsgott aus.

•　　•　　•　　•　　•

Wenn deine Schrift dem Kenner nicht gefällt,
So ist es schon ein böses Zeichen;
Doch wenn sie gar des Narren Lob erhält,
So ist es Zeit, sie auszustreichen.

66 *Die Ehre Gottes aus der Natur*

DIE Himmel rühmen des Ewigen Ehre;
Ihr Schall pflanzt seinen Namen fort.
Ihn rühmt der Erdkreis, ihn preisen die Meere;
Vernimm, o Mensch, ihr göttlich Wort!

Wer trägt der Himmel unzählbare Sterne?
Wer führt die Sonn' aus ihrem Zelt?
Sie kommt und leuchtet und lacht uns von ferne
Und läuft den Weg gleich als ein Held.

Vernimm's und siehe die Wunder der Werke,
Die die Natur dir aufgestellt!
Verkündigt Weisheit und Ordnung und Stärke
Dir nicht den Herrn, den Herrn der Welt?

Kannst du der Wesen unzählbare Heere,
Den kleinsten Staub fühllos beschaun?
Durch wen ist alles? O gib ihm die Ehre!
„Mir", ruft der Herr, „sollst du vertraun.

Mein ist die Kraft, mein ist Himmel und Erde;
An meinen Werken kennst du mich.
Ich bin's und werde sein, der ich sein werde,
Dein Gott und Vater ewiglich.

Ich bin dein Schöpfer, bin Weisheit und Güte,
 Ein Gott der Ordnung und dein Heil;
Ich bin's! Mich liebe von ganzem Gemüte
 Und nimm an meiner Gnade teil!"

JOHANN WILHELM LUDWIG GLEIM

1719—1803

67 *Vorsatz*

DEN flüchtigen Tagen
 Wehrt keine Gewalt;
Die Räder am Wagen
Entfliehn nicht so bald.

Wie Blitze verfliegen,
So sind sie dahin!
Ich will mich vergnügen,
So lang ich noch bin!

68 *Ermahnung zur Weisheit*

LASST uns weise sein
 Beim Geruch der Nelken!
Freunde, zieht ihn ein,
Ehe sie verwelken!

Laßt uns weise sein,
Weil uns Lust und Leben,
Weil uns Durst und Wein
Noch die Götter geben!

69 *An Leukon*

ROSEN pflücke, Rosen blühn,
Morgen ist nicht heut'!
Keine Stunde laß entfliehn,
Flüchtig ist die Zeit!

Trinke, küsse! Sieh, es ist
Heut' Gelegenheit;
Weißt du, wo du morgen bist?
Flüchtig ist die Zeit!

Aufschub einer guten Tat
Hat schon oft gereut —
Hurtig leben ist mein Rat,
Flüchtig ist die Zeit!

70 *Das Veilchen*

So lieb, so klein,
So schön, so rein,
Lieb Veilchen auf der Heide!
Lieb Veilchen, du die kleinste Zier
Der Mutter Erde, du bist mir,
Bist mir die größte Freude!

Du stehst nicht stolz
Auf Dornenholz,
Wie dort die stolze Rose:
Du bist bescheiden, Blümchen, du,
Und winkst mir deine Liebe zu,
Wie meine kleine Lose!

Lieb Veilchen, ich,
Ich lieb' auch dich,
Wie meine lieben Musen:
Komm mit mir, Veilchen, komm, erwirb
Der kleinen Losen Lieb' und stirb
Verliebt an ihrem Busen!

JOHANN PETER UZ

1720—1796

71 *Gott im Ungewitter*

Du Schrecklicher, wer kann vor dir
Und deinem Donner stehn?
Der Herr ist groß! Was trotzen wir?
Er winkt, und wir vergehn.

Er lagert sich in schwarzer Nacht;
Die Völker zittern schon;
Geflügeltes Verderben wacht
Um seinen furchtbarn Thron.

Rotglühend schleudert seine Hand
Den Blitz aus finstrer Höh':
Und Donner stürzt sich auf das Land
In einer Feuersee:

Daß selbst der Erde fester Grund
Vom Zorn des Donners bebt,
Und was um ihr erschüttert Rund'
Und in der Tiefe lebt.

Den Herrn und seinen Arm erkennt
Die zitternde Natur,
Da weit umher der Himmel brennt
Und weit umher die Flur.

Wer schützt mich Sterblichen, mich Staub,
Wenn, der im Himmel wohnt
Und Welten pflückt, wie dürres Laub,
Nicht huldreich mich verschont?

Wir haben einen Gott voll Huld,
Auch wann er zornig scheint:
Er herrscht mit schonender Geduld,
Der große Menschenfreund!

FRIEDRICH GOTTLIEB KLOPSTOCK

1724—1803

72 *Das Rosenband*

Iᴍ Frühlingsschatten fand ich sie,
Da band ich sie mit Rosenbändern:
Sie fühlt' es nicht und schlummerte.

Ich sah sie an; mein Leben hing
Mit diesem Blick an ihrem Leben:
Ich fühlt' es wohl und wußt' es nicht.

Doch lispelt' ich ihr sprachlos zu
Und rauschte mit den Rosenbändern:
Da wachte sie vom Schlummer auf.

Sie sah mich an; ihr Leben hing
Mit diesem Blick an meinem Leben,
Und um uns ward's Elysium.

73 *Die frühen Gräber*

WILLKOMMEN, o silberner Mond,
Schöner, stiller Gefährt' der Nacht!
Du entfliehst? Eile nicht, bleib, Gedankenfreund!
Sehet, er bleibt, das Gewölk wallte nur hin.

Des Maies Erwachen ist nur
Schöner noch, wie die Sommernacht,
Wenn ihm Tau, hell wie Licht, aus der Locke träuft,
Und zu dem Hügel herauf rötlich er kömmt.

Ihr Edleren, ach es bewächst
Eure Male schon ernstes Moos!
O, wie war glücklich ich, als ich noch mit euch
Sahe sich röten den Tag, schimmern die Nacht!

74 *Die Frühlingsfeier*

NICHT in den Ozean der Welten alle
Will ich mich stürzen, schweben nicht,
Wo die ersten Erschaffnen, die Jubelchöre der Söhne
 des Lichts,
Anbeten, tief anbeten, und in Entzückung vergehn.

Nur um den Tropfen am Eimer,
Um die Erde nur, will ich schweben, und anbeten.
Halleluja! Halleluja! Der Tropfen am Eimer
Rann aus der Hand des Allmächtigen auch!

Da der Hand des Allmächtigen
Die größeren Erden entquollen,
Die Ströme des Lichts rauschten, und Siebengestirne
 wurden,
Da entrannest du, Tropfen, der Hand des Allmächtigen!

Da ein Strom des Lichts rauscht', und unsre Sonne wurde,
Ein Wogensturz sich stürzte wie von Felsen
Der Wolk' herab, und den Orion gürtete,
Da entrannest du, Tropfen, der Hand des Allmächtigen!

Wer sind die tausendmal tausend, wer die Myriaden alle,
Welche den Tropfen bewohnen und bewohnten? Und
 wer bin ich?
Halleluja dem Schaffenden! Mehr wie die Erden, die
 quollen!
Mehr wie die Siebengestirne, die aus Strahlen zusammen-
 strömten!

Aber du, Frühlingswürmchen,
Das grünlichgolden neben mir spielt,
Du lebst; und bist vielleicht
Ach, nicht unsterblich!

Ich bin herausgegangen, anzubeten,
Und ich weine? Vergib, vergib
Auch diese Träne dem Endlichen,
O du, der sein wird!

Du wirst die Zweifel alle mir enthüllen,
O du, der mich durch das dunkle Tal
Des Todes führen wird! Ich lerne dann,
Ob eine Seele das goldne Würmchen hatte.

Bist du nur gebildeter Staub,
Sohn des Mais, so werde denn
Wieder verfliegender Staub,
Oder was sonst der Ewige will!

Ergeuß von neuem du, mein Auge,
Freudentränen!
Du, meine Harfe,
Preise den Herrn!

Umwunden wieder, mit Palmen
Ist meine Harf' umwunden! Ich singe dem Herrn!
Hier steh' ich. Rund um mich
Ist alles Allmacht, und Wunder alles!

Mit tiefer Ehrfurcht schau' ich die Schöpfung an,
Denn du,
Namenloser, du
Schufest sie!

Lüfte, die um mich wehn, und sanfte Kühlung
Auf mein glühendes Angesicht hauchen,
Euch, wunderbare Lüfte,
Sandte der Herr, der Unendliche!

Aber jetzt werden sie still, kaum atmen sie.
Die Morgensonne wird schwül!
Wolken strömen herauf!
Sichtbar ist, der kommt, der Ewige!

Nun schweben sie, rauschen sie, wirbeln die Winde!
Wie beugt sich der Wald, wie hebt sich der Strom!
Sichtbar, wie du es Sterblichen sein kannst,
Ja, das bist du, sichtbar, Unendlicher!

Der Wald neigt sich, der Strom fliehet, und ich
Falle nicht auf mein Angesicht?
Herr! Herr! Gott! Barmherzig und gnädig!
Du Naher, erbarme dich meiner!

Zürnest du, Herr,
Weil Nacht dein Gewand ist?
Diese Nacht ist Segen der Erde.
Vater, du zürnest nicht!

Sie kommt, Erfrischung auszuschütten,
Über den stärkenden Halm!
Über die herzerfreuende Traube!
Vater, du zürnest nicht!

Alles ist still vor dir, du Naher!
Rings umher ist alles still!
Auch das Würmchen mit Golde bedeckt, merkt auf!
Ist es vielleicht nicht seelenlos? Ist es unsterblich?

Ach, vermöcht' ich dich, Herr, wie ich dürste, zu preisen!
Immer herrlicher offenbarest du dich!
Immer dunkler wird die Nacht um dich,
Und voller von Segen!

Seht ihr den Zeugen des Nahen, den zückenden Strahl?
Hört ihr Jehovas Donner?
Hört ihr ihn? Hört ihr ihn,
Den erschütternden Donner des Herrn?

Herr! Herr! Gott!
Barmherzig und gnädig!
Angebetet, gepriesen
Sei dein herrlicher Name!

Und die Gewitterwinde? Sie tragen den Donner.
Wie sie rauschen, wie sie mit lauter Woge den Wald
 durchströmen!
Und nun schweigen sie. Langsam wandelt
Die schwarze Wolke.

Seht ihr den neuen Zeugen des Nahen, den fliegenden
 Strahl?
Hört ihr hoch in der Wolke den Donner des Herrn?
Er ruft: Jehova! Jehova!
Und der geschmetterte Wald dampft!

Aber nicht unsre Hütte!
Unser Vater gebot
Seinem Verderber,
Vor unsrer Hütte vorüberzugehn!

Ach, schon rauscht, schon rauscht
Himmel und Erde vom gnädigen Regen!
Nun ist, wie dürstete sie, die Erd' erquickt,
Und der Himmel der Segensfüll' entlastet!

Siehe, nun kommt Jehova nicht mehr im Wetter,
In stillem, sanftem Säuseln
Kommt Jehova,
Und unter ihm neigt sich der Bogen des Friedens.

MATTHIAS CLAUDIUS

1740—1815

75 *Der Frühling*

Am ersten Maimorgen 1774

HEUTE will ich fröhlich, fröhlich sein,
Keine Weis' und keine Sitte hören;
Will mich wälzen und für Freude schrein,
Und der König soll mir das nicht wehren.

Denn er kommt mit seiner Freuden Schar
Heute aus der Morgenröte Hallen,
Einen Blumenkranz um Brust und Haar,
Und auf seiner Schulter Nachtigallen;

Und sein Antlitz ist ihm rot und weiß,
Und er träuft von Tau und Duft und Segen —
Ha! Mein Thyrsus sei ein Knospenreis,
Und so jauchz' ich meinem Freund entgegen.

76 *Der Tod und das Mädchen*

Das Mädchen:

VORÜBER, ach vorüber
Geh, wilder Knochenmann!
Ich bin noch jung! Geh, Lieber,
Und rühre mich nicht an!

78

Der Tod:

Gib deine Hand, du schön und zart Gebild!
Bin Freund und komme nicht zu strafen.
Sei gutes Muts! Ich bin nicht wild!
Sollst sanft in meinen Armen schlafen!

77 *Abendlied*

DER Mond ist aufgegangen,
Die goldnen Sternlein prangen
Am Himmel hell und klar;
Der Wald steht schwarz und schweiget,
Und aus den Wiesen steiget
Der weiße Nebel wunderbar.

Wie ist die Welt so stille
Und in der Dämmrung Hülle
So traulich und so hold!
Als eine stille Kammer,
Wo ihr des Tages Jammer
Verschlafen und vergessen sollt.

Seht ihr den Mond dort stehen?
Er ist nur halb zu sehen
Und ist doch rund und schön!
So sind wohl manche Sachen,
Die wir getrost belachen,
Weil unsre Augen sie nicht sehn.

Wir stolze Menschenkinder
Sind eitel arme Sünder
Und wissen gar nicht viel;
Wir spinnen Luftgespinste,
Und suchen viele Künste
Und kommen weiter von dem Ziel.

Gott, laß uns dein Heil schauen,
Auf nichts Vergänglich's trauen,
Nicht Eitelkeit uns freun!
Laß uns einfältig werden
Und vor dir hier auf Erden
Wie Kinder fromm und fröhlich sein!

Wollst endlich sonder Grämen
Aus dieser Welt uns nehmen
Durch einen sanften Tod!
Und wenn du uns genommen,
Laß uns in Himmel kommen,
Du unser Herr und unser Gott!

So legt euch denn, ihr Brüder,
In Gottes Namen nieder!
Kalt ist der Abendhauch.
Verschon uns, Gott, mit Strafen
Und laß uns ruhig schlafen!
Und unsern kranken Nachbar auch!

78 *An —, als ihm die — starb*

DER Säemann säet den Samen,
Die Erd' empfängt ihn, und über ein kleines
Keimet die Blume herauf.

Du liebtest sie. Was auch dies Leben
Sonst für Gewinn hat, war klein dir geachtet,
Und sie entschlummerte dir.

Was weinest du neben dem Grabe,
Und hebst die Hände zur Wolke des Todes
Und der Verwesung empor?

Wie Gras auf dem Felde sind Menschen
Dahin, wie Blätter; nur wenige Tage
Gehn wir verkleidet einher.

Der Adler besuchet die Erde,
Doch säumt nicht, schüttelt vom Flügel den Staub und
Kehrt zur Sonne zurück.

JOHANN GOTTFRIED HERDER
1744—1803

79 *Erlkönigs Tochter*

HERR Oluf reitet spät und weit,
Zu bieten auf seine Hochzeitleut';

Da tanzen die Elfen auf grünem Land,
Erlkönigs Tochter reicht ihm die Hand.

„Willkommen, Herr Oluf! Was eilst von hier?
Tritt her in den Reihen und tanz' mit mir."

„Ich darf nicht tanzen, nicht tanzen ich mag,
Frühmorgen ist mein Hochzeittag."

„Hör an, Herr Oluf, tritt tanzen mit mir,
Zwei güldne Sporne schenk' ich dir;

Ein Hemd von Seide so weiß und fein,
Meine Mutter bleicht's mit Mondenschein."

„Ich darf nicht tanzen, nicht tanzen ich mag,
Frühmorgen ist mein Hochzeittag."

„Hör an, Herr Oluf, tritt tanzen mit mir,
Einen Haufen Goldes schenk' ich dir."

„Einen Haufen Goldes nähm' ich wohl,
Doch tanzen ich nicht darf noch soll."

„Und willst, Herr Oluf, nicht tanzen mit mir,
Soll Seuch' und Krankheit folgen dir."

Sie tät einen Schlag ihm auf sein Herz,
Noch nimmer fühlt' er solchen Schmerz.

Sie hob ihn bleichend auf sein Pferd:
„Reit heim nun zu deinem Fräulein wert."

Und als er kam vor Hauses Tür,
Seine Mutter zitternd stand dafür.

„Hör an, mein Sohn, sag' an mir gleich,
Wie ist deine Farbe blaß und bleich?"

„Und sollt' sie nicht sein blaß und bleich?
Ich traf in Erlenkönigs Reich."

„Hör an, mein Sohn, so lieb und traut,
Was soll ich nun sagen deiner Braut!"

„Sagt ihr, ich sei im Wald zur Stund',
Zu proben da mein Pferd und Hund."

Frühmorgen und als es Tag kaum war,
Da kam die Braut mit der Hochzeitschar.

Sie schenkten Met, sie schenkten Wein.
„Wo ist Herr Oluf, der Bräut'gam mein?"

„Herr Oluf, er ritt in Wald zur Stund',
Er probt allda sein Pferd und Hund."

Die Braut hob auf den Scharlach rot,
Da lag Herr Oluf, und er war tot.

80 *Alte ägyptische Philosophie*

O SCHWARZE Nacht, wer hat dir deinen Schleier
 Je aufgedeckt?
Du warest einst das All; da kam ein Funke Feuer
Und hat den Weltschein aufgeweckt,
Der jetzt noch ist. In ew'gem Wechselkreise
Von Tag und Nacht
Rollt er hinweg — auch mir, bis ich die kurze Reise
Von Tag und Nächten auch vollbracht.
Dann geb' ich euch, die ihr ihn gabet, wieder
Nacht oder Licht,
Dem Weltgeist meinen Geist, und ruh' und sinke nieder,
Sei ich denn, oder sei ich nicht!

GOTTFRIED AUGUST BÜRGER
1747—1794

81 *Lenore*

LENORE fuhr ums Morgenrot
Empor aus schweren Träumen:
„Bist untreu, Wilhelm, oder tot?
Wie lange willst du säumen?" —
Er war mit König Friedrichs Macht
Gezogen in die Prager Schlacht
Und hatte nicht geschrieben,
Ob er gesund geblieben.

Der König und die Kaiserin,
Des langen Haders müde,
Erweichten ihren harten Sinn
Und machten endlich Friede;
Und jedes Heer, mit Sing und Sang,
Mit Paukenschlag und Kling und Klang,
Geschmückt mit grünen Reisern,
Zog heim zu seinen Häusern.

Und überall, allüberall,
Auf Wegen und auf Stegen,
Zog alt und jung dem Jubelschall
Der Kommenden entgegen.
„Gottlob!" rief Kind und Gattin laut,
„Willkommen!" manche frohe Braut.
Ach! aber für Lenoren
War Gruß und Kuß verloren.

Sie frug den Zug wohl auf und ab
Und frug nach allen Namen;
Doch keiner war, der Kundschaft gab,
Von allen, so da kamen.
Als nun das Heer vorüber war,
Zerraufte sie ihr Rabenhaar
Und warf sich hin zur Erde
Mit wütiger Gebärde.

Die Mutter lief wohl hin zu ihr:
„Ach, daß sich Gott erbarme!
Du trautes Kind, was ist mit dir?"
Und schloß sie in die Arme. —
„O Mutter, Mutter, hin ist hin!
Nun fahre Welt und alles hin!
Bei Gott ist kein Erbarmen;
O weh, o weh mir Armen!" —

„Hilf Gott, hilf! Sieh uns gnädig an!
Kind, bet' ein Vaterunser!
Was Gott tut, das ist wohlgetan.
Gott, Gott erbarmt sich unser!" —
„O Mutter, Mutter, eitler Wahn!
Gott hat an mir nicht wohl getan!
Was half, was half mein Beten?
Nun ist's nicht mehr vonnöten." —

„Hilf Gott, hilf! Wer den Vater kennt,
Der weiß, er hilft den Kindern.
Das hochgelobte Sakrament
Wird deinen Jammer lindern." —

„O Mutter, Mutter, was mich brennt,
Das lindert mir kein Sakrament!
Kein Sakrament mag Leben
Den Toten wiedergeben." —

„Hör, Kind! Wie, wenn der falsche Mann
Im fernen Ungarlande
Sich seines Glaubens abgetan
Zum neuen Ehebande?
Laß fahren, Kind, sein Herz dahin!
Er hat es nimmermehr Gewinn!
Wann Seel' und Leib sich trennen,
Wird ihn sein Meineid brennen." —

„O Mutter, Mutter, hin ist hin!
Verloren ist verloren!
Der Tod, der Tod ist mein Gewinn!
O wär' ich nie geboren!
Lisch aus, mein Licht, auf ewig aus!
Stirb hin, stirb hin in Nacht und Graus!
Bei Gott ist kein Erbarmen;
O weh, o weh mir Armen!" —

„Hilf Gott, hilf! Geh nicht ins Gericht
Mit deinem armen Kinde!
Sie weiß nicht, was die Zunge spricht;
Behalt ihr nicht die Sünde!
Ach, Kind, vergiß dein irdisch Leid
Und denk an Gott und Seligkeit,
So wird doch deiner Seelen
Der Bräutigam nicht fehlen." —

„O Mutter, was ist Seligkeit?
O Mutter, was ist Hölle?
Bei ihm, bei ihm ist Seligkeit
Und ohne Wilhelm Hölle! —
Lisch aus, mein Licht, auf ewig aus!
Stirb hin, stirb hin in Nacht und Graus!
Ohn' ihn mag ich auf Erden,
Mag dort nicht selig werden." —

So wütete Verzweifelung
Ihr in Gehirn und Adern.
Sie fuhr mit Gottes Vorsehung
Vermessen fort zu hadern,
Zerschlug den Busen und zerrang
Die Hand bis Sonnenuntergang,
Bis auf am Himmelsbogen
Die goldnen Sterne zogen.

Und außen, horch, ging's trapp trapp trapp
Als wie von Rosseshufen,
Und klirrend stieg ein Reiter ab
An des Geländers Stufen.
Und horch, und horch, den Pfortenring,
Ganz lose, leise, klinglingling!
Dann kamen durch die Pforte
Vernehmlich diese Worte:

„Holla, holla! Tu auf, mein Kind!
Schläfst, Liebchen, oder wachst du?
Wie bist noch gegen mich gesinnt?
Und weinest oder lachst du?" —

„Ach, Wilhelm, du? ... So spät bei Nacht?
Geweinet hab' ich und gewacht;
Ach, großes Leid erlitten!
Wo kommst du hergeritten?" —

„Wir satteln nur um Mitternacht.
Weit ritt ich her von Böhmen.
Ich habe spät mich aufgemacht
Und will dich mit mir nehmen." —
„Ach, Wilhelm, erst herein geschwind!
Den Hagedorn durchsaust der Wind,
Herein, in meinen Armen,
Herzliebster, zu erwarmen!" —

„Laß sausen durch den Hagedorn,
Laß sausen, Kind, laß sausen!
Der Rappe scharrt; es klirrt der Sporn.
Ich darf allhier nicht hausen.
Komm, schürze, spring und schwinge dich
Auf meinen Rappen hinter mich!
Muß heut' noch hundert Meilen
Mit dir ins Brautbett eilen." —

„Ach, wolltest hundert Meilen noch
Mich heut' ins Brautbett tragen?
Und horch, es brummt die Glocke noch,
Die elf schon angeschlagen." —
„Sieh hin, sieh her, der Mond scheint hell!
Wir und die Toten reiten schnell.
Ich bringe dich, zur Wette,
Noch heut' ins Hochzeitbette." —

„Sag an, wo ist dein Kämmerlein?
Wo, wie dein Hochzeitbettchen?" —
„Weit, weit von hier! ... Still, kühl und klein! ...
Sechs Bretter und zwei Brettchen!" —
„Hat's Raum für mich?" — „Für dich und mich!
Komm, schürze, spring und schwinge dich!
Die Hochzeitgäste hoffen;
Die Kammer steht uns offen."

Schön Liebchen schürzte, sprang und schwang
Sich auf das Roß behende;
Wohl um den trauten Reiter schlang
Sie ihre Lilienhände;
Und hurre hurre, hopp hopp hopp!
Ging's fort in sausendem Galopp,
Daß Roß und Reiter schnoben,
Und Kies und Funken stoben.

Zur rechten und zur linken Hand
Vorbei vor ihren Blicken,
Wie flogen Anger, Heid' und Land!
Wie donnerten die Brücken!
„Graut Liebchen auch? ... Der Mond scheint hell!
Hurra! Die Toten reiten schnell!
Graut Liebchen auch vor Toten?" —
„Ach nein! ... Doch laß die Toten!" —

Was klang dort für Gesang und Klang?
Was flatterten die Raben? ...
Horch Glockenklang! Horch Totensang:
„Laßt uns den Leib begraben!"

Und näher zog ein Leichenzug,
Der Sarg und Totenbahre trug.
Das Lied war zu vergleichen
Dem Unkenruf in Teichen.

„Nach Mitternacht begrabt den Leib
Mit Klang und Sang und Klage!
Jetzt führ' ich heim mein junges Weib;
Mit, mit zum Brautgelage!
Komm, Küster, hier, komm mit dem Chor
Und gurgle mir das Brautlied vor!
Komm, Pfaff', und sprich den Segen,
Eh' wir zu Bett uns legen!"

Still Klang und Sang ... Die Bahre schwand ...
Gehorsam seinem Rufen
Kam's hurre hurre, nachgerannt
Hart hinter's Rappen Hufen.
Und immer weiter, hopp hopp hopp!
Ging's fort in sausendem Galopp,
Daß Roß und Reiter schnoben
Und Kies und Funken stoben.

Wie flogen rechts, wie flogen links
Gebirge, Bäum' und Hecken!
Wie flogen links und rechts und links
Die Dörfer, Städt' und Flecken! —
„Graut Liebchen auch? ... Der Mond scheint hell!
Hurra! Die Toten reiten schnell!
Graut Liebchen auch vor Toten?" —
„Ach! Laß sie ruhn, die Toten." —

Sieh da, sieh da! Am Hochgericht
Tanzt' um des Rades Spindel,
Halb sichtbarlich bei Mondenlicht,
Ein luftiges Gesindel.
„Sa sa! Gesindel, hier, komm hier!
Gesindel komm und folge mir!
Tanz uns den Hochzeitreigen,
Wann wir zu Bette steigen!" —

Und das Gesindel, husch husch husch!
Kam hinten nachgeprasselt,
Wie Wirbelwind am Haselbusch
Durch dürre Blätter rasselt.
Und weiter, weiter, hopp hopp hopp!
Ging's fort in sausendem Galopp,
Daß Roß und Reiter schnoben
Und Kies und Funken stoben.

Wie flog, was rund der Mond beschien,
Wie flog es in die Ferne!
Wie flogen oben überhin
Der Himmel und die Sterne! —
„Graut Liebchen auch? ... Der Mond scheint hell!
Hurra! Die Toten reiten schnell! —
Graut Liebchen auch vor Toten?" —
„O weh! Laß ruhn die Toten!" —

„Rapp'! Rapp'! Mich dünkt, der Hahn schon ruft ...
Bald wird der Sand verrinnen ...
Rapp'! Rapp'! Ich wittre Morgenluft ...
Rapp'! Tummle dich von hinnen!

Vollbracht, vollbracht ist unser Lauf!
Das Hochzeitbette tut sich auf!
Die Toten reiten schnelle!
Wir sind, wir sind zur Stelle."

Rasch auf ein eisern Gittertor
Ging's mit verhängtem Zügel;
Mit schwanker Gert' ein Schlag davor
Zersprengte Schloß und Riegel.
Die Flügel flogen klirrend auf,
Und über Gräber ging der Lauf.
Es blinkten Leichensteine
Rundum im Mondenscheine.

Ha sieh! Ha sieh! Im Augenblick,
Huhu, ein gräßlich Wunder!
Des Reiters Koller, Stück für Stück,
Fiel ab wie mürber Zunder.
Zum Schädel ohne Zopf und Schopf,
Zum nackten Schädel ward sein Kopf,
Sein Körper zum Gerippe
Mit Stundenglas und Hippe.

Hoch bäumte sich, wild schnob der Rapp'
Und sprühte Feuerfunken;
Und hui, war's unter ihr hinab
Verschwunden und versunken!
Geheul! Geheul aus hoher Luft,
Gewinsel kam aus tiefer Gruft.
Lenorens Herz mit Beben
Rang zwischen Tod und Leben.

Nun tanzten wohl bei Mondenglanz
Rundum herum im Kreise
Die Geister einen Kettentanz
Und heulten diese Weise:
„Geduld! Geduld! Wenn's Herz auch bricht!
Mit Gott im Himmel hadre nicht!
Des Leibes bist du ledig;
Gott sei der Seele gnädig!"

LUDWIG HÖLTY

1748—1776

82 *Frühlingslied*

DIE Luft ist blau, das Tal ist grün,
Die kleinen Maienglocken blühn,
Und Schlüsselblumen drunter;
Der Wiesengrund
Ist schon so bunt
Und malt sich täglich bunter.

Drum komme, wem der Mai gefällt,
Und schaue froh die schöne Welt
Und Gottes Vatergüte,
Die solche Pracht
Hervorgebracht,
Den Baum und seine Blüte.

83 *Die Liebe*

EINE Schale des Harms, eine der Freuden wog
Gott dem Menschengeschlecht; aber der lastende
 Kummer senket die Schale,
 Immer hebet die andere sich.

Irren, traurigen Tritts wanken wir unsern Weg
Durch das Leben hinab, bis sich die Liebe naht,
 Eine Fülle der Freuden
 In die steigende Schale geußt.

Wie dem Pilger der Quell silbern entgegen rinnt,
Wie der Regen des Mais über die Blüten träuft,
 Naht die Liebe: des Jünglings
 Seele zittert, und huldigt ihr!

Nähm' er Kronen und Gold, mißte der Liebe? Gold
Ist ihm fliegende Spreu; Kronen ein Flittertand;
 Alle Hoheit der Erde,
 Sonder herzliche Liebe, Staub!

Los der Engel! Kein Sturm düstert die Seelenruh
Des Beglückten! Der Tag hüllt sich in lichter Blau;
 Kuß und Flüstern und Lächeln
 Flügelt Stunden an Stunden fort!

Herrscher neideten ihn, kosteten sie des Glücks,
Das dem Liebenden ward, würfen den Königsstab
 Aus den Händen und suchten
 Sich ein friedliches Hüttendach.

Unter Rosengesträuch spielet ein Quell und mischt
Zum begegnenden Bach Silber. So strömen flugs
 Seel' und Seele zusammen,
 Wann allmächtige Liebe naht.

84 *Lebenspflichten*

Rosen auf den Weg gestreut,
Und des Harms vergessen!
Eine kleine Spanne Zeit
Ward uns zugemessen.

Heute hüpft im Frühlingstanz
Noch der frohe Knabe;
Morgen weht der Totenkranz
Schon auf seinem Grabe.

Wonne führt die junge Braut
Heute zum Altare;
Eh' die Abendwolke taut,
Ruht sie auf der Bahre.

Ungewisser, kurzer Dau'r
Ist dies Erdeleben
Und zur Freude, nicht zur Trau'r
Uns von Gott gegeben.

Gebet Harm und Grillenfang,
Gebet ihn den Winden;
Ruht bei frohem Becherklang
Unter grünen Linden.

Lasset keine Nachtigall
Unbehorcht verstummen,
Keine Bien' im Frühlingstal
Unbelauschet summen.

Fühlt, so lang es Gott erlaubt,
Kuß und süße Trauben,
Bis der Tod, der alles raubt,
Kommt sie euch zu rauben.

Unser schlummerndes Gebein,
In die Gruft gesäet,
Fühlet nicht den Rosenhain,
Der das Grab umwehet;

Fühlet nicht den Wonneklang
Angestoßner Becher,
Nicht den frohen Rundgesang
Weingelehrter Zecher.

85 *Auftrag*

IHR Freunde, hänget, wann ich gestorben bin,
Die kleine Harfe hinter dem Altar auf,
 Wo an der Wand die Totenkränze
 Manches verstorbenen Mädchens schimmern.

Der Küster zeigt dann freundlich dem Reisenden
Die kleine Harfe, rauscht mit dem roten Band,
 Das, an der Harfe festgeschlungen,
 Unter den goldenen Saiten flattert.

JOHANN WOLFGANG VON GOETHE

1749—1832

86 *Die Freuden*

D<small>A</small> flattert um die Quelle
Die wechselnde Libelle,
Der Wasserpapillon,
Bald dunkel und bald helle
Wie ein Chamäleon;
Bald rot und blau, bald blau und grün,
O daß ich in der Nähe
Doch seine Farben sähe!

Da fliegt der Kleine vor mir hin
Und setzt sich auf die stillen Weiden.
Da hab' ich ihn, da hab' ich ihn!
Und nun betracht' ich ihn genau
Und seh' ein traurig dunkles Blau.
So geht es dir, Zergliedrer deiner Freuden!

87 *Drei Oden an meinen Freund Behrisch*

Die zweite Ode

D<small>U</small> gehst. Ich murre.
Geh! Laß mich murren.
Ehrlicher Mann,
Fliehe dieses Land.

Tote Sümpfe,
Dampfende Oktobernebel
Verweben ihre Ausflüsse
Hier unzertrennlich.

97

Gebärort
Schädlicher Insekten,
Mörderhülle
Ihrer Bosheit.

Am schilfigten Ufer
Liegt die wollüstige,
Flammengezüngte Schlange,
Gestreichelt vom Sonnenstrahl.

Fliehe sanfte Nachtgänge
In der Mondendämmerung,
Dort halten zuckende Kröten
Zusammenkünfte auf Kreuzwegen.

Schaden sie nicht,
Werden sie schrecken.
Ehrlicher Mann,
Fliehe dieses Land!

88 *Heidenröslein*

S AH ein Knab' ein Röslein stehn,
Röslein auf der Heiden,
War so jung und morgenschön,
Lief er schnell, es nah zu sehn,
Sah's mit vielen Freuden.
Röslein, Röslein, Röslein rot,
Röslein auf der Heiden.

Knabe sprach: „Ich breche dich,
Röslein auf der Heiden!"
Röslein sprach: „Ich steche dich,
Daß du ewig denkst an mich,
Und ich will's nicht leiden."
Röslein, Röslein, Röslein rot,
Röslein auf der Heiden.

Und der wilde Knabe brach
's Röslein auf der Heiden;
Röslein wehrte sich und stach,
Half ihm doch kein Weh und Ach,
Mußt' es eben leiden.
Röslein, Röslein, Röslein rot,
Röslein auf der Heiden.

89 *Willkommen und Abschied*

Es schlug mein Herz, geschwind zu Pferde!
Es war getan fast eh' gedacht;
Der Abend wiegte schon die Erde,
Und an den Bergen hing die Nacht:
Schon stand im Nebelkleid die Eiche,
Ein aufgetürmter Riese, da,
Wo Finsternis aus dem Gesträuche
Mit hundert schwarzen Augen sah.

Der Mond von einem Wolkenhügel
Sah kläglich aus dem Duft hervor,
Die Winde schwangen leise Flügel,
Umsausten schauerlich mein Ohr;

Die Nacht schuf tausend Ungeheuer,
Doch frisch und fröhlich war mein Mut:
In meinen Adern welches Feuer!
In meinem Herzen welche Glut!

Dich sah ich, und die milde Freude
Floß von dem süßen Blick auf mich;
Ganz war mein Herz an deiner Seite
Und jeder Atemzug für dich.
Ein rosenfarbnes Frühlingswetter
Umgab das liebliche Gesicht,
Und Zärtlichkeit für mich — ihr Götter!
Ich hofft' es, ich verdient' es nicht!

Doch ach, schon mit der Morgensonne
Verengt der Abschied mir das Herz:
In deinen Küssen welche Wonne!
In deinem Auge welcher Schmerz!
Ich ging, du standst und sahst zur Erden
Und sahst mir nach mit nassem Blick:
Und doch, welch Glück, geliebt zu werden!
Und lieben, Götter, welch ein Glück!

90 *Mit einem gemalten Band*

KLEINE Blumen, kleine Blätter
Streuen mir mit leichter Hand
Gute junge Frühlingsgötter
Tändelnd auf ein luftig Band.

Zephyr, nimm's auf deine Flügel,
Schling's um meiner Liebsten Kleid!
Und so tritt sie vor den Spiegel
All in ihrer Munterkeit.

Sieht mit Rosen sich umgeben,
Selbst wie eine Rose jung:
Einen Blick, geliebtes Leben!
Und ich bin belohnt genung.

Fühle, was dies Herz empfindet,
Reiche frei mir deine Hand,
Und das Band, das uns verbindet,
Sei kein schwaches Rosenband!

91 *Mailied*

Wie herrlich leuchtet
Mir die Natur!
Wie glänzt die Sonne!
Wie lacht die Flur!

Es dringen Blüten
Aus jedem Zweig
Und tausend Stimmen
Aus dem Gesträuch

Und Freud' und Wonne
Aus jeder Brust.
O Erd', o Sonne!
O Glück, o Lust!

O Lieb', o Liebe!
So golden schön,
Wie Morgenwolken
Auf jenen Höhn!

Du segnest herrlich
Das frische Feld,
Im Blütendampfe
Die volle Welt.

O Mädchen, Mädchen,
Wie lieb' ich dich!
Wie blickt dein Auge!
Wie liebst du mich!

So liebt die Lerche
Gesang und Luft,
Und Morgenblumen
Den Himmelsduft,

Wie ich dich liebe
Mit warmem Blut,
Die du mir Jugend
Und Freud' und Mut

Zu neuen Liedern
Und Tänzen gibst.
Sei ewig glücklich,
Wie du mich liebst!

92 *Das Veilchen*

EIN Veilchen auf der Wiese stand,
Gebückt in sich und unbekannt;
Es war ein herzigs Veilchen.
Da kam eine junge Schäferin
Mit leichtem Schritt und munterm Sinn
Daher, daher,
Die Wiese her, und sang.

„Ach", denkt das Veilchen, „wär' ich nur
Die schönste Blume der Natur,
Ach, nur ein kleines Weilchen,
Bis mich das Liebchen abgepflückt
Und an dem Busen matt gedrückt!
Ach nur, ach nur
Ein Viertelstündchen lang!"

Ach! aber ach! das Mädchen kam
Und nicht in acht das Veilchen nahm,
Ertrat das arme Veilchen.
Es sank und starb und freut' sich noch:
„Und sterb' ich denn, so sterb' ich doch
Durch sie, durch sie,
Zu ihren Füßen doch."

93 *Der König in Thule*

Es war ein König in Thule,
Gar treu bis an das Grab,
Dem sterbend seine Buhle
Einen goldnen Becher gab.

Es ging ihm nichts darüber,
Er leert' ihn jeden Schmaus;
Die Augen gingen ihm über,
So oft er trank daraus.

Und als er kam zu sterben,
Zählt' er seine Städt' im Reich,
Gönnt' alles seinem Erben,
Den Becher nicht zugleich.

Er saß beim Königsmahle,
Die Ritter um ihn her,
Auf hohem Vätersaale
Dort auf dem Schloß am Meer.

Dort stand der alte Zecher,
Trank letzte Lebensglut
Und warf den heiligen Becher
Hinunter in die Flut.

Er sah ihn stürzen, trinken
Und sinken tief ins Meer.
Die Augen täten ihm sinken;
Trank nie einen Tropfen mehr.

94 *Neue Liebe, neues Leben*

HERZ, mein Herz, was soll das geben?
Was bedränget dich so sehr?
Welch ein fremdes, neues Leben!
Ich erkenne dich nicht mehr.

Weg ist alles, was du liebtest,
Weg warum du dich betrübtest,
Weg dein Fleiß und deine Ruh —
Ach, wie kamst du nur dazu!

Fesselt dich die Jugendblüte,
Diese liebliche Gestalt,
Dieser Blick voll Treu' und Güte
Mit unendlicher Gewalt?
Will ich rasch mich ihr entziehen,
Mich ermannen, ihr entfliehen,
Führet mich im Augenblick,
Ach, mein Weg zu ihr zurück.

Und an diesem Zauberfädchen,
Das sich nicht zerreißen läßt,
Hält das liebe, lose Mädchen
Mich so wider Willen fest;
Muß in ihrem Zauberkreise
Leben nun auf ihre Weise.
Die Verändrung, ach wie groß!
Liebe! Liebe! laß mich los!

95 *Mahometsgesang*

SEHT den Felsenquell,
Freudehell,
Wie ein Sternenblick!
Über Wolken
Nährten seine Jugend
Gute Geister
Zwischen Klippen im Gebüsch.

Jünglingfrisch
Tanzt er aus der Wolke
Auf die Marmorfelsen nieder,
Jauchzet wieder
Nach dem Himmel.

Durch die Gipfelgänge
Jagt er bunten Kieseln nach,
Und mit frühem Führertritt
Reißt er seine Bruderquellen
Mit sich fort.

Drunten werden in dem Tal
Unter seinem Fußtritt Blumen,
Und die Wiese
Lebt von seinem Hauch.

Doch ihn hält kein Schattental,
Keine Blumen,
Die ihm seine Knie umschlingen,
Ihm mit Liebesaugen schmeicheln:
Nach der Ebne dringt sein Lauf
Schlangenwandelnd.

Bäche schmiegen
Sich gesellig an. Nun tritt er
In die Ebne silberprangend,
Und die Ebne prangt mit ihm,
Und die Flüsse von der Ebne
Und die Bäche von den Bergen
Jauchzen ihm und rufen: Bruder!

Bruder, nimm die Brüder mit,
Mit zu deinem alten Vater,
Zu dem ew'gen Ozean,
Der mit ausgespannten Armen
Unser wartet,
Die sich, ach, vergebens öffnen,
Seine Sehnenden zu fassen;
Denn uns frißt in öder Wüste
Gieriger Sand; die Sonne droben
Saugt an unserm Blut; ein Hügel
Hemmet uns zum Teiche! Bruder,
Nimm die Brüder von der Ebne,
Nimm die Brüder von den Bergen
Mit, zu deinem Vater mit!

Kommt ihr alle! —
Und nun schwillt er
Herrlicher; ein ganz Geschlechte
Trägt den Fürsten hoch empor!
Und in rollenden Triumphe
Gibt er Ländern Namen, Städte
Werden unter seinem Fuß.

Unaufhaltsam rauscht er weiter,
Läßt der Türme Flammengipfel,
Marmorhäuser, eine Schöpfung
Seiner Fülle, hinter sich.

Zedernhäuser trägt der Atlas
Auf den Riesenschultern; sausend
Wehen über seinem Haupte
Tausend Flaggen durch die Lüfte,
Zeugen seiner Herrlichkeit.

Und so trägt er seine Brüder,
Seine Schätze, seine Kinder
Dem erwartenden Erzeuger
Freudebrausend an das Herz.

96 *Ganymed*

WIE im Morgenglanze
Du rings mich anglühst,
Frühling, Geliebter!
Mit tausendfacher Liebeswonne
Sich an mein Herz drängt
Deiner ewigen Wärme
Heilig Gefühl,
Unendliche Schöne!

Daß ich dich fassen möcht'
In diesen Arm!

Ach, an deinem Busen
Lieg' ich, schmachte,
Und deine Blumen, dein Gras
Drängen sich an mein Herz.
Du kühlst den brennenden
Durst meines Busens,
Lieblicher Morgenwind!
Ruft drein die Nachtigall
Liebend nach mir aus dem Nebeltal.

Ich komm, ich komme!
Wohin? Ach, wohin?

Hinauf! Hinauf strebt's.
Es schweben die Wolken

Abwärts, die Wolken
Neigen sich der sehnenden Liebe.
Mir! Mir!
In euerm Schoße
Aufwärts!
Umfangend umfangen!
Aufwärts an deinen Busen,
Alliebender Vater!

97 *Prometheus*

BEDECKE deinen Himmel, Zeus,
Mit Wolkendunst
Und übe, dem Knaben gleich,
Der Disteln köpft,
An Eichen dich und Bergeshöhn:
Mußt mir meine Erde
Doch lassen stehn
Und meine Hütte, die du nicht gebaut,
Und meinen Herd,
Um dessen Glut
Du mich beneidest.

Ich kenne nichts Ärmeres
Unter der Sonn' als euch, Götter!
Ihr nähret kümmerlich
Von Opfersteuern
Und Gebetshauch
Eure Majestät
Und darbtet, wären

Nicht Kinder und Bettler
Hoffnungsvolle Toren.

Da ich ein Kind war,
Nicht wußte, wo aus noch ein,
Kehrt' ich mein verirrtes Auge
Zur Sonne, als wenn drüber wär'
Ein Ohr, zu hören meine Klage,
Ein Herz wie meins,
Sich des Bedrängten zu erbarmen.

Wer half mir
Wider der Titanen Übermut?
Wer rettete vom Tode mich,
Von Sklaverei?
Hast du nicht alles selbst vollendet,
Heilig glühend Herz?
Und glühtest jung und gut,
Betrogen, Rettungsdank
Dem Schlafenden da droben?

Ich dich ehren? Wofür?
Hast du die Schmerzen gelindert
Je des Beladenen?
Hast du die Träne gestillet
Je des Geängsteten?
Hat nicht mich zum Manne geschmiedet
Die allmächtige Zeit
Und das ewige Schicksal,
Meine Herrn und deine?

Wähnest du etwa,
Ich sollte das Leben hassen,

In Wüsten fliehen,
Weil nicht alle
Blütenträume reiften?

Hier sitz' ich, forme Menschen
Nach meinem Bilde,
Ein Geschlecht, das mir gleich sei,
Zu leiden, zu weinen,
Zu genießen und zu freuen sich,
Und dein nicht zu achten,
Wie ich!

98 *Auf dem See*

Und frische Nahrung, neues Blut
Saug' ich aus freier Welt;
Wie ist Natur so hold und gut,
Die mich am Busen hält!
Die Welle wieget unsern Kahn
Im Rudertakt hinauf,
Und Berge, wolkig himmelan,
Begegnen unserm Lauf.

Aug', mein Aug', was sinkst du nieder?
Goldne Träume, kommt ihr wieder?
Weg, du Traum! so gold du bist;
Hier auch Lieb' und Leben ist.

Auf der Welle blinken
Tausend schwebende Sterne,

Weiche Nebel trinken
Rings die türmende Ferne;
Morgenwind umflügelt
Die beschattete Bucht,
Und im See bespiegelt
Sich die reifende Frucht.

99 *An Charlotte von Stein*

WARUM gabst du uns die tiefen Blicke,
Unsre Zukunft ahndungsvoll zu schaun,
Unsrer Liebe, unserm Erdenglücke
Wähnend selig nimmer hinzutraun?
Warum gabst uns, Schicksal, die Gefühle,
Uns einander in das Herz zu sehn,
Um durch all die seltenen Gewühle
Unser wahr Verhältnis auszuspähn?

Ach, so viele tausend Menschen kennen,
Dumpf sich treibend, kaum ihr eigen Herz,
Schweben zwecklos hin und her und rennen
Hoffnungslos in unversehnem Schmerz;
Jauchzen wieder, wenn der schnellen Freuden
Unerwart'te Morgenröte tagt.
Nur uns armen liebevollen beiden
Ist das wechselseit'ge Glück versagt,
Uns zu lieben, ohn' uns zu verstehen,
In dem andern sehn, was er nie war,
Immer frisch auf Traumglück auszugehen
Und zu schwanken auch in Traumgefahr.

Glücklich, den ein leerer Traum beschäftigt!
Glücklich, dem die Ahndung eitel wär'!
Jede Gegenwart und jeder Blick bekräftigt
Traum und Ahndung leider uns noch mehr.
Sag, was will das Schicksal uns bereiten?
Sag, wie band es uns so rein genau?
Ach, du warst in abgelebten Zeiten
Meine Schwester oder meine Frau;

Kanntest jeden Zug in meinem Wesen,
Spähtest, wie die reinste Nerve klingt,
Konntest mich mit *einem* Blicke lesen,
Den so schwer ein sterblich Aug' durchdringt.
Tropftest Mäßigung dem heißen Blute,
Richtetest den wilden irren Lauf,
Und in deinen Engelsarmen ruhte
Die zerstörte Brust sich wieder auf;

Hieltest zauberleicht ihn angebunden
Und vergaukeltest ihm manchen Tag.
Welche Seligkeit glich jenen Wonnestunden,
Da er dankbar dir zu Füßen lag,
Fühlt' sein Herz an deinem Herzen schwellen,
Fühlte sich in deinem Auge gut,
Alle seine Sinnen sich erhellen
Und beruhigen sein brausend Blut.

Und von allem dem schwebt ein Erinnern
Nur noch um das ungewisse Herz,
Fühlt die alte Wahrheit ewig gleich im Innern,
Und der neue Zustand wird ihm Schmerz.

Und wir scheinen uns nur halb beseelet,
Dämmernd ist um uns der hellste Tag.
Glücklich, daß das Schicksal, das uns quälet,
Uns doch nicht verändern mag.

200 *Wandrers Nachtlied*

DER du von dem Himmel bist,
Alles Leid und Schmerzen stillest,
Den, der doppelt elend ist,
Doppelt mit Erquickung füllest,
Ach, ich bin des Treibens müde!
Was soll all der Schmerz und Lust?
Süßer Friede,
Komm, ach komm in meine Brust!

201 *Rastlose Liebe*

DEM Schnee, dem Regen,
Dem Wind entgegen,
Im Dampf der Klüfte,
Durch Nebeldüfte,
Immer zu! Immer zu!
Ohne Rast und Ruh!

Lieber durch Leiden
Möcht' ich mich schlagen,
Als so viel Freuden
Des Lebens ertragen.
Alle das Neigen
Von Herzen zu Herzen,
Ach, wie so eigen
Schaffet das Schmerzen!

Wie, soll ich fliehen?
Wälderwärts ziehen?
Alles vergebens!
Krone des Lebens,
Glück ohne Ruh,
Liebe, bist du!

102 *An den Mond*

Füllest wieder Busch und Tal
Still mit Nebelglanz,
Lösest endlich auch einmal
Meine Seele ganz;

Breitest über mein Gefild
Lindernd deinen Blick,
Wie des Freundes Auge mild
Über mein Geschick.

Jeden Nachklang fühlt mein Herz
Froh- und trüber Zeit,
Wandle zwischen Freud' und Schmerz
In der Einsamkeit.

Fließe, fließe, lieber Fluß!
Nimmer werd' ich froh;
So verrauschte Scherz und Kuß
Und die Treue so.

Ich besaß es doch einmal,
Was so köstlich ist!
Daß man doch zu seiner Qual
Nimmer es vergißt!

Rausche, Fluß, das Tal entlang,
Ohne Rast und Ruh,
Rausche, flüstre meinem Sang
Melodien zu,

Wenn du in der Winternacht
Wütend überschwillst,
Oder um die Frühlingspracht
Junger Knospen quillst.

Selig, wer sich vor der Welt
Ohne Haß verschließt,
Einen Freund am Busen hält
Und mit dem genießt,

Was, von Menschen nicht gewußt
Oder nicht bedacht,
Durch das Labyrinth der Brust
Wandelt in der Nacht.

103 *Mignon's Songs*

I

Kennst du das Land, wo die Zitronen blühn,
Im dunkeln Laub die Gold-Orangen glühn,
Ein sanfter Wind vom blauen Himmel weht,
Die Myrte still und hoch der Lorbeer steht,
Kennst du es wohl?
 Dahin! Dahin
Möcht' ich mit dir, o mein Geliebter, ziehn.

Kennst du das Haus? Auf Säulen ruht sein Dach,
Es glänzt der Saal, es schimmert das Gemach,
Und Marmorbilder stehn und sehn dich an:
Was hat man dir, du armes Kind, getan?

Kennst du es wohl?
Dahin! Dahin
Möcht' ich mit dir, o mein Beschützer, ziehn.

Kennst du den Berg und seinen Wolkensteg?
Das Maultier sucht im Nebel seinen Weg,
In Höhlen wohnt der Drachen alte Brut,
Es stürzt der Fels und über ihn die Flut;
Kennst du ihn wohl?
Dahin! Dahin
Geht unser Weg! o Vater, laß uns ziehn!

II

Nur wer die Sehnsucht kennt,
Weiß, was ich leide!
Allein und abgetrennt
Von aller Freude,
Seh' ich ans Firmament
Nach jener Seite.
Ach, der mich liebt und kennt,
Ist in der Weite.
Es schwindelt mir, es brennt
Mein Eingeweide.
Nur wer die Sehnsucht kennt,
Weiß, was ich leide!

104 *Harper's Songs*

I

Wer nie sein Brot mit Tränen aß,
Wer nie die kummervollen Nächte
Auf seinem Bette weinend saß,
Der kennt euch nicht, ihr himmlischen Mächte.

Ihr führt ins Leben uns hinein,
Ihr laßt den Armen schuldig werden,
Dann überlaßt ihr ihn der Pein:
Denn alle Schuld rächt sich auf Erden.

II

Wer sich der Einsamkeit ergibt,
 Ach, der ist bald allein;
Ein jeder lebt, ein jeder liebt
Und läßt ihn seiner Pein.

Ja, laßt mich meiner Qual!
Und kann ich nur einmal
Recht einsam sein,
Dann bin ich nicht allein.

Es schleicht ein Liebender lauschend sacht,
Ob seine Freundin allein?
So überschleicht bei Tag und Nacht
Mich Einsamen die Pein,
Mich Einsamen die Qual.
Ach, werd' ich erst einmal
Einsam im Grabe sein,
Da läßt sie mich allein!

III

An die Türen will ich schleichen,
 Still und sittsam will ich stehn;
Fromme Hand wird Nahrung reichen,
Und ich werde weitergehn.

Jeder wird sich glücklich scheinen,
Wenn mein Bild vor ihm erscheint;
Eine Träne wird er weinen,
Und ich weiß nicht, was er weint.

105 *Song of the Parcae*

Es fürchte die Götter
Das Menschengeschlecht!
Sie halten die Herrschaft
In ewigen Händen
Und können sie brauchen,
Wie's ihnen gefällt.

Der fürchte sie doppelt,
Den je sie erheben!
Auf Klippen und Wolken
Sind Stühle bereitet
Um goldene Tische.

Erhebet ein Zwist sich,
So stürzen die Gäste,
Geschmäht und geschändet,
In nächtliche Tiefen
Und harren vergebens,
Im Finstern gebunden,
Gerechten Gerichtes.

Sie aber, sie bleiben
In ewigen Festen
An goldenen Tischen.
Sie schreiten vom Berge
Zu Bergen hinüber:

Aus Schlünden der Tiefe
Dampft ihnen der Atem
Erstickter Titanen,
Gleich Opfergerüchen,
Ein leichtes Gewölke.

Es wenden die Herrscher
Ihr segnendes Auge
Von ganzen Geschlechtern
Und meiden, im Enkel
Die ehmals geliebten,
Still redenden Züge
Des Ahnherrn zu sehn.

.　.　.

So sangen die Parzen.
Es horcht der Verbannte
In nächtlichen Höhlen,
Der Alte, die Lieder,
Denkt Kinder und Enkel
Und schüttelt das Haupt.

106 *Der Fischer*

DAS Wasser rausch', das Wasser schwoll,
Ein Fischer saß daran,
Sah nach dem Angel ruhevoll,
Kühl bis ans Herz hinan.
Und wie er sitzt und wie er lauscht,
Teilt sich die Flut empor;
Aus dem bewegten Wasser rauscht
Ein feuchtes Weib hervor.

Sie sang zu ihm, sie sprach zu ihm:
„Was lockst du meine Brut
Mit Menschenwitz und Menschenlist
Hinauf in Todesglut?
Ach wüßtest du, wie's Fischlein ist
So wohlig auf dem Grund,
Du stiegst herunter, wie du bist,
Und würdest erst gesund.

Labt sich die liebe Sonne nicht,
Der Mond sich nicht im Meer?
Kehrt wellenatmend ihr Gesicht
Nicht doppelt schöner her?
Lockt dich der tiefe Himmel nicht,
Das feuchtverklärte Blau?
Lockt dich dein eigen Angesicht
Nicht her in ew'gen Tau?"

Das Wasser rauscht', das Wasser schwoll,
Netzt' ihm den nackten Fuß;
Sein Herz wuchs ihm so sehnsuchtsvoll,
Wie bei der Liebsten Gruß.
Sie sprach zu ihm, sie sang zu ihm;
Da war's um ihn geschehn:
Halb zog sie ihn, halb sank er hin,
Und ward nicht mehr gesehn.

107 Gesang der Geister über den Wassern

Des Menschen Seele
Gleicht dem Wasser:
Vom Himmel kommt es,
Zum Himmel steigt es,
Und wieder nieder
Zur Erde muß es,
Ewig wechselnd.

Strömt von der hohen,
Steilen Felswand
Der reine Strahl,
Dann stäubt er lieblich
In Wolkenwellen
Zum glatten Fels,
Und leicht empfangen
Wallt er verschleiernd,
Leisrauschend,
Zur Tiefe nieder.

Ragen Klippen
Dem Sturz entgegen,
Schäumt er unmutig
Stufenweise
Zum Abgrund.

Im flachen Bette
Schleicht er das Wiesental hin,
Und in dem glatten See
Weiden ihr Antlitz
Alle Gestirne.

Wind ist der Welle
Lieblicher Buhler;
Wind mischt vom Grund aus
Schäumende Wogen.

Seele des Menschen,
Wie gleichst du dem Wasser!
Schicksal des Menschen,
Wie gleichst du dem Wind!

108 *Harzreise im Winter*

DEM Geier gleich,
 Der auf schweren Morgenwolken
Mit sanftem Fittich ruhend
Nach Beute schaut,
Schwebe mein Lied.

Denn ein Gott hat
Jedem seine Bahn
Vorgezeichnet,
Die der Glückliche
Rasch zum freudigen
Ziele rennt;
Wem aber Unglück
Das Herz zusammenzog,
Er sträubt vergebens
Sich gegen die Schranken
Des ehernen Fadens,
Den die doch bittre Schere
Nur einmal löst.

In Dickichts-Schauer
Drängt sich das rauhe Wild,
Und mit den Sperlingen
Haben längst die Reichen
In ihre Sümpfe sich gesenkt.

Leicht ist's folgen dem Wagen,
Den Fortuna führt,
Wie der gemächliche Troß
Auf gebesserten Wegen
Hinter des Fürsten Einzug.

Aber abseits, wer ist's?
Ins Gebüsch verliert sich sein Pfad,
Hinter ihm schlagen
Die Sträuche zusammen,
Das Gras steht wieder auf,
Die Öde verschlingt ihn.

Ach, wer heilet die Schmerzen
Des, dem Balsam zu Gift ward?
Der sich Menschenhaß
Aus der Fülle der Liebe trank?
Erst verachtet, nun ein Verächter,
Zehrt er heimlich auf
Seinen eignen Wert
In ungnügender Selbstsucht.

Ist auf deinem Psalter,
Vater der Liebe, ein Ton
Seinem Ohre vernehmlich,
So erquicke sein Herz!

Öffne den umwölkten Blick
Über die tausend Quellen
Neben dem Durstenden
In der Wüste!

Der du der Freuden viel schaffst,
Jedem ein überfließend Maß,
Segne die Brüder der Jagd
Auf der Fährte des Wilds
Mit jugendlichem Übermut
Fröhlicher Mordsucht,
Späte Rächer des Unbills,
Dem schon Jahre vergeblich
Wehrt mit Knütteln der Bauer.

Aber den Einsamen hüll
In deine Goldwolken!
Umgib mit Wintergrün,
Bis die Rose wieder heranreift,
Die feuchten Haare,
O Liebe, deines Dichters!

Mit der dämmernden Fackel
Leuchtest du ihm
Durch die Furten bei Nacht,
Über grundlose Wege
Auf öden Gefilden;
Mit dem tausendfarbigen Morgen
Lachst du ins Herz ihm;
Mit dem beizenden Sturm
Trägst du ihn hoch empor;

Winterströme stürzen vom Felsen
In seine Psalmen,
Und Altar des lieblichsten Danks
Wird ihm des gefürchteten Gipfels
Schneebehangner Scheitel,
Den mit Geisterreihen
Kränzten ahnende Völker.

Du stehst mit unerforschtem Busen
Geheimnisvoll offenbar
Über der erstaunten Welt
Und schaust aus Wolken
Auf ihre Reiche und Herrlichkeit,
Die du aus den Adern deiner Brüder
Neben dir wässerst.

109 *Wandrers Nachtlied*

Über allen Gipfeln
Ist Ruh,
In allen Wipfeln
Spürest du
Kaum einen Hauch;
Die Vögelein schweigen im Walde.
Warte nur, balde
Ruhest du auch.

Meine Göttin

WELCHER Unsterblichen
Soll der höchste Preis sein?
Mit niemand streit' ich,
Aber ich geb' ihn
Der ewig beweglichen,
Immer neuen,
Seltsamen Tochter Jovis,
Seinem Schoßkinde,
Der Phantasie.

Denn ihr hat er
Alle Launen,
Die er sonst nur allein
Sich vorbehält,
Zugestanden
Und hat seine Freude
An der Törin.

Sie mag rosenbekränzt
Mit dem Lilienstengel
Blumentäler betreten,
Sommervögeln gebieten
Und leichtnährenden Tau
Mit Bienenlippen
Von Blüten saugen;

Oder sie mag
Mit fliegendem Haar
Und düsterm Blicke
Im Winde sausen
Um Felsenwände,

Und tausendfarbig,
Wie Morgen und Abend,
Immer wechselnd
Wie Mondesblicke,
Den Sterblichen scheinen.

Laßt uns alle
Den Vater preisen,
Den alten, hohen,
Der solch eine schöne
Unverwelkliche Gattin
Dem sterblichen Menschen
Gesellen mögen!

Denn uns allein
Hat er sie verbunden
Mit Himmelsband
Und ihr geboten,
In Freud' und Elend
Als treue Gattin
Nicht zu entweichen.

Alle die andern
Armen Geschlechter
Der kinderreichen,
Lebendigen Erde
Wandeln und weiden
In dunkelm Genuß
Und trüben Schmerzen
Des augenblicklichen
Beschränkten Lebens,
Gebeugt vom Joche
Der Notdurft.

Uns aber hat er
Seine gewandteste
Verzärtelte Tochter,
Freut euch! gegönnt.
Begegnet ihr lieblich,
Wie einer Geliebten!
Laßt ihr die Würde
Der Frauen im Haus!

Und daß die alte
Schwiegermutter Weisheit
Das zarte Seelchen
Ja nicht beleid'ge!

Doch kenn' ich ihre Schwester,
Die ältere, gesetztere,
Meine stille Freundin:
O, daß die erst
Mit dem Lichte des Lebens
Sich von mir wende,
Die edle Treiberin,
Trösterin Hoffnung!

111 *Erlkönig*

WER reitet so spät durch Nacht und Wind?
Es ist der Vater mit seinem Kind;
Er hat den Knaben wohl in dem Arm,
Er faßt ihn sicher, er hält ihn warm. —

Mein Sohn, was birgst du so bang dein Gesicht? —
Siehst, Vater, du den Erlkönig nicht?
Den Erlenkönig mit Kron' und Schweif? —
Mein Sohn, es ist ein Nebelstreif. —

„Du liebes Kind, komm, geh mit mir!
Gar schöne Spiele spiel' ich mit dir,
Manch bunte Blumen sind an dem Strand,
Meine Mutter hat manch gülden Gewand."

Mein Vater, mein Vater, und hörest du nicht,
Was Erlenkönig mir leise verspricht? —
Sei ruhig, bleibe ruhig, mein Kind!
In dürren Blättern säuselt der Wind. —

„Willst, feiner Knabe, du mit mir gehn?
Meine Töchter sollen dich warten schön;
Meine Töchter führen den nächtlichen Reihn
Und wiegen und tanzen und singen dich ein."

Mein Vater, mein Vater, und siehst du nicht dort
Erlkönigs Töchter am düstern Ort? —
Mein Sohn, mein Sohn, ich seh' es genau:
Es scheinen die alten Weiden so grau. —

„Ich liebe dich, mich reizt deine schöne Gestalt;
Und bist du nicht willig, so brauch' ich Gewalt." —
Mein Vater, mein Vater, jetzt faßt er mich an!
Erlkönig hat mir ein Leids getan! —

Dem Vater grauset's, er reitet geschwind,
Er hält in Armen das ächzende Kind,
Erreicht den Hof mit Mühe und Not;
In seinen Armen das Kind war tot.

Grenzen der Menschheit

WENN der uralte
 Heilige Vater
Mit gelassener Hand
Aus rollenden Wolken
Segnende Blitze
Über die Erde sät,
Küss' ich den letzten
Saum seines Kleides,
Kindliche Schauer
Treu in der Brust.

Denn mit Göttern
Soll sich nicht messen
Irgend ein Mensch.
Hebt er sich aufwärts
Und berührt
Mit dem Scheitel die Sterne,
Nirgends haften dann
Die unsichern Sohlen,
Und mit ihm spielen
Wolken und Winde.

Steht er mit festen
Markigen Knochen
Auf der wohlgegründeten
Dauernden Erde,
Reicht er nicht auf,
Nur mit der Eiche
Oder der Rebe
Sich zu vergleichen.

Was unterscheidet
Götter von Menschen?
Daß viele Wellen
Vor jenen wandeln,
Ein ewiger Strom:
Uns hebt die Welle,
Verschlingt die Welle,
Und wir versinken.

Ein kleiner Ring
Begrenzt unser Leben,
Und viele Geschlechter
Reihen sich dauernd
An ihres Daseins
Unendliche Kette.

113 *Das Göttliche*

EDEL sei der Mensch,
Hilfreich und gut!
Denn das allein
Unterscheidet ihn
Von allen Wesen,
Die wir kennen.

Heil den unbekannten
Höhern Wesen,
Die wir ahnen!
Ihnen gleiche der Mensch;
Sein Beispiel lehr' uns
Jene glauben.

Denn unfühlend
Ist die Natur:
Es leuchtet die Sonne
Über Bös' und Gute,
Und dem Verbrecher
Glänzen wie dem Besten
Der Mond und die Sterne.

Wind und Ströme,
Donner und Hagel
Rauschen ihren Weg
Und ergreifen
Vorüber eilend
Einen um den andern.

Auch so das Glück
Tappt unter die Menge,
Faßt bald des Knaben
Lockige Unschuld,
Bald auch den kahlen
Schuldigen Scheitel.

Nach ewigen, ehrnen,
Großen Gesetzen
Müssen wir alle
Unseres Daseins
Kreise vollenden.

Nur allein der Mensch
Vermag das Unmögliche:
Er unterscheidet,
Wählet und richtet;
Er kann dem Augenblick
Dauer verleihen.

Er allein darf
Den Guten lohnen,
Den Bösen strafen,
Heilen und retten,
Alles Irrende, Schweifende
Nützlich verbinden.

Und wir verehren
Die Unsterblichen,
Als wären sie Menschen,
Täten in Großen,
Was der Beste im Kleinen
Tut oder möchte.

Der edle Mensch
Sei hilfreich und gut!
Unermüdet schaff' er
Das Nützliche, Rechte,
Sei uns ein Vorbild
Jener geahneten Wesen!

114 From *Römische Elegien*

I

SAGET, Steine, mir an, o sprecht, ihr hohen Paläste!
 Straßen, redet ein Wort! Genius, regst du dich nicht?
Ja, es ist alles beseelt in deinen heiligen Mauern,
 Ewige Roma; nur mir schweiget noch alles so still.
O wer flüstert mir zu, an welchem Fenster erblick' ich
 Einst das holde Geschöpf, das mich versengend
 erquickt?
Ahn' ich die Wege noch nicht, durch die ich immer und
 immer,

Zu ihr und von ihr zu gehn, opfre die köstliche Zeit?
Noch betracht' ich Kirch' und Palast, Ruinen und Säulen,
 Wie ein bedächtiger Mann schicklich die Reise benutzt.
Doch bald ist es vorbei; dann wird ein einziger Tempel,
 Amors Tempel, nur sein, der den Geweihten empfängt.
Eine Welt zwar bist du, o Rom; doch ohne die Liebe
 Wäre die Welt nicht die Welt, wäre denn Rom auch
 nicht Rom.

II

Lass dich, Geliebte, nicht reun, daß du mir so schnell
 dich ergeben!
 Glaub es, ich denke nicht frech, denke nicht niedrig
 von dir.
Vielfach wirken die Pfeile des Amor: einige ritzen,
 Und vom schleichenden Gift kranket auf Jahre das Herz.
Aber mächtig befiedert, mit frisch geschliffener Schärfe
 Dringen die andern ins Mark, zünden behende das Blut.
In der heroischen Zeit, da Götter und Göttinnen liebten,
 Folgte Begierde dem Blick, folgte Genuß der Begier.
Glaubst du, es habe sich lange die Göttin der Liebe
 besonnen,
 Als im Idäischen Hain einst ihr Anchises gefiel?
Hätte Luna gesäumt, den schönen Schläfer zu küssen,
 O, so hätt' ihn geschwind, neidend, Aurora geweckt.
Hero erblickte Leandern am lauten Fest, und behende
 Stürzte der Liebende sich heiß in die nächtliche Flut.
Rhea Sylvia wandelt, die fürstliche Jungfrau, der Tiber
 Wasser zu schöpfen, hinab, und sie ergreifet der Gott.
So erzeugte die Söhne sich Mars! — Die Zwillinge tränket
 Eine Wölfin, und Rom nennt sich die Fürstin der Welt.

III

Froh empfind' ich mich nun auf klassischem Boden
begeistert;
 Vor- und Mitwelt spricht lauter und reizender mir.
Hier befolg' ich den Rat, durchblättre die Werke der
Alten
 Mit geschäftiger Hand, täglich mit neuem Genuß.
Aber die Nächte hindurch hält Amor mich anders
beschäftigt;
 Werd' ich auch halb nur gelehrt, bin ich doch doppelt
beglückt.
Und belehr' ich mich nicht, indem ich des lieblichen
Busens
 Formen spähe, die Hand leite die Hüften hinab?
Dann versteh' ich den Marmor erst recht: ich denk' und
vergleiche,
 Sehe mit fühlendem Aug', fühle mit sehender Hand.
Raubt die Liebste denn gleich mir einige Stunden des
Tages,
 Gibt sie Stunden der Nacht mir zur Entschädigung hin.
Wird doch nicht immer geküßt, es wird vernünftig
gesprochen;
 Überfällt sie der Schlaf, lieg' ich und denke mir viel.
Oftmals hab' ich auch schon in ihren Armen gedichtet
 Und des Hexameters Maß leise mit fingernder Hand
Ihr auf den Rücken gezählt. Sie atmet in lieblichem
Schlummer,
 Und es durchglühet ihr Hauch mir bis ins Tiefste die
Brust.
Amor schüret die Lamp' indes und denket der Zeiten,
 Da er den nämlichen Dienst seinen Triumvirn getan.

115 *Die Braut von Korinth*

Nach Korinthus von Athen gezogen
Kam ein Jüngling, dort noch unbekannt.
Einen Bürger hofft' er sich gewogen;
Beide Väter waren gastverwandt,
Hatten frühe schon
Töchterchen und Sohn
Braut und Bräutigam voraus genannt.

Aber wird er auch willkommen scheinen,
Wenn er teuer nicht die Gunst erkauft?
Er ist noch ein Heide mit den Seinen,
Und sie sind schon Christen und getauft.
Keimt ein Glaube neu,
Wird oft Lieb' und Treu'
Wie ein böses Unkraut ausgerauft.

Und schon lag das ganze Haus im Stillen,
Vater, Töchter, nur die Mutter wacht;
Sie empfängt den Gast mit bestem Willen,
Gleich ins Prunkgemach wird er gebracht.
Wein und Essen prangt,
Eh' er es verlangt:
So versorgend wünscht sie gute Nacht.

Aber bei dem wohlbestellten Essen
Wird die Lust der Speise nicht erregt;
Müdigkeit läßt Speis' und Trank vergessen,
Daß er angekleidet sich aufs Bette legt;
Und er schlummert fast,
Als ein seltner Gast
Sich zur offnen Tür herein bewegt.

Denn er sieht, bei seiner Lampe Schimmer
Tritt, mit weißem Schleier und Gewand,
Sittsam still ein Mädchen in das Zimmer,
Um die Stirn ein schwarz- und goldnes Band.
Wie sie ihn erblickt,
Hebt sie, die erschrickt,
Mit Erstaunen eine weiße Hand.

Bin ich, rief sie aus, so fremd im Hause,
Daß ich von dem Gaste nichts vernahm?
Ach, so hält man mich in meiner Klause!
Und nun überfällt mich hier die Scham.
Ruhe nur so fort
Auf dem Lager dort,
Und ich gehe schnell, so wie ich kam.

Bleibe, schönes Mädchen! ruft der Knabe,
Rafft von seinem Lager sich geschwind:
Hier ist Ceres', hier ist Bacchus' Gabe,
Und du bringst den Amor, liebes Kind!
Bist vor Schrecken blaß!
Liebe, komm und laß,
Laß uns sehn, wie froh die Götter sind!

Ferne bleib, o Jüngling, bleibe stehen!
Ich gehöre nicht den Freuden an.
Schon der letzte Schritt ist, ach! geschehen
Durch der guten Mutter kranken Wahn,
Die genesend schwur:
Jugend und Natur
Sei dem Himmel künftig untertan.

Und der alten Götter bunt Gewimmel
Hat sogleich das stille Haus geleert.
Unsichtbar wird Einer nur im Himmel,
Und ein Heiland wird am Kreuz verehrt;
Opfer fallen hier,
Weder Lamm noch Stier,
Aber Menschenopfer unerhört.

Und er fragt und wäget alle Worte,
Deren keines seinem Geist entgeht:
Ist es möglich, daß am stillen Orte
Die geliebte Braut hier vor mir steht?
Sei die Meine nur;
Unsrer Väter Schwur
Hat vom Himmel Segen uns erfleht.

Mich erhältst du nicht, du gute Seele!
Meiner zweiten Schwester gönnt man dich.
Wenn ich mich in stiller Klause quäle,
Ach! in ihren Armen denk an mich,
Die an dich nur denkt,
Die sich liebend kränkt;
In die Erde bald verbirgt sie sich.

Nein! bei dieser Flamme sei's geschworen,
Gütig zeigt sie Hymen uns voraus;
Bist der Freude nicht und mir verloren,
Kommst mit mir in meines Vaters Haus.
Liebchen, bleibe hier!
Feire gleich mit mir
Unerwartet unsern Hochzeitsschmaus!

Und schon wechseln sie der Treue Zeichen:
Golden reicht sie ihm die Kette dar,
Und er will ihr eine Schale reichen,
Silbern, künstlich, wie nicht eine war.
Die ist nicht für mich,
Doch, ich bitte dich,
Eine Locke gib von deinem Haar.

Eben schlug die dumpfe Geisterstunde,
Und nun schien es ihr erst wohl zu sein.
Gierig schlürfte sie mit blassem Munde
Nun den dunkel blutgefärbten Wein;
Doch vom Weizenbrot,
Das er freundlich bot,
Nahm sie nicht den kleinsten Bissen ein.

Und dem Jüngling reichte sie die Schale,
Der, wie sie, nun hastig lüstern trank.
Liebe fordert er beim stillen Mahle;
Ach, sein armes Herz war liebekrank.
Doch sie widersteht,
Wie er immer fleht,
Bis er weinend auf das Bette sank.

Und sie kommt und wirft sich zu ihm nieder:
Ach, wie ungern seh' ich dich gequält!
Aber, ach! berührst du meine Glieder,
Fühlst du schaudernd, was ich dir verhehlt.
Wie der Schnee so weiß,
Aber kalt wie Eis
Ist das Liebchen, das du dir erwählt.

Heftig faßt er sie mit starken Armen,
Von der Liebe Jugendkraft durchmannt:
Hoffe doch, bei mir noch zu erwarmen,
Wärst du selbst mir aus dem Grab gesandt!
Wechselhauch und Kuß!
Liebesüberdruß!
Brennst du nicht und fühlest mich entbrannt?

Liebe schließet fester sie zusammen,
Tränen mischen sich in ihre Lust;
Gierig saugt sie seines Mundes Flammen,
Eins ist nur im andern sich bewußt.
Seine Liebeswut
Wärmt ihr starres Blut,
Doch es schlägt kein Herz in ihrer Brust.

Unterdessen schleichet auf dem Gange
Häuslich spät die Mutter noch vorbei,
Horchet an der Tür und horchet lange,
Welch ein sonderbarer Ton es sei:
Klag- und Wonnelaut
Bräutigams und Braut
Und des Liebestammelns Raserei.

Unbeweglich bleibt sie an der Türe,
Weil sie erst sich überzeugen muß,
Und sie hört die höchsten Liebesschwüre,
Lieb- und Schmeichelworte mit Verdruß:
Still! der Hahn erwacht! —
Aber morgen nacht
Bist du wieder da? — und Kuß auf Kuß.

Länger hält die Mutter nicht das Zürnen,
Öffnet das bekannte Schloß geschwind:
Gibt es hier im Hause solche Dirnen,
Die dem Fremden gleich zu Willen sind?
So zur Tür hinein,
Bei der Lampe Schein
Sieht sie — Gott! sie sieht ihr eigen Kind.

Und der Jüngling will im ersten Schrecken
Mit des Mädchens eignem Schleierflor,
Mit dem Teppich die Geliebte decken;
Doch sie windet gleich sich selbst hervor.
Wie mit Geists Gewalt
Hebet die Gestalt
Lang und langsam sich im Bett empor.

Mutter! Mutter! spricht sie hohle Worte,
So mißgönnt Ihr mir die schöne Nacht?
Ihr vertreibt mich von dem warmen Orte.
Bin ich zur Verzweiflung nur erwacht?
Ist's Euch nicht genug,
Daß ins Leichentuch,
Daß Ihr früh mich in das Grab gebracht?

Aber aus der schwerbedeckten Enge
Treibet mich ein eigenes Gericht.
Eurer Priester summende Gesänge
Und ihr Segen haben kein Gewicht;
Salz und Wasser kühlt
Nicht, wo Jugend fühlt,
Ach! die Erde kühlt die Liebe nicht.

Dieser Jüngling war mir erst versprochen
Als noch Venus' heitrer Tempel stand.
Mutter, habt Ihr doch das Wort gebrochen,
Weil ein fremd, ein falsch Gelübd' Euch band!
Doch kein Gott erhört,
Wenn die Mutter schwört,
Zu versagen ihrer Tochter Hand.

Aus dem Grabe werd' ich ausgetrieben,
Noch zu suchen das vermißte Gut,
Noch den schon verlornen Mann zu lieben
Und zu saugen seines Herzens Blut.
Ist's um den geschehn,
Muß nach andern gehn,
Und das junge Volk erliegt der Wut.

Schöner Jüngling, kannst nicht länger leben;
Du versiechest nun an diesem Ort.
Meine Kette hab' ich dir gegeben;
Deine Locke nehm' ich mit mir fort.
Sieh sie an genau!
Morgen bist du grau,
Und nur braun erscheinst du wieder dort.

Höre, Mutter, nun die letzte Bitte:
Einen Scheiterhaufen schichte du;
Öffne meine bange, kleine Hütte,
Bring in Flammen Liebende zur Ruh!
Wenn der Funke sprüht,
Wenn die Asche glüht,
Eilen wir den alten Göttern zu.

116 *Natur und Kunst*

NATUR und Kunst, sie scheinen sich zu fliehen
Und haben sich, eh' man es denkt, gefunden;
Der Widerwille ist auch mir verschwunden,
Und beide scheinen gleich mich anzuziehen.

Es gilt wohl nur ein redliches Bemühen!
Und wenn wir erst in abgemeßnen Stunden
Mit Geist und Fleiß uns an die Kunst gebunden,
Mag frei Natur im Herzen wieder glühen.

So ist's mit aller Bildung auch beschaffen:
Vergebens werden ungebundne Geister
Nach der Vollendung reiner Höhe streben.

Wer Großes will, muß sich zusammenraffen;
In der Beschränkung zeigt sich erst der Meister,
Und das Gesetz nur kann uns Freiheit geben.

117 *Dauer im Wechsel*

HIELTE diesen frühen Segen,
Ach, nur Eine Stunde fest!
Aber vollen Blütenregen
Schüttelt schon der laue West.
Soll ich mich des Grünen freuen,
Dem ich Schatten erst verdankt?
Bald wird Sturm auch das zerstreuen,
Wenn es falb im Herbst geschwankt.

Willst du nach den Früchten greifen,
Eilig nimm dein Teil davon!
Diese fangen an zu reifen,
Und die andern keimen schon;
Gleich mit jedem Regengusse
Ändert sich dein holdes Tal,
Ach, und in demselben Flusse
Schwimmst du nicht zum zweitenmal.

Du nun selbst! Was felsenfeste
Sich vor dir hervorgetan,
Mauern siehst du, siehst Paläste
Stets mit andern Augen an.
Weggeschwunden ist die Lippe,
Die im Kusse sonst genas,
Jener Fuß, der an der Klippe
Sich mit Gemsenfreche maß.

Jene Hand, die gern und milde
Sich bewegte, wohlzutun,
Das gegliederte Gebilde,
Alles ist ein andres nun.
Und was sich an jener Stelle
Nun mit deinem Namen nennt,
Kam herbei wie eine Welle,
Und so eilt's zum Element.

Laß den Anfang mit dem Ende
Sich in Eins zusammenziehn!
Schneller als die Gegenstände
Selber dich vorüberfliehn!
Danke, daß die Gunst der Musen
Unvergängliches verheißt:
Den Gehalt in deinem Busen
Und die Form in deinem Geist.

118 *Mächtiges Überraschen*

Ein Strom entrauscht umwölktem Felsensaale,
Dem Ozean sich eilig zu verbinden;
 Was auch sich spiegeln mag von Grund zu Gründen,
 Er wandelt unaufhaltsam fort zu Tale.

Dämonisch aber stürzt mit einem Male —
 Ihr folgen Berg und Wald in Wirbelwinden —
 Sich Oreas, Behagen dort zu finden,
 Und hemmt den Lauf, begrenzt die weite Schale.

Die Welle sprüht, und staunt zurück und weichet,
 Und schwillt bergan, sich immer selbst zu trinken;
 Gehemmt ist nun zum Vater hin das Streben.

Sie schwankt und ruht, zum See zurückgedeichet;
 Gestirne, spiegelnd sich, beschaun das Blinken
 Des Wellenschlags am Fels, ein neues Leben.

119 *Talismane*

GOTTES ist der Orient!
Gottes ist der Okzident!
Nord- und südliches Gelände
Ruht im Frieden seiner Hände.

———

Er, der einzige Gerechte,
Will für jedermann das Rechte.
Sei von seinen hundert Namen
Dieser hochgelobet! Amen.

———

Mich verwirren will das Irren;
Doch du weißt mich zu entwirren.
Wenn ich handle, wenn ich dichte,
Gib du meinem Weg die Richte.

———

Ob ich Ird'sches denk' und sinne,
Das gereicht zu höherem Gewinne.
Mit dem Staube nicht der Geist zerstoben,
Dringet, in sich selbst gedrängt, nach oben.

———

Im Atemholen sind zweierlei Gnaden:
Die Luft einziehen, sich ihrer entladen;
Jenes bedrängt, dieses erfrischt;
So wunderbar ist das Leben gemischt.
Du danke Gott, wenn er dich preßt,
Und dank ihm, wenn er dich wieder entläßt.

120 *An vollen Büschelzweigen . . .*

AN vollen Büschelzweigen,
Geliebte, sieh nur hin!
Laß dir die Früchte zeigen,
Umschalet stachlig grün.

Sie hängen längst geballet,
Still, unbekannt mit sich;
Ein Ast, der schaukelnd wallet,
Wiegt sie geduldiglich.

Doch immer reift von innen
Und schwillt der braune Kern,
Er möchte Luft gewinnen
Und säh' die Sonne gern.

Die Schale platzt und nieder
Macht er sich freudig los;
So fallen meine Lieder
Gehäuft in deinen Schoß.

121 *Gingo Biloba*

DIESES Baums Blatt, der von Osten
Meinem Garten anvertraut,
Gibt geheimen Sinn zu kosten,
Wie's den Wissenden erbaut.

Ist es Ein lebendig Wesen,
Das sich in sich selbst getrennt?
Sind es zwei, die sich erlesen,
Daß man sie als Eines kennt?

Solche Frage zu erwidern,
Fand ich wohl den rechten Sinn:
Fühlst du nicht an meinen Liedern,
Daß ich Eins und doppelt bin?

122 *Wiederfinden*

Ist es möglich! Stern der Sterne,
Drück' ich wieder dich ans Herz!
Ach, was ist die Nacht der Ferne
Für ein Abgrund, für ein Schmerz!
Ja, du bist es, meiner Freuden
Süßer, lieber Widerpart;
Eingedenk vergangner Leiden,
Schaudr' ich vor der Gegenwart.

Als die Welt im tiefsten Grunde
Lag an Gottes ew'ger Brust,
Ordnet' er die erste Stunde
Mit erhabner Schöpfungslust,
Und er sprach das Wort: Es werde!
Da erklang ein schmerzlich Ach!
Als das All mit Machtgebärde
In die Wirklichkeiten brach.

Auf tat sich das Licht: so trennte
Scheu sich Finsternis von ihm,
Und sogleich die Elemente
Scheidend auseinanderfliehn.
Rasch, in wilden, wüsten Träumen
Jedes nach der Weite rang,
Starr, in ungemeßnen Räumen,
Ohne Sehnsucht, ohne Klang.

Stumm war alles, still und öde,
Einsam Gott zum erstenmal!
Da erschuf er Morgenröte,
Die erbarmte sich der Qual;
Sie entwickelte dem Trüben
Ein erklingend Farbenspiel,
Und nun konnte wieder lieben,
Was erst auseinanderfiel.

Und mit eiligem Bestreben
Sucht sich, was sich angehört;
Und zu ungemeßnem Leben
Ist Gefühl und Blick gekehrt.
Sei's Ergreifen, sei es Raffen,
Wenn es nur sich faßt und hält!
Allah braucht nicht mehr zu schaffen,
Wir erschaffen seine Welt.

So, mit morgenroten Flügeln,
Riß es mich an deinen Mund,
Und die Nacht mit tausend Siegeln
Kräftigt sternenhell den Bund.
Beide sind wir auf der Erde
Musterhaft in Freud' und Qual,
Und ein zweites Wort: Es werde!
Trennt uns nicht zum zweitenmal.

123 *In tausend Formen . . .*

IN tausend Formen magst du dich verstecken,
Doch, Allerliebste, gleich erkenn' ich dich;
Du magst mit Zauberschleiern dich bedecken,
Allgegenwärt'ge, gleich erkenn' ich dich.

An der Zypresse reinstem, jungem Streben,
Allschöngewachsne, gleich erkenn' ich dich;
In des Kanales reinem Wellenleben,
Allschmeichelhafte, wohl erkenn' ich dich.

Wenn steigend sich der Wasserstrahl entfaltet,
Allspielende, wie froh erkenn' ich dich;
Wenn Wolke sich gestaltend umgestaltet,
Allmannigfalt'ge, dort erkenn' ich dich.

An des geblümten Schleiers Wiesenteppich,
Allbuntbesternte, schön erkenn' ich dich;
Und greift umher ein tausendarm'ger Eppich,
O Allumklammernde, da kenn' ich dich.

Wenn am Gebirg der Morgen sich entzündet,
Gleich, Allerheiternde, begrüß' ich dich;
Dann über mir der Himmel rein sich ründet,
Allherzerweiternde, dann atm' ich dich.

Was ich mit äußerm Sinn, mit innerm kenne,
Du Allbelehrende, kenn' ich durch dich;
Und wenn ich Allahs Namenhundert nenne,
Mit jedem klingt ein Name nach für dich.

124 *Selige Sehnsucht*

SAGT es niemand, nur den Weisen,
Weil die Menge gleich verhöhnet:
Das Lebend'ge will ich preisen,
Das nach Flammentod sich sehnet.

In der Liebesnächte Kühlung,
Die dich zeugte, wo du zeugtest,
Überfällt dich fremde Fühlung,
Wenn die stille Kerze leuchtet.

Nicht mehr bleibest du umfangen
In der Finsternis Beschattung,
Und dich reißet neu Verlangen
Auf zu höherer Begattung.

Keine Ferne macht dich schwierig,
Kommst geflogen und gebannt,
Und zuletzt, des Lichts begierig,
Bist du, Schmetterling, verbrannt.

Und solang du das nicht hast,
Dieses: Stirb und werde!
Bist du nur ein trüber Gast
Auf der dunklen Erde.

TRILOGIE DER LEIDENSCHAFT

(*nos. 125—127*)

125 *An Werther*

NOCH einmal wagst du, vielbeweinter Schatten,
Hervor dich an das Tageslicht,
Begegnest mir auf neubeblümten Matten,
Und meinen Anblick scheust du nicht.

Es ist, als ob du lebtest in der Frühe,
Wo uns der Tau auf Einem Feld erquickt
Und nach des Tages unwillkommner Mühe
Der Scheidesonne letzter Strahl entzückt;
Zum Bleiben ich, zum Scheiden du erkoren,
Gingst du voran — und hast nicht viel verloren.

Des Menschen Leben scheint ein herrlich Los:
Der Tag wie lieblich, so die Nacht wie groß!
Und wir, gepflanzt in Paradieses Wonne,
Genießen kaum der hocherlauchten Sonne,
Da kämpft sogleich verworrene Bestrebung
Bald mit uns selbst und bald mit der Umgebung;
Keins wird vom andern wünschenswert ergänzt,
Von außen düstert's, wenn es innen glänzt,
Ein glänzend Äußres deckt ein trüber Blick,
Da steht es nah — und man verkennt das Glück.

Nun glauben wir's zu kennen! Mit Gewalt
Ergreift uns Liebreiz weiblicher Gestalt:
Der Jüngling, froh wie in der Kindheit Flor,
Im Frühling tritt als Frühling selbst hervor,
Entzückt, erstaunt, wer dies ihm angetan?
Er schaut umher — die Welt gehört ihm an.
Ins Weite zieht ihn unbefangne Hast,
Nichts engt ihn ein, nicht Mauer, nicht Palast;
Wie Vögelschar an Wäldergipfeln streift,
So schwebt auch er, der um die Liebste schweift,
Er sucht vom Äther, den er gern verläßt,
Den treuen Blick, und dieser hält ihn fest.

Doch erst zu früh und dann zu spät gewarnt,
Fühlt er den Flug gehemmt, fühlt sich umgarnt.
Das Wiedersehn ist froh, das Scheiden schwer,
Das Wieder-Wiedersehn beglückt noch mehr,
Und Jahre sind im Augenblick ersetzt;
Doch tückisch harrt das Lebewohl zuletzt.

Du lächelst, Freund, gefühlvoll, wie sich ziemt:
Ein gräßlich Scheiden machte dich berühmt;
Wir feierten dein kläglich Mißgeschick,
Du ließest uns zu Wohl und Weh zurück.
Dann zog uns wieder ungewisse Bahn
Der Leidenschaften labyrinthisch an;
Und wir, verschlungen wiederholter Not,
Dem Scheiden endlich — Scheiden ist der Tod!
Wie klingt es rührend, wenn der Dichter singt,
Den Tod zu meiden, den das Scheiden bringt!
Verstrickt in solche Qualen, halbverschuldet,
Geb ihm ein Gott, zu sagen, was er duldet.

126 *Elegie*

Und wenn der Mensch in seiner Qual verstummt,
Gab mir ein Gott zu sagen, was ich leide.

WAS soll ich nun vom Wiedersehen hoffen,
Von dieses Tages noch geschloßner Blüte?
Das Paradies, die Hölle steht dir offen;
Wie wankelsinnig regt sich's im Gemüte! —
Kein Zweifeln mehr! Sie tritt ans Himmelstor,
Zu ihren Armen hebt sie dich empor.

So warst du denn im Paradies empfangen,
Als wärst du wert des ewig schönen Lebens;
Dir blieb kein Wunsch, kein Hoffen, kein Verlangen,
Hier war das Ziel des innigsten Bestrebens,
Und in dem Anschaun dieses einzig Schönen
Versiegte gleich der Quell sehnsüchtiger Tränen.

Wie regte nicht der Tag die raschen Flügel,
Schien die Minuten vor sich her zu treiben!
Der Abendkuß, ein treu verbindlich Siegel:
So wird es auch der nächsten Sonne bleiben.
Die Stunden glichen sich in zartem Wandern
Wie Schwestern zwar, doch keine ganz den andern.

Der Kuß, der letzte, grausam süß, zerschneidend
Ein herrliches Geflecht verschlungner Minnen.
Nun eilt, nun stockt der Fuß, die Schwelle meidend.
Als trieb' ein Cherub flammend ihn von hinnen;
Das Auge starrt auf düstrem Pfad verdrossen,
Es blickt zurück, die Pforte steht verschlossen.

Und nun verschlossen in sich selbst, als hätte
Dies Herz sich nie geöffnet, selige Stunden
Mit jedem Stern des Himmels um die Wette
An ihrer Seite leuchtend nicht empfunden;
Und Mißmut, Reue, Vorwurf, Sorgenschwere
Belasten's nun in schwüler Atmosphäre.

Ist denn die Welt nicht übrig? Felsenwände,
Sind sie nicht mehr gekrönt von heiligen Schatten?
Die Ernte, reift sie nicht? Ein grün Gelände,
Zieht sich's nicht hin am Fluß durch Busch und Matten?
Und wölbt sich nicht das überweltlich Große,
Gestaltenreiche, bald Gestaltenlose?

Wie leicht und zierlich, klar und zart gewoben
Schwebt, seraphgleich, aus ernster Wolken Chor,
Als glich' es ihr, am blauen Äther droben
Ein schlank Gebild aus lichtem Duft empor;
So sahst du sie in frohem Tanze walten,
Die lieblichste der lieblichsten Gestalten.

Doch nur Momente darfst dich unterwinden,
Ein Luftgebild statt ihrer festzuhalten;
Ins Herz zurück! dort wirst du's besser finden,
Dort regt sie sich in wechselnden Gestalten:
Zu vielen bildet Eine sich hinüber,
So tausendfach, und immer, immer lieber.

Wie zum Empfang sie an den Pforten weilte
Und mich von dannauf stufenweis beglückte,
Selbst nach dem letzten Kuß mich noch ereilte,
Den letztesten mir auf die Lippen drückte:
So klar beweglich bleibt das Bild der Lieben,
Mit Flammenschrift ins treue Herz geschrieben.

Ins Herz, das fest, wie zinnenhohe Mauer,
Sich ihr bewahrt und sie in sich bewahret,
Für sie sich freut an seiner eignen Dauer,
Nur weiß von sich, wenn sie sich offenbaret,
Sich freier fühlt in so geliebten Schranken
Und nur noch schlägt, für alles ihr zu danken.

War Fähigkeit, zu lieben, war Bedürfen
Von Gegenliebe weggelöscht, verschwunden,
Ist Hoffnungslust zu freudigen Entwürfen,
Entschlüssen, rascher Tat sogleich gefunden!
Wenn Liebe je den Liebenden begeistet,
Ward es an mir aufs lieblichste geleistet;

Und zwar durch sie! — Wie lag ein innres Bangen
Auf Geist und Körper, unwillkommner Schwere,
Von Schauerbildern rings der Blick umfangen
Im wüsten Raum beklommner Herzensleere;
Nun dämmert Hoffnung von bekannter Schwelle,
Sie selbst erscheint in milder Sonnenhelle.

Dem Frieden Gottes, welcher euch hienieden
Mehr als Vernunft beseliget — wir lesen's —
Vergleich' ich wohl der Liebe heitern Frieden
In Gegenwart des allgeliebten Wesens;
Da ruht das Herz, und nichts vermag zu stören
Den tiefsten Sinn, den Sinn, ihr zu gehören.

In unsers Busens Reine wogt ein Streben,
Sich einem Höhern, Reinern, Unbekannten
Aus Dankbarkeit freiwillig hinzugeben,
Enträtselnd sich den ewig Ungenannten;
Wir heißen's: fromm sein! — Solcher seligen Höhe
Fühl' ich mich teilhaft, wenn ich vor ihr stehe.

Vor ihrem Blick, wie vor der Sonne Walten,
Vor ihrem Atem, wie vor Frühlingslüften,
Zerschmilzt, so längst sich eisig starr gehalten,
Der Selbstsinn tief in winterlichen Grüften;
Kein Eigennutz, kein Eigenwille dauert,
Vor ihrem Kommen sind sie weggeschauert.

Es ist, als wenn sie sagte: „Stund' um Stunde
Wird uns das Leben freundlich dargeboten.
Das Gestrige ließ uns geringe Kunde,
Das Morgende — zu wissen ist's verboten;
Und wenn ich je mich vor dem Abend scheute,
Die Sonne sank und sah noch, was mich freute.

Drum tu wie ich und schaue, froh verständig,
Dem Augenblick ins Auge! Kein Verschieben!
Begegn' ihm schnell, wohlwollend wie lebendig,
Im Handeln sei's, zur Freude, sei's dem Lieben!
Nur wo du bist, sei alles, immer kindlich,
So bist du alles, bist unüberwindlich."

Du hast gut reden, dacht' ich, zum Geleite
Gab dir ein Gott die Gunst des Augenblickes,
Und jeder fühlt an deiner holden Seite
Sich augenblicks den Günstling des Geschickes;
Mich schreckt der Wink, von dir mich zu entfernen —
Was hilft es mir, so hohe Weisheit lernen!

Nun bin ich fern! Der jetzigen Minute,
Was ziemt denn der? Ich wüßt' es nicht zu sagen;
Sie bietet mir zum Schönen manches Gute,
Das lastet nur, ich muß mich ihm entschlagen;
Mich treibt umher ein unbezwinglich Sehnen,
Da bleibt kein Rat als grenzenlose Tränen.

So quellt denn fort und fließet unaufhaltsam!
Doch nie geläng's, die innre Glut zu dämpfen!
Schon rast's und reißt in meiner Brust gewaltsam,
Wo Tod und Leben grausend sich bekämpfen.
Wohl Kräuter gäb's, des Körpers Qual zu stillen;
Allein dem Geist fehlt's am Entschluß und Willen,

Fehlt's am Begriff: wie sollt' er sie vermissen?
Er wiederholt ihr Bild zu tausend Malen.
Das zaudert bald, bald wird es weggerissen,
Undeutlich jetzt und jetzt im reinsten Strahlen.
Wie könnte dies geringstem Troste frommen,
Die Ebb' und Flut, das Gehen wie das Kommen?

Verlaßt mich hier, getreue Weggenossen!
Laßt mich allein am Fels, in Moor und Moos;
Nur immer zu! euch ist die Welt erschlossen,
Die Erde weit, der Himmel hehr und groß;
Betrachtet, forscht, die Einzelheiten sammelt,
Naturgeheimnis werde nachgestammelt.

Mir ist das All, ich bin mir selbst verloren,
Der ich noch erst den Göttern Liebling war;
Sie prüften mich, verliehen mir Pandoren,
So reich an Gütern, reicher an Gefahr;
Sie drängten mich zum gabeseligen Munde,
Sie trennen mich — und richten mich zugrunde.

127 *Aussöhnung*

DIE Leidenschaft bringt Leiden! — Wer beschwichtigt
Beklommnes Herz, das allzuviel verloren?
Wo sind die Stunden, überschnell verflüchtigt?
Vergebens war das Schönste dir erkoren!
Trüb ist der Geist, verworren das Beginnen;
Die hehre Welt, wie schwindet sie den Sinnen!

Da schwebt hervor Musik mit Engelschwingen,
Verflicht zu Millionen Tön' um Töne,
Des Menschen Wesen durch und durch zu dringen,
Zu überfüllen ihn mit ew'ger Schöne:
Das Auge netzt sich, fühlt im höhern Sehnen
Den Götterwert der Töne wie der Tränen.

Und so das Herz erleichtert merkt behende,
Daß es noch lebt und schlägt und möchte schlagen,
Zum reinsten Dank der überreichen Spende
Sich selbst erwidernd willig darzutragen.
Da fühlte sich — o daß es ewig bliebe! —
Das Doppelglück der Töne wie der Liebe.

128 *Prooemion*

Im Namen dessen, der sich selbst erschuf!
Von Ewigkeit in schaffendem Beruf;
In seinem Namen, der den Glauben schafft,
Vertrauen, Liebe, Tätigkeit und Kraft;
In jenes Namen, der, so oft genannt,
Dem Wesen nach blieb immer unbekannt:

So weit das Ohr, so weit das Auge reicht,
Du findest nur Bekanntes, das ihm gleicht,
Und deines Geistes höchster Feuerflug
Hat schon am Gleichnis, hat am Bild genug;
Es zieht dich an, es reißt dich heiter fort,
Und wo du wandelst, schmückt sich Weg und Ort;
Du zählst nicht mehr, berechnest keine Zeit,
Und jeder Schritt ist Unermeßlichkeit.

Was wär' ein Gott, der nur von außen stieße,
Im Kreis das All am Finger laufen ließe!
Ihm ziemt's, die Welt im Innern zu bewegen,
Natur in sich, sich in Natur zu hegen,
So daß, was in ihm lebt und webt und ist,
Nie seine Kraft, nie seinen Geist vermißt.

Im Innern ist ein Universum auch;
Daher der Völker löblicher Gebrauch,
Daß jeglicher das Beste, was er kennt,
Er Gott, ja seinen Gott benennt,
Ihm Himmel und Erden übergibt,
Ihn fürchtet, und womöglich liebt.

129 *Urworte. Orphisch*

ΔΑΙΜωΝ *DÄMON*

Wie an dem Tag, der dich der Welt verliehen,
Die Sonne stand zum Gruße der Planeten,
Bist alsobald und fort und fort gediehen
Nach dem Gesetz, wonach du angetreten.
So mußt du sein, dir kannst du nicht entfliehen,
So sagten schon Sibyllen, so Propheten;
Und keine Zeit und keine Macht zerstückelt
Geprägte Form, die lebend sich entwickelt.

TYXH *DAS ZUFÄLLIGE*

Die strenge Grenze doch umgeht gefällig
Ein Wandelndes, das mit und um uns wandelt;
Nicht einsam bleibst du, bildest dich gesellig,
Und handelst wohl so wie ein andrer handelt.
Im Leben ist's bald hin-, bald widerfällig,
Es ist ein Tand und wird so durchgetandelt.
Schon hat sich still der Jahre Kreis geründet:
Die Lampe harrt der Flamme, die entzündet.

ΕΡΩΣ *LIEBE*

Die bleibt nicht aus! — Er stürzt vom Himmel nieder,
Wohin er sich aus alter Öde schwang,
Er schwebt heran auf luftigem Gefieder
Um Stirn und Brust den Frühlingstag entlang,
Scheint jetzt zu fliehn, vom Fliehen kehrt er wieder,
Da wird ein Wohl im Weh, so süß und bang.
Gar manches Herz verschwebt im Allgemeinen,
Doch widmet sich das edelste dem Einen.

ΑΝΑΓΚΗ *NÖTIGUNG*

Da ist's denn wieder, wie die Sterne wollten:
Bedingung und Gesetz; und aller Wille
Ist nur ein Wollen, weil wir eben sollten,
Und vor dem Willen schweigt die Willkür stille;
Das Liebste wird vom Herzen weggescholten,
Dem harten Muß bequemt sich Will' und Grille.
So sind wir scheinfrei denn, nach manchen Jahren
Nur enger dran, als wir am Anfang waren.

ΕΛΠΙΣ *HOFFNUNG*

Doch solcher Grenze, solcher ehrnen Mauer
Höchst widerwärt'ge Pforte wird entriegelt,
Sie stehe nur mit alter Felsendauer!
Ein Wesen regt sich leicht und ungezügelt:
Aus Wolkendecke, Nebel, Regenschauer
Erhebt sie uns, mit ihr, durch sie beflügelt,
Ihr kennt sie wohl, sie schwärmt durch alle Zonen —
Ein Flügelschlag — und hinter uns Äonen!

FRIEDRICH LEOPOLD GRAF ZU STOLBERG

1750—1819

130 *Der Felsenstrom*

Unsterblicher Jüngling!
 Du strömest hervor
Aus der Felsenkluft!
Kein Sterblicher sah
Die Wiege des Starken!
Es hörte kein Ohr
Das lallende Rieseln im werdenden Quell!

Wie bist du so schön
In silbernen Locken!
Wie bist du so furchtbar
Im Donner der hallenden Felsen umher!

Dir zittert die Tanne!
Du stürzest die Tanne
Mit Wurzel und Haupt!
Dich fliehen die Felsen!
Du haschest die Felsen,
Und wälzest sie spottend wie Kiesel dahin!

Dich kleidet die Sonne
In Strahlen des Ruhms!
Sie malet mit Farben des himmlischen Bogens
Die schwebenden Wolken der stäubenden Flut.

Was eilst du hinab
Zum grünlichen See?
Ist dir nicht wohl beim näheren Himmel?
Nicht wohl im hallenden Felsen?
Nicht wohl im hangenden Eichengebüsch?

O eile nicht so
Zum grünlichen See!
Jüngling, du bist noch stark wie ein Gott,
Frei wie ein Gott!

Zwar schmeichelt dir unten die ruhende Stille,
Die bebende Wallung des schweigenden Sees,
Bald silbern vom schwimmenden Monde,
Bald golden und rot vom westlichen Strahl.

O Jüngling, was ist die seidene Ruhe,
Was ist das Lächeln des freundlichen Mondes,
Der Abendsonne Purpur und Gold,
Dem, der in Banden der Knechtschaft sich fühlt?

Noch strömest du wild,
Wie dein Herz gebeut!
Dort unten herrschen oft ändernde Winde,
Oft Stille des Todes im dienstbaren See!

O eile nicht so
Zum grünlichen See!
Jüngling, du bist noch stark wie ein Gott,
Frei wie ein Gott!

232 *Die Meere*

Du schmeichelst meinem Ohr,
Ich kenne dein Rauschen,
Deiner Wogen Sirenen-Gesang,
Ost-See, du nahmst mich
Oft mit kosenden Armen
In den kühlenden Schoß!

Du bist schön,
Nymphe, schön!
Vertraute des waldichten Ufers,
Oft entschlüpfet der West den Wipfeln des Hains,
Und schwebet über dir hin mit gleitendem Flug.

Du bist schön,
Nymphe, schön,
Aber die Göttin schöner als du!
Lauter als du,
Donnert die Nord-See,
Steigend erhebt sich und weiß und gestadeerschütternd
 ihr Fuß!

Stärker und freier, als du,
Tanzet sie eignen Tanz,
Lauschet nicht dienstbar der Stimme
Herrschender Winde;
Steiget und sinkt,
Wenn, mit Wolken umschleiert,
In geheimer Halle schlummert des Sturmes Haupt!

Ich sah die Kiele
Blitzgewaffneter Schiffe
Eilen über ihr hin,
Wenn die Flagge sank,
Und der züngelnde Wimpel sank
Und das Säuseln in Hellebeks Buchen schwieg.

Wie nennt dich mein Gesang!
Nord-Meer, Welt-Meer, Göttin, Unendliche,
Erdumgürtende, Wiege der allerleuchtenden
Sonne, des himmelwandelnden
Mondes und zahlloser
Sterne, die in melodischem
Tanze sich spiegeln, wenn steiget die Well' und hinab
 sich senkt.

Auf deinen Wassern
Schwebete Gottes Geist,
Als noch die Erde
Lag in trauernder Stille,
Mutterfreuden kannte noch nicht!
Über dir wehet,
Hehr und geheimnisvoll,
Flutend und ebbend,
Sichtbar noch des Allmächtigen Hauch!

Auf hoher Entzückung
Steigendem Flügel
Flog dir entgegen mein Geist;
Göttin, ich flehte:
Nimm mich, o Göttin,
Nimm mich in deinen mächtigen Schoß!

Aber du eiltest
Stolz mir und donnernd vorbei,
Da spannt' ich die Flügel
Des Wogendurchwallers,
Und schwebte zum ferneren Ufer hin.

Du donnertest lauter
Am Felsen-Gestade,
Ich eilte hinan
Das Felsen-Gestade,
Und eilte hinab,
Da faßt' ich dich, Göttin,
Mit nervichtem Arm,
In der Felsen-Halle!
Über mir hingen
Dräuende Gipfel;
Strudelnde Fluten
Drängten durch Klüfte der Felsen sich durch!
Und wohl mir ward
In der Göttin Schoß,
An der Unsterblichen
Wallenden Busen!

Heil dir, Heil,
Göttin, und Dank,
Für den seligen Genuß
In der Felsen-Halle!

232 *Lied auf dem Wasser zu singen,*
für meine Agnes

MITTEN im Schimmer der spiegelnden Wellen
Gleitet wie Schwäne der wankende Kahn;
Ach, auf der Freude sanftschimmernden Wellen
Gleitet die Seele dahin wie der Kahn;
Denn von dem Himmel herab auf die Wellen
Tanzet das Abendrot rund um den Kahn.

Über den Wipfeln des westlichen Haines
Winket uns freundlich der rötliche Schein;
Unter den Zweigen des östlichen Haines
Säuselt der Kalmus im rötlichen Schein;
Freude des Himmels und Ruhe des Haines
Atmet die Seel' im errötenden Schein.

Ach es entschwindet mit tauigem Flügel
Mir auf den wiegenden Wellen die Zeit.
Morgen entschwinde mit schimmerndem Flügel
Wieder wie gestern und heute die Zeit,
Bis ich auf höherem strahlenden Flügel
Selber entschwinde der wechselnden Zeit.

FRIEDRICH VON SCHILLER

1759—1805

133 *Die Größe der Welt*

Die der schaffende Geist einst aus dem Chaos schlug,
Durch die schwebende Welt flieg' ich des Windes Flug,
 Bis am Strande
 Ihrer Wogen ich lande,
Anker werf', wo kein Hauch mehr weht
Und der Markstein der Schöpfung steht.

Sterne sah ich bereits jugendlich auferstehn,
Tausendjährigen Gangs durchs Firmament zu gehn,
 Sah sie spielen
 Nach den lockenden Zielen;
Irrend suchte mein Blick umher,
Sah die Räume schon — sternenleer.

Anzufeuern den Flug weiter zum Reich des Nichts,
Steur' ich mutiger fort, nehme den Flug des Lichts,
 Neblicht trüber
 Himmel an mir vorüber,
Weltsysteme, Fluten im Bach,
Strudeln dem Sonnenwanderer nach.

Sieh, den einsamen Pfad wandelt ein Pilger mir
Rasch entgegen — : „Halt an! Waller, was suchst du
 hier?" —
 Zum Gestade
 Seiner Welt meine Pfade!
Segle hin, wo kein Hauch mehr weht
Und der Markstein der Schöpfung steht! —

„Steh! du segelst umsonst — vor dir Unendlichkeit!" —
Steh! du segelst umsonst — Pilger, auch hinter mir! —
 Senke nieder,
 Adlergedank', dein Gefieder!
Kühne Seglerin, Phantasie,
Wirf ein mutloses Anker hie!

134 *An die Freude*

FREUDE, schöner Götterfunken,
 Tochter aus Elysium,
Wir betreten feuertrunken,
 Himmlische, dein Heiligtum.
Deine Zauber binden wieder,
 Was die Mode streng geteilt,
Alle Menschen werden Brüder,
 Wo dein sanfter Flügel weilt.
 Seid umschlungen, Millionen!
 Diesen Kuß der ganzen Welt!
 Brüder — überm Sternenzelt
 Muß ein lieber Vater wohnen.

Wem der große Wurf gelungen,
 Eines Freundes Freund zu sein,
Wer ein holdes Weib errungen,
 Mische seinen Jubel ein!
Ja — wer auch nur *eine* Seele
 Sein nennt auf dem Erdenrund!
Und wer's nie gekonnt, der stehle
 Weinend sich aus diesem Bund.

Was den großen Ring bewohnet,
Huldige der Sympathie!
Zu den Sternen leitet sie,
Wo der Unbekannte thronet.

Freude trinken alle Wesen
An den Brüsten der Natur,
Alle Guten, alle Bösen
Folgen ihrer Rosenspur.
Küsse gab sie uns und Reben,
Einen Freund, geprüft im Tod,
Wollust ward dem Wurm gegeben,
Und der Cherub steht vor Gott.
 Ihr stürzt nieder, Millionen?
 Ahnest du den Schöpfer, Welt?
 Such ihn überm Sternenzelt!
 Über Sternen muß er wohnen.

Freude heißt die starke Feder
In der ewigen Natur.
Freude, Freude treibt die Räder
In der großen Weltenuhr.
Blumen lockt sie aus den Keimen,
Sonnen aus dem Firmament,
Sphären rollt sie in den Räumen,
Die des Sehers Rohr nicht kennt.
 Froh, wie seine Sonnen fliegen
 Durch des Himmels prächt'gen Plan,
 Wandelt, Brüder, eure Bahn,
 Freudig wie ein Held zum Siegen.

Aus der Wahrheit Feuerspiegel
Lächelt sie den Forscher an.
Zu der Tugend steilem Hügel
Leitet sie des Dulders Bahn.
Auf des Glaubens Sonnenberge
Sieht man ihre Fahnen wehn,
Durch den Riß gesprengter Särge
Sie im Chor der Engel stehn.
 Duldet mutig, Millionen!
 Duldet für die beßre Welt!
 Droben überm Sternenzelt
 Wird ein großer Gott belohnen.

Göttern kann man nicht vergelten,
Schön ist's, ihnen gleich zu sein.
Gram und Armut soll sich melden,
Mit den Frohen sich erfreun.
Groll und Rache sei vergessen,
Unserm Todfeind sei verziehn,
Keine Träne soll ihn pressen,
Keine Reue nage ihn.
 Unser Schuldbuch sei vernichtet!
 Ausgesöhnt die ganze Welt!
 Brüder — überm Sternenzelt
 Richtet Gott, wie wir gerichtet.

Freude sprudelt in Pokalen,
In der Traube goldnem Blut
Trinken Sanftmut Kannibalen,
Die Verzweiflung Heldenmut.

Brüder, fliegt von euren Sitzen,
Wenn der volle Römer kreist,
Laßt den Schaum zum Himmel spritzen:
Dieses Glas dem guten Geist!
 Den der Sterne Wirbel loben,
 Den des Seraphs Hymne preist,
 Dieses Glas dem guten Geist
 Überm Sternenzelt dort oben!

Festen Mut in schwerem Leiden,
Hilfe, wo die Unschuld weint,
Ewigkeit geschwornen Eiden,
Wahrheit gegen Freund und Feind,
Männerstolz vor Königsthronen —
Brüder, gält' es Gut und Blut:
Dem Verdienste seine Kronen,
Untergang der Lügenbrut!
 Schließt den heil'gen Zirkel dichter,
 Schwört bei diesem goldnen Wein,
 Dem Gelübde treu zu sein,
 Schwört es bei dem Sternenrichter!

Rettung von Tyrannenketten,
Großmut auch dem Bösewicht,
Hoffnung auf den Sterbebetten,
Gnade auf dem Hochgericht!
Auch die Toten sollen leben!
Brüder, trinkt und stimmet ein,
Allen Sündern soll vergeben
Und die Hölle nicht mehr sein.

Eine heitre Abschiedsstunde!
Süßen Schlaf im Leichentuch!
Brüder — einen sanften Spruch
Aus des Totenrichters Munde!

135 *Die Ideale*

So willst du treulos von mir scheiden
Mit deinen holden Phantasien,
Mit deinen Schmerzen, deinen Freuden,
Mit allen unerbittlich fliehn?
Kann nichts dich, Fliehende, verweilen,
O meines Lebens goldne Zeit?
Vergebens, deine Wellen eilen
Hinab ins Meer der Ewigkeit.

Erloschen sind die heitern Sonnen,
Die meiner Jugend Pfad erhellt,
Die Ideale sind zerronnen,
Die einst das trunkne Herz geschwellt.
Er ist dahin, der süße Glaube
An Wesen, die mein Traum gebar,
Der rauhen Wirklichkeit zum Raube,
Was einst so schön, so göttlich war.

Wie einst mit flehendem Verlangen
Pygmalion den Stein umschloß,
Bis in des Marmors kalte Wangen
Empfindung glühend sich ergoß,
So schlang ich mich mit Liebesarmen
Um die Natur, mit Jugendlust,
Bis sie zu atmen, zu erwarmen
Begann an meiner Dichterbrust,

Und teilend meine Flammentriebe
Die Stumme eine Sprache fand,
Mir wiedergab den Kuß der Liebe
Und meines Herzens Klang verstand;
Da lebte mir der Baum, die Rose,
Mir sang der Quellen Silberfall,
Es fühlte selbst das Seelenlose
Von meines Lebens Widerhall.

Es dehnte mit allmächt'gem Streben
Die enge Brust ein kreißend All,
Herauszutreten in das Leben,
In Tat und Wort, in Bild und Schall.
Wie groß war diese Welt gestaltet,
So lang die Knospe sie noch barg;
Wie wenig, ach! hat sich entfaltet,
Dies Wenige, wie klein und karg!

Wie sprang, von kühnem Mut beflügelt,
Beglückt in seines Traumes Wahn,
Von keiner Sorge noch gezügelt,
Der Jüngling in des Lebens Bahn.
Bis an des Äthers bleichste Sterne
Erhob ihn der Entwürfe Flug;
Nichts war so hoch und nichts so ferne,
Wohin ihr Flügel ihn nicht trug.

Wie leicht ward er dahin getragen,
Was war dem Glücklichen zu schwer!
Wie tanzte vor des Lebens Wagen
Die luftige Begleitung her!

Die Liebe mit dem süßen Lohne,
Das Glück mit seinem goldnen Kranz,
Der Ruhm mit seiner Sternenkrone,
Die Wahrheit in der Sonne Glanz!

Doch ach! schon auf des Weges Mitte
Verloren die Begleiter sich,
Sie wandten treulos ihre Schritte,
Und einer nach dem andern wich.
Leichtfüßig war das Glück entflogen,
Des Wissens Durst blieb ungestillt;
Des Zweifels finstre Wetter zogen
Sich um der Wahrheit Sonnenbild.

Ich sah des Ruhmes heil'ge Kränze
Auf der gemeinen Stirn entweiht.
Ach, allzuschnell, nach kurzem Lenze
Entfloh die schöne Liebeszeit!
Und immer stiller ward's und immer
Verlaßner auf dem rauhen Steg;
Kaum warf noch einen bleichen Schimmer
Die Hoffnung auf den finstern Weg.

Von all dem rauschenden Geleite,
Wer harrte liebend bei mir aus?
Wer steht mir tröstend noch zur Seite
Und folgt mir bis zum finstern Haus?
Du, die du alle Wunden heilest,
Der Freundschaft leise, zarte Hand,
Des Lebens Bürden liebend teilest,
Du, die ich frühe sucht' und fand.

Und du, die gern sich mit ihr gattet,
Wie sie der Seele Sturm beschwört,
Beschäftigung, die nie ermattet,
Die langsam schafft, doch nie zerstört,
Die zu dem Bau der Ewigkeiten
Zwar Sandkorn nur für Sandkorn reicht,
Doch von der großen Schuld der Zeiten
Minuten, Tage, Jahre streicht.

136 *Der Abend*

Nach einem Gemälde

SENKE, strahlender Gott — die Fluren dürsten
Nach erquickendem Tau, der Mensch verschmachtet,
 Matter ziehen die Rosse —
 Senke den Wagen hinab!

Siehe, wer aus des Meers kristallner Woge
Lieblich lächelnd dir winkt! Erkennt dein Herz sie?
 Rascher fliegen die Rosse,
 Tethys, die göttliche, winkt.

Schnell vom Wagen herab in ihre Arme
Springt der Führer, den Zaum ergreift Cupido,
 Stille halten die Rosse,
 Trinken die kühlende Flut.

An dem Himmel herauf mit leisen Schritten
Kommt die duftende Nacht; ihr folgt die süße
 Liebe. Ruhet und liebet!
 Phöbus, der liebende, ruht.

137 *Spinoza*

HIER liegt ein Eichbaum umgerissen,
Sein Wipfel tat die Wolken küssen,
Er liegt am Grund — warum?
Die Bauern hatten, hör' ich reden,
Sein schönes Holz zum Bau'n vonnöten
Und rissen ihn deswegen um.

138 *Der Spaziergang*

SEI mir gegrüßt, mein Berg mit dem rötlich strahlenden
Gipfel!
Sei mir, Sonne, gegrüßt, die ihn so lieblich bescheint!
Dich auch grüß' ich, belebte Flur, euch, säuselnde Linden,
Und den fröhlichen Chor, der auf den Ästen sich wiegt,
Ruhige Bläue, dich auch, die unermeßlich sich ausgießt
Um das braune Gebirg, über den grünenden Wald,
Auch um mich, der, endlich entflohn des Zimmers
Gefängnis
Und dem engen Gespräch, freudig sich rettet zu dir.
Deiner Lüfte balsamischer Strom durchrinnt mich
erquickend,
Und den durstigen Blick labt das energische Licht.
Kräftig auf blühender Au erglänzen die wechselnden
Farben,
Aber der reizende Streit löset in Anmut sich auf.
Frei empfängt mich die Wiese mit weithin verbreitetem
Teppich,
Durch ihr freundliches Grün schlingt sich der ländliche
Pfad,

Um mich summt die geschäftige Bien', mit zweifelndem
 Flügel
Wiegt der Schmetterling sich über dem rötlichten Klee,
Glühend trifft mich der Sonne Pfeil, still liegen die Weste,
Nur der Lerche Gesang wirbelt in heiterer Luft.
Doch jetzt braust's aus dem nahen Gebüsch, tief neigen
 der Erlen
Kronen sich, und im Wind wogt das versilberte Gras.
Mich umfängt ambrosische Nacht; in duftende Kühlung
Nimmt ein prächtiges Dach schattender Buchen mich ein,
In des Waldes Geheimnis entflieht mir auf einmal die
 Landschaft,
Und ein schlängelnder Pfad leitet mich steigend empor.
Nur verstohlen durchdringt der Zweige laubigtes Gitter
Sparsames Licht, und es blickt lachend das Blaue herein.
Aber plötzlich zerreißt der Flor. Der geöffnete Wald gibt
Überraschend des Tags blendendem Glanz mich zurück.
Unabsehbar ergießt sich vor meinen Blicken die Ferne,
Und ein blaues Gebirg endigt im Dufte die Welt.
Tief an des Berges Fuß, der gählings unter mir abstürzt,
Wallet des grünlichten Stroms fließender Spiegel vorbei.
Endlos unter mir seh' ich den Äther, über mir endlos,
Blicke mit Schwindeln hinauf, blicke mit Schaudern
 hinab;
Aber zwischen der ewigen Höh' und der ewigen Tiefe
Trägt ein geländerter Steig sicher den Wandrer dahin.
Lachend fliehen an mir die reichen Ufer vorüber,
Und den fröhlichen Fleiß rühmet das prangende Tal.
Jene Linien, sieh, die des Landmanns Eigentum scheiden,
In den Teppich der Flur hat sie Demeter gewirkt.
Freundliche Schrift des Gesetzes, des menschenerhalten-
 den Gottes,

Seit aus der ehernen Welt fliehend die Liebe verschwand!
Aber in freieren Schlangen durchkreuzt die geregelten
 Felder,
Jetzt verschlungen vom Wald, jetzt an den Bergen hinauf
Klimmend, ein schimmernder Streif, die länderverknüp-
 fende Straße,
Auf dem ebenen Strom gleiten die Flöße dahin.
Vielfach ertönt der Herden Geläut' im belebten Gefilde,
Und den Widerhall weckt einsam des Hirten Gesang,
Muntre Dörfer bekränzen den Strom, in Gebüschen
 verschwinden
Andre, vom Rücken des Bergs stürzen sie gäh dort herab.
Nachbarlich wohnet der Mensch noch mit dem Acker
 zusammen,
Seine Felder umruhn friedlich sein ländliches Dach,
Traulich rankt sich die Reb' empor an dem niedrigen
 Fenster,
Einen umarmenden Zweig schlingt um die Hütte der
 Baum.
Glückliches Volk der Gefilde! Noch nicht zur Freiheit
 erwachet,
Teilst du mit deiner Flur fröhlich das enge Gesetz.
Deine Wünsche beschränkt der Ernten ruhiger Kreislauf,
Wie dein Tagewerk, gleich, windet dein Leben sich ab!
Aber wer raubt mir auf einmal den lieblichen Anblick?
 Ein fremder
Geist verbreitet sich schnell über die fremdere Flur.
Spröde sondert sich ab, was kaum noch liebend sich
 mischte,
Und das Gleiche nur ist's, was an das Gleiche sich reiht.
Stände seh' ich gebildet, der Pappeln stolze Geschlechter
Ziehn in geordnetem Pomp vornehm und prächtig daher.

Regel wird alles, und alles wird Wahl und alles Bedeu-
 tung,
Dieses Dienergefolg' meldet den Herrscher mir an.
Prangend verkündigen ihn von fern die beleuchteten
 Kuppeln,
Aus dem felsigten Kern hebt sich die türmende Stadt.
In die Wildnis hinaus sind des Waldes Faunen verstoßen,
Aber die Andacht leiht höheres Leben dem Stein.
Näher gerückt ist der Mensch an den Menschen. Enger
 wird um ihn,
Reger erwacht, es umwälzt rascher sich in ihm die Welt.
Sieh, da entbrennen in feurigem Kampf die eifernden
 Kräfte,
Großes wirket ihr Streit, Größeres wirket ihr Bund.
Tausend Hände belebt *ein* Geist, hoch schläget in tausend
Brüsten, von *einem* Gefühl glühend, ein einziges Herz,
Schlägt für das Vaterland und glüht für der Ahnen
 Gesetze,
Hier auf dem teuren Grund ruht ihr verehrtes Gebein.
Nieder steigen vom Himmel die seligen Götter und
 nehmen
In dem geweihten Bezirk festliche Wohnungen ein.
Herrliche Gaben bescherend erscheinen sie; Ceres vor allen
Bringet des Pfluges Geschenk, Hermes den Anker herbei,
Bacchus die Traube, Minerva des Ölbaums grünende
 Reiser,
Auch das krieg'rische Roß führet Poseidon heran,
Mutter Cybele spannt an des Wagens Deichsel die
 Löwen,
In das gastliche Tor zieht sie als Bürgerin ein.
Heilige Steine! Aus euch ergossen sich Pflanzer der
 Menschheit,

Fernen Inseln des Meers sandtet ihr Sitten und Kunst,
Weise sprachen das Recht an diesen geselligen Toren,
Helden stürzten zum Kampf für die Penaten heraus.
Auf den Mauern erschienen, den Säugling im Arme, die
 Mütter,
Blickten dem Heerzug nach, bis ihn die Ferne verschlang.
Betend stürzten sie dann vor der Götter Altären sich
 nieder,
Flehten um Ruhm und Sieg, flehten um Rückkehr für
 euch.
Ehre ward euch und Sieg, doch der Ruhm nur kehrte
 zurücke,
Eurer Taten Verdienst meldet der rührende Stein:
„Wanderer, kommst du nach Sparta, verkündige dorten,
 du habest
Uns hier liegen gesehn, wie das Gesetz es befahl."
Ruhet sanft, ihr Geliebten! Von eurem Blute begossen
Grünet der Ölbaum, es keimt lustig die köstliche Saat.
Munter entbrennt, des Eigentums froh, das freie Gewerbe,
Aus dem Schilfe des Stroms winket der bläulichte Gott.
Zischend fliegt in den Baum die Axt, es erseufzt die
 Dryade,
Hoch von des Berges Haupt stürzt sich die donnernde
 Last.
Aus dem Felsbruch wiegt sich der Stein, vom Hebel
 beflügelt;
In der Gebirge Schlucht taucht sich der Bergmann hinab.
Mulcibers Amboß tönt von dem Takt geschwungener
 Hämmer,
Unter der nervigten Faust spritzen die Funken des Stahls.
Glänzend umwindet der goldne Lein die tanzende Spindel,
Durch die Saiten des Garns sauset das webende Schiff.

Fern auf der Reede ruft der Pilot, es warten die Flotten,
Die in der Fremdlinge Land tragen den heimischen Fleiß;
Andre ziehn frohlockend dort ein, mit den Gaben der
 Ferne,
Hoch von dem ragenden Mast wehet der festliche Kranz.
Siehe, da wimmeln die Märkte, der Kran von fröhlichem
 Leben,
Seltsamer Sprachen Gewirr braust in das wundernde Ohr.
Auf den Stapel schüttet die Ernten der Erde der Kaufmann,
Was dem glühenden Strahl Afrikas Boden gebiert,
Was Arabien kocht, was die äußerste Thule bereitet,
Hoch mit erfreuendem Gut füllt Amalthea das Horn.
Da gebieret das Glück dem Talente die göttlichen Kinder,
Von der Freiheit gesäugt, wachsen die Künste der Lust.
Mit nachahmendem Leben erfreuet der Bildner die Augen,
Und vom Meißel beseelt, redet der fühlende Stein.
Künstliche Himmel ruhn auf schlanken jonischen Säulen,
Und den ganzen Olymp schließet ein Pantheon ein.
Leicht wie der Iris Sprung durch die Luft, wie der Pfeil
 von der Sehne,
Hüpfet der Brücke Joch über den brausenden Strom.
Aber im stillen Gemach entwirft bedeutende Zirkel
Sinnend der Weise, beschleicht forschend den schaffenden
 Geist,
Prüft der Stoffe Gewalt, der Magnete Hassen und Lieben,
Folgt durch die Lüfte dem Klang, folgt durch den Äther
 dem Strahl,
Sucht das vertraute Gesetz in des Zufalls grausenden
 Wundern,
Sucht den ruhenden Pol in der Erscheinungen Flucht.
Körper und Stimme leiht die Schrift dem stummen
 Gedanken,

Durch der Jahrhunderte Strom trägt ihn das redende Blatt.
Da zerrinnt vor dem wundernden Blick der Nebel des
 Wahnes,
Und die Gebilde der Nacht weichen dem tagenden Licht.
Seine Fesseln zerbricht der Mensch. Der Beglückte!
 Zerriss' er
Mit den Fesseln der Furcht nur nicht den Zügel der
 Scham!
Freiheit ruft die Vernunft, Freiheit die wilde Begierde,
Von der heil'gen Natur ringen sie lüstern sich los.
Ach, da reißen im Sturm die Anker, die an dem Ufer
Warnend ihn hielten, ihn faßt mächtig der flutende Strom,
Ins Unendliche reißt er ihn hin, die Küste verschwindet,
Hoch auf der Fluten Gebirg wiegt sich entmastet der
 Kahn;
Hinter Wolken erlöschen des Wagens beharrliche Sterne,
Bleibend ist nichts mehr, es irrt selbst in dem Busen der
 Gott.
Aus dem Gespräche verschwindet die Wahrheit, Glauben
 und Treue
Aus dem Leben, es lügt selbst auf der Lippe der Schwur.
In der Herzen vertraulichstem Bund, in der Liebe
 Geheimnis
Drängt sich der Sykophant, reißt von dem Freunde den
 Freund,
Auf die Unschuld schielt der Verrat mit verschlingendem
 Blicke,
Mit vergiftendem Biß tötet des Lästerers Zahn.
Feil ist in der geschändeten Brust der Gedanke, die Liebe
Wirft des freien Gefühls göttlichen Adel hinweg.
Deiner heiligen Zeichen, o Wahrheit, hat der Betrug sich
Angemaßt, der Natur köstlichste Stimmen entweiht,

Die das bedürftige Herz in der Freude Drang sich
 erfindet;
Kaum gibt wahres Gefühl noch durch Verstummen sich
 kund.
Auf der Tribüne prahlet das Recht, in der Hütte die
 Eintracht,
Des Gesetzes Gespenst steht an der Könige Thron.
Jahrelang mag, jahrhundertelang die Mumie dauern,
Mag das trügende Bild lebender Fülle bestehn,
Bis die Natur erwacht und mit schweren ehernen Händen
An das hohle Gebäu rühret die Not und die Zeit,
Einer Tigerin gleich, die das eiserne Gitter durchbrochen
Und des numidischen Walds plötzlich und schrecklich
 gedenkt,
Aufsteht mit des Verbrechens Wut und des Elends die
 Menschheit
Und in der Asche der Stadt sucht die verlorne Natur.
O, so öffnet euch, Mauern, und gebt den Gefangenen
 ledig!
Zu der verlassenen Flur kehr’ er gerettet zurück!
Aber wo bin ich? Es birgt sich der Pfad. Abschüssige
 Gründe
Hemmen mit gähnender Kluft hinter mir, vor mir den
 Schritt.
Hinter mir blieb der Gärten, der Hecken vertraute
 Begleitung,
Hinter mir jegliche Spur menschlicher Hände zurück.
Nur die Stoffe seh’ ich getürmt, aus welchen das Leben
Keimet, der rohe Basalt hofft auf die bildende Hand.
Brausend stürzt der Gießbach herab durch die Rinne des
 Felsens,
Unter den Wurzeln des Baums bricht er entrüstet sich Bahn.

Wild ist es hier und schauerlich öd'. Im einsamen
 Luftraum
Hängt nur der Adler und knüpft an das Gewölke die Welt.
Hoch herauf bis zu mir trägt keines Windes Gefieder
Den verlorenen Schall menschlicher Mühen und Lust.
Bin ich wirklich allein? In deinen Armen, an deinem
Herzen wieder, Natur, ach, und es war nur ein Traum,
Der mich schaudernd ergriff mit des Lebens furchtbarem
 Bilde;
Mit dem stürzenden Tal stürzte der finstre hinab.
Reiner nehm' ich mein Leben von deinem reinen Altare,
Nehme den fröhlichen Mut hoffender Jugend zurück!
Ewig wechselt der Wille den Zweck und die Regel, in
 ewig
Wiederholter Gestalt wälzen die Taten sich um.
Aber jugendlich immer, in immer veränderter Schöne
Ehrst du, fromme Natur, züchtig das alte Gesetz.
Immer dieselbe, bewahrst du in treuen Händen dem
 Manne,
Was dir das gaukelnde Kind, was dir der Jüngling vertraut,
Nährest an gleicher Brust die vielfach wechselnden Alter:
Unter demselben Blau, über dem nämlichen Grün
Wandeln die nahen und wandeln vereint die fernen
 Geschlechter,
Und die Sonne Homers, siehe, sie lächelt auch uns.

139 *Das Mädchen aus der Fremde*

In einem Tal bei armen Hirten
Erschien mit jedem jungen Jahr,
Sobald die ersten Lerchen schwirrten,
Ein Mädchen schön und wunderbar.

Sie war nicht in dem Tal geboren,
Man wußte nicht, woher sie kam,
Und schnell war ihre Spur verloren,
Sobald das Mädchen Abschied nahm.

Beseligend war ihre Nähe,
Und alle Herzen wurden weit;
Doch eine Würde, eine Höhe
Entfernte die Vertraulichkeit.

Sie brachte Blumen mit und Früchte,
Gereift auf einer andern Flur,
In einem andern Sonnenlichte,
In einer glücklichern Natur.

Und teilte jedem eine Gabe,
Dem Früchte, jenem Blumen aus;
Der Jüngling und der Greis am Stabe,
Ein jeder ging beschenkt nach Haus.

Willkommen waren alle Gäste;
Doch nahte sich ein liebend Paar,
Dem reichte sie der Gaben-beste.
Der Blumen allerschönste dar.

140 *Der Taucher*

„W ER wagt es, Rittersmann oder Knapp',
„ Zu tauchen in diesen Schlund?
Einen goldnen Becher werf' ich hinab,
Verschlungen schon hat ihn der schwarze Mund.
Wer mir den Becher kann wieder zeigen,
Er mag ihn behalten, er ist sein eigen."

Der König spricht es und wirft von der Höh'
Der Klippe, die schroff und steil
Hinaushängt in die unendliche See,
Den Becher in der Charybde Geheul.
„Wer ist der Beherzte, ich frage wieder,
Zu tauchen in diese Tiefe nieder?"

Und die Ritter, die Knappen um ihn her
Vernehmen's und schweigen still,
Sehen hinab in das wilde Meer,
Und keiner den Becher gewinnen will.
Und der König zum drittenmal wieder fraget:
„Ist keiner, der sich hinunter waget?"

Doch alles noch stumm bleibt wie zuvor.
Und ein Edelknecht, sanft und keck,
Tritt aus der Knappen zagendem Chor,
Und den Gürtel wirft er, den Mantel weg,
Und alle die Männer umher und Frauen
Auf den herrlichen Jüngling verwundert schauen.

Und wie er tritt an des Felsen Hang
Und blickt in den Schlund hinab,
Die Wasser, die sie hinunterschlang,
Die Charybde jetzt brüllend wiedergab,
Und wie mit des fernen Donners Getose
Entstürzen sie schäumend dem finstern Schoße.

Und es wallet und siedet und brauset und zischt,
Wie wenn Wasser mit Feuer sich mengt,
Bis zum Himmel spritzet der dampfende Gischt,
Und Flut auf Flut sich ohn' Ende drängt,
Und will sich nimmer erschöpfen und leeren,
Als wollte das Meer noch ein Meer gebären.

Doch endlich, da legt sich die wilde Gewalt,
Und schwarz aus dem weißen Schaum
Klafft hinunter ein gähnender Spalt,
Grundlos, als ging's in den Höllenraum,
Und reißend sieht man die brandenden Wogen
Hinab in den strudelnden Trichter gezogen.

Jetzt schnell, eh' die Brandung wiederkehrt,
Der Jüngling sich Gott befiehlt,
Und — ein Schrei des Entsetzens wird rings gehört,
Und schon hat ihn der Wirbel hinweggespült,
Und geheimnisvoll über dem kühnen Schwimmer
Schließt sich der Rachen; er zeigt sich nimmer.

Und stille wird's über dem Wasserschlund,
In der Tiefe nur brauset es hohl,
Und bebend hört man von Mund zu Mund:
„Hochherziger Jüngling, fahre wohl!"
Und hohler und hohler hört man's heulen,
Und es harrt noch mit bangem, mit schrecklichem
 Weilen.

Und wärfst du die Krone selber hinein
Und sprächst: wer mir bringet die Kron',
Er soll sie tragen und König sein —
Mich gelüstete nicht nach dem teuren Lohn.
Was die heulende Tiefe da unten verhehle,
Das erzählt keine lebende glückliche Seele.

Wohl manches Fahrzeug, vom Strudel gefaßt,
Schoß gäh in die Tiefe hinab,
Doch zerschmettert nur rangen sich Kiel und Mast
Hervor aus dem alles verschlingenden Grab. —

Und heller und heller, wie Sturmes Sausen,
Hört man's näher und immer näher brausen.

Und es wallet und siedet und brauset und zischt,
Wie wenn Wasser mit Feuer sich mengt,
Bis zum Himmel spritzet der dampfende Gischt,
Und Well' auf Well' sich ohn' Ende drängt,
Und wie mit des fernen Donners Getose
Entstürzt es brüllend dem finstern Schoße.

Und sieh! aus dem finster flutenden Schoß,
Da hebet sich's schwanenweiß,
Und ein Arm und ein glänzender Nacken wird bloß,
Und es rudert mit Kraft und mit emsigem Fleiß,
Und er ist's, und hoch in seiner Linken
Schwingt er den Becher mit freudigem Winken.

Und atmete lang und atmete tief
Und begrüßte das himmlische Licht.
Mit Frohlocken es einer dem andern rief:
„Er lebt! er ist da! es behielt ihn nicht!
Aus dem Grab, aus der strudelnden Wasserhöhle
Hat der Brave gerettet die lebende Seele."

Und er kommt, es umringt ihn die jubelnde Schar,
Zu des Königs Füßen er sinkt,
Den Becher reicht er ihm knieend dar,
Und der König der lieblichen Tochter winkt.
Die füllt ihn mit funkelndem Wein bis zum Rande,
Und der Jüngling sich also zum König wandte:

„Lang lebe der König! Es freue sich,
Wer da atmet im rosigten Licht!
Da unten aber ist's fürchterlich,
Und der Mensch versuche die Götter nicht
Und begehre nimmer und nimmer zu schauen,
Was sie gnädig bedecken mit Nacht und Grauen.

Es riß mich hinunter blitzesschnell,
Da stürzt' mir aus felsigtem Schacht
Wildflutend entgegen ein reißender Quell;
Mich packte des Doppelstroms wütende Macht,
Und wie einen Kreisel mit schwindelndem Drehen
Trieb mich's um, ich konnte nicht widerstehen.

Da zeigte mir Gott, zu dem ich rief,
In der höchsten, schrecklichen Not,
Aus der Tiefe ragend, ein Felsenriff,
Das erfaßt' ich behend und entrann dem Tod.
Und da hing auch der Becher an spitzen Korallen,
Sonst wär' er ins Bodenlose gefallen.

Denn unter mir lag's noch bergetief
In purpurner Finsternis da,
Und ob's hier dem Ohre gleich ewig schlief,
Das Auge mit Schaudern hinuntersah,
Wie's von Salamandern und Molchen und Drachen
Sich regt' in dem furchtbaren Höllenrachen.

Schwarz wimmelten da, in grausem Gemisch,
Zu scheußlichen Klumpen geballt,
Der stachlichte Roche, der Klippenfisch,
Des Hammers greuliche Ungestalt,
Und dräuend wies mir die grimmigen Zähne
Der entsetzliche Hai, des Meeres Hyäne.

Und da hing ich und war's mir mit Grausen bewußt,
Von der menschlichen Hilfe so weit,
Unter Larven die einzige fühlende Brust,
Allein in der gräßlichen Einsamkeit,
Tief unter dem Schall der menschlichen Rede
Bei den Ungeheuern der traurigen Öde.

Und schaudernd dacht' ich's, da kroch's heran,
Regte hundert Gelenke zugleich,
Will schnappen nach mir — in des Schreckens Wahn
Lass' ich los der Koralle umklammerten Zweig;
Gleich faßt mich der Strudel mit rasendem Toben,
Doch es war mir zum Heil, er riß mich nach oben."

Der König darob sich verwundert schier
Und spricht: „Der Becher ist dein,
Und diesen Ring noch bestimm' ich dir,
Geschmückt mit dem köstlichsten Edelgestein,
Versuchst du's noch einmal und bringst mir Kunde,
Was du sahst auf des Meers tiefunterstem Grunde."

Das hörte die Tochter mit weichem Gefühl,
Und mit schmeichelndem Munde sie fleht:
„Laßt, Vater, genug sein das grausame Spiel!
Er hat Euch bestanden, was keiner besteht,
Und könnt Ihr des Herzens Gelüste nicht zähmen,
So mögen die Ritter den Knappen beschämen."

Drauf der König greift nach dem Becher schnell,
In den Strudel ihn schleudert hinein:
„Und schaffst du den Becher mir wieder zur Stell',
So sollst du der trefflichste Ritter mir sein
Und sollst sie als Ehgemahl heut' noch umarmen,
Die jetzt für dich bittet mit zartem Erbarmen."

Da ergreift's ihm die Seele mit Himmelsgewalt,
Und es blitzt aus den Augen ihm kühn,
Und er siehet erröten die schöne Gestalt
Und sieht sie erbleichen und sinken hin —
Da treibt's ihn, den köstlichen Preis zu erwerben,
Und stürzt hinunter auf Leben und Sterben.

Wohl hört man die Brandung, wohl kehrt sie zurück,
Sie verkündigt der donnernde Schall;
Da bückt sich's hinunter mit liebendem Blick:
Es kommen, es kommen die Wasser all,
Sie rauschen herauf, sie rauschen nieder,
Den Jüngling bringt keines wieder.

141 *Der Handschuh*

V OR seinem Löwengarten,
 Das Kampfspiel zu erwarten,
Saß König Franz,
Und um ihn die Großen der Krone,
Und rings auf hohem Balkone
Die Damen in schönem Kranz.

Und wie er winkt mit dem Finger,
Auf tut sich der weite Zwinger,
Und hinein mit bedächtigem Schritt
Ein Löwe tritt
Und sieht sich stumm
Rings um
Mit langem Gähnen
Und schüttelt die Mähnen
Und streckt die Glieder
Und legt sich nieder.

Und der König winkt wieder.
Da öffnet sich behend
Ein zweites Tor,
Daraus rennt
Mit wildem Sprunge
Ein Tiger hervor.
Wie der den Löwen erschaut,
Brüllt er laut,
Schlägt mit dem Schweif
Einen furchtbaren Reif
Und recket die Zunge,
Und im Kreise scheu
Umgeht er den Leu
Grimmig schnurrend,
Drauf streckt er sich murrend
Zur Seite nieder.

Und der König winkt wieder.
Da speit das doppelt geöffnete Haus
Zwei Leoparden auf einmal aus.
Die stürzen mit mutiger Kampfbegier
Auf das Tigertier;
Das packt sie mit seinen grimmigen Tatzen,
Und der Leu mit Gebrüll
Richtet sich auf — da wird's still;
Und herum im Kreis,
Von Mordsucht heiß,
Lagern die greulichen Katzen.

Da fällt von des Altans Rand
Ein Handschuh von schöner Hand
Zwischen den Tiger und den Leun
Mitten hinein.

Und zu Ritter Delorges spottender Weis'
Wendet sich Fräulein Kunigund:
„Herr Ritter, ist Eure Lieb' so heiß,
Wie Ihr mir's schwört zu jeder Stund',
Ei, so hebt mir den Handschuh auf!"

Und der Ritter in schnellem Lauf
Steigt hinab in den furchtbarn Zwinger
Mit festem Schritte,
Und aus der Ungeheuer Mitte
Nimmt er den Handschuh mit keckem Finger.

Und mit Erstaunen und mit Grauen
Sehen's die Ritter und Edelfrauen,
Und gelassen bringt er den Handschuh zurück.
Da schallt ihm sein Lob aus jedem Munde,
Aber mit zärtlichem Liebesblick —
Er verheißt ihm sein nahes Glück —
Empfängt ihn Fräulein Kunigunde.
Und er wirft ihr den Handschuh ins Gesicht:
„Den Dank, Dame, begehr' ich nicht!"
Und verläßt sie zur selben Stunde.

142 *Das Lied von der Glocke*

Vivos voco. Mortuos plango. Fulgura frango.

F EST gemauert in der Erden
Steht die Form, aus Lehm gebrannt.
Heute muß die Glocke werden!
Frisch, Gesellen, seid zur Hand!

Von der Stirne heiß
Rinnen muß der Schweiß,
Soll das Werk den Meister loben;
Doch der Segen kommt von oben.

Zum Werke, das wir ernst bereiten,
Geziemt sich wohl ein ernstes Wort;
Wenn gute Reden sie begleiten,
Dann fließt die Arbeit munter fort.
So laßt uns jetzt mit Fleiß betrachten,
Was durch die schwache Kraft entspringt;
Den schlechten Mann muß man verachten,
Der nie bedacht, was er vollbringt.
Das ist's ja, was den Menschen zieret,
Und dazu ward ihm der Verstand,
Daß er im innern Herzen spüret,
Was er erschafft mit seiner Hand.

Nehmet Holz vom Fichtenstamme,
Doch recht trocken laßt es sein,
Daß die eingepreßte Flamme
Schlage zu dem Schwalch hinein!
Kocht des Kupfers Brei,
Schnell das Zinn herbei,
Daß die zähe Glockenspeise
Fließe nach der rechten Weise!

Was in des Dammes tiefer Grube
Die Hand mit Feuers Hilfe baut,
Hoch auf des Turmes Glockenstube,
Da wird es von uns zeugen laut.

Noch dauern wird's in späten Tagen
Und rühren vieler Menschen Ohr
Und wird mit dem Betrübten klagen
Und stimmen zu der Andacht Chor.
Was unten tief dem Erdensohne
Das wechselnde Verhängnis bringt,
Das schlägt an die metallne Krone,
Die es erbaulich weiter klingt.

 Weiße Blasen seh' ich springen;
 Wohl! die Massen sind im Fluß.
 Laßt's mit Aschensalz durchdringen,
 Das befördert schnell den Guß.
 Auch von Schaume rein
 Muß die Mischung sein,
 Daß vom reinlichen Metalle
 Rein und voll die Stimme schalle.

Denn mit der Freude Feierklange
Begrüßt sie das geliebte Kind
Auf seines Lebens erstem Gange,
Den es in Schlafes Arm beginnt.
Ihm ruhen noch im Zeitenschoße
Die schwarzen und die heitern Lose;
Der Mutterliebe zarte Sorgen
Bewachen seinen goldnen Morgen. —
Die Jahre fliehen pfeilgeschwind.
Vom Mädchen reißt sich stolz der Knabe,
Er stürmt ins Leben wild hinaus,
Durchmißt die Welt am Wanderstabe,
Fremd kehrt er heim ins Vaterhaus,

Und herrlich, in der Jugend Prangen,
Wie ein Gebild aus Himmelshöhn,
Mit züchtigen, verschämten Wangen
Sieht er die Jungfrau vor sich stehn.
Da faßt ein namenloses Sehnen
Des Jünglings Herz, er irrt allein,
Aus seinen Augen brechen Tränen,
Er flieht der Brüder wilden Reihn.
Errötend folgt er ihren Spuren
Und ist von ihrem Gruß beglückt,
Das Schönste sucht er auf den Fluren,
Womit er seine Liebe schmückt.
O zarte Sehnsucht, süßes Hoffen,
Der ersten Liebe goldne Zeit!
Das Auge sieht den Himmel offen,
Es schwelgt das Herz in Seligkeit;
O, daß sie ewig grünen bliebe,
Die schöne Zeit der jungen Liebe!

 Wie sich schon die Pfeifen bräunen!
 Dieses Stäbchen tauch' ich ein,
 Sehn wir's überglast erscheinen,
 Wird's zum Gusse zeitig sein.
 Jetzt, Gesellen, frisch!
 Prüft mir das Gemisch,
 Ob das Spröde mit dem Weichen
 Sich vereint zum guten Zeichen.

Denn wo das Strenge mit dem Zarten,
Wo Starkes sich und Mildes paarten,

Da gibt es einen guten Klang.
Drum prüfe, wer sich ewig bindet,
Ob sich das Herz zum Herzen findet!
Der Wahn ist kurz, die Reu' ist lang. —
Lieblich in der Bräute Locken
Spielt der jungfräuliche Kranz,
Wenn die hellen Kirchenglocken
Laden zu des Festes Glanz.
Ach, des Lebens schönste Feier
Endigt auch den Lebensmai,
Mit dem Gürtel, mit dem Schleier
Reißt der schöne Wahn entzwei.
Die Leidenschaft flieht,
Die Liebe muß bleiben;
Die Blume verblüht,
Die Frucht muß treiben.
Der Mann muß hinaus
Ins feindliche Leben,
Muß wirken und streben
Und pflanzen und schaffen,
Erlisten, erraffen,
Muß wetten und wagen,
Das Glück zu erjagen.
Da strömet herbei die unendliche Gabe,
Es füllt sich der Speicher mit köstlicher Habe,
Die Räume wachsen, es dehnt sich das Haus
Und drinnen waltet
Die züchtige Hausfrau,
Die Mutter der Kinder,
Und herrschet weise
Im häuslichen Kreise,

Und lehret die Mädchen
Und wehret den Knaben,
Und reget ohn' Ende
Die fleißigen Hände,
Und mehrt den Gewinn
Mit ordnendem Sinn,
Und füllet mit Schätzen die duftenden Laden,
Und dreht um die schnurrende Spindel den Faden,
Und sammelt im reinlich geglätteten Schrein
Die schimmernde Wolle, den schneeigten Lein,
Und füget zum Guten den Glanz und den Schimmer,
Und ruhet nimmer.

Und der Vater mit frohem Blick
Von des Hauses weitschauendem Giebel
Überzählet sein blühend Glück,
Siehet der Pfosten ragende Bäume
Und der Scheunen gefüllte Räume
Und die Speicher, vom Segen gebogen,
Und des Kornes bewegte Wogen,
Rühmt sich mit stolzem Mund:
Fest, wie der Erde Grund,
Gegen des Unglücks Macht
Steht mir des Hauses Pracht! —
Doch mit des Geschickes Mächten
Ist kein ew'ger Bund zu flechten,
Und das Unglück schreitet schnell.

Wohl! nun kann der Guß beginnen,
Schön gezacket ist der Bruch.
Doch bevor wir's lassen rinnen,
Betet einen frommen Spruch!

Stoßt den Zapfen aus!
Gott bewahr' das Haus!
Rauchend in des Henkels Bogen
Schießt's mit feuerbraunen Wogen.

Wohltätig ist des Feuers Macht,
Wenn sie der Mensch bezähmt, bewacht;
Und was er bildet, was er schafft,
Das dankt er dieser Himmelskraft.
Doch furchtbar wird die Himmelskraft,
Wenn sie der Fessel sich entrafft,
Einhertritt auf der eignen Spur,
Die freie Tochter der Natur.
Wehe, wenn sie losgelassen,
Wachsend ohne Widerstand,
Durch die volkbelebten Gassen
Wälzt den ungeheuren Brand!
Denn die Elemente hassen
Das Gebild der Menschenhand.
Aus der Wolke
Quillt der Segen,
Strömt der Regen;
Aus der Wolke, ohne Wahl,
Zuckt der Strahl.
Hört ihr's wimmern hoch vom Turm?
Das ist Sturm!
Rot wie Blut
Ist der Himmel,
Das ist nicht des Tages Glut!
Welch Getümmel
Straßen auf!
Dampf wallt auf!

Flackernd steigt die Feuersäule,
Durch der Straße lange Zeile
Wächst es fort mit Windeseile;
Kochend wie aus Ofens Rachen
Glühn die Lüfte, Balken krachen,
Pfosten stürzen, Fenster klirren,
Kinder jammern, Mütter irren,
Tiere wimmern
Unter Trümmern;
Alles rennet, rettet, flüchtet,
Taghell ist die Nacht gelichtet.
Durch der Hände lange Kette
Um die Wette
Fliegt der Eimer, hoch im Bogen
Spritzen Quellen Wasserwogen.
Heulend kommt der Sturm geflogen,
Der die Flamme brausend sucht.
Prasselnd in die dürre Frucht
Fällt sie, in des Speichers Räume,
In der Sparren dürre Bäume;
Und als wollte sie im Wehen
Mit sich fort der Erde Wucht
Reißen in gewalt'ger Flucht,
Wächst sie in des Himmels Höhen
Riesengroß!
Hoffnungslos
Weicht der Mensch der Götterstärke,
Müßig sieht er seine Werke
Und bewundernd untergehn.

Leergebrannt
Ist die Stätte,
Wilder Stürme rauhes Bette.
In den öden Fensterhöhlen
Wohnt das Grauen,
Und des Himmels Wolken schauen
Hoch hinein.

Einen Blick
Nach dem Grabe
Seiner Habe
Sendet noch der Mensch zurück —
Greift fröhlich dann zum Wanderstabe.
Was Feuers Wut ihm auch geraubt,
Ein süßer Trost ist ihm geblieben:
Er zählt die Häupter seiner Lieben,
Und sieh, ihm fehlt kein teures Haupt.

In die Erd' ist's aufgenommen,
Glücklich ist die Form gefüllt;
Wird's auch schön zu Tage kommen,
Daß es Fleiß und Kunst vergilt?
Wenn der Guß mißlang?
Wenn die Form zersprang?
Ach, vielleicht, indem wir hoffen,
Hat uns Unheil schon getroffen.

Dem dunklen Schoß der heil'gen Erde
Vertrauen wir der Hände Tat,
Vertraut der Sämann seine Saat
Und hofft, daß sie entkeimen werde
Zum Segen nach des Himmels Rat.

Noch köstlicheren Samen bergen
Wir trauernd in der Erde Schoß
Und hoffen, daß er aus den Särgen
Erblühen soll zu schönerm Los.

Von dem Dome,
Schwer und bang,
Tönt die Glocke
Grabgesang.
Ernst begleiten ihre Trauerschläge
Einen Wandrer auf dem letzten Wege.

Ach, die Gattin ist's, die teure,
Ach, es ist die treue Mutter,
Die der schwarze Fürst der Schatten
Wegführt aus dem Arm des Gatten,
Aus der zarten Kinder Schar,
Die sie blühend ihm gebar,
Die sie an der treuen Brust
Wachsen sah mit Mutterlust —
Ach, des Hauses zarte Bande
Sind gelöst auf immerdar;
Denn sie wohnt im Schattenlande,
Die des Hauses Mutter war;
Denn es fehlt ihr treues Walten,
Ihre Sorge wacht nicht mehr;
An verwaister Stätte schalten
Wird die Fremde, liebeleer.

Bis die Glocke sich verkühlet,
Laßt die strenge Arbeit ruhn;
Wie im Laub der Vogel spielet,
Mag sich jeder gütlich tun.

Winkt der Sterne Licht,
Ledig aller Pflicht
Hört der Bursch die Vesper schlagen,
Meister muß sich immer plagen.

Munter fördert seine Schritte
Fern im wilden Forst der Wandrer
Nach der lieben Heimathütte.
Blökend ziehen heim die Schafe,
Und der Rinder
Breitgestirnte, glatte Scharen
Kommen brüllend,
Die gewohnten Ställe füllend.
Schwer herein
Schwankt der Wagen,
Kornbeladen;
Bunt von Farben
Auf den Garben
Liegt der Kranz,
Und das junge Volk der Schnitter
Fliegt zum Tanz.
Markt und Straße werden stiller;
Um des Lichts gesell'ge Flamme
Sammeln sich die Hausbewohner,
Und das Stadttor schließt sich knarrend.
Schwarz bedecket
Sich die Erde;
Doch den sichern Bürger schrecket
Nicht die Nacht,
Die den Bösen gräßlich wecket;
Denn das Auge des Gesetzes wacht.

Heil'ge Ordnung, segenreiche
Himmelstochter, die das Gleiche
Frei und leicht und freudig bindet,
Die der Städte Bau gegründet,
Die herein von den Gefilden
Rief den ungesell'gen Wilden,
Eintrat in der Menschen Hütten,
Sie gewöhnt zu sanften Sitten
Und das teuerste der Bande
Wob, den Trieb zum Vaterlande!

Tausend fleiß'ge Hände regen,
Helfen sich in munterm Bund,
Und in feurigem Bewegen
Werden alle Kräfte kund.
Meister rührt sich und Geselle
In der Freiheit heil'gem Schutz;
Jeder freut sich seiner Stelle,
Bietet dem Verächter Trutz.
Arbeit ist des Bürgers Zierde,
Segen ist der Mühe Preis;
Ehrt den König seine Würde,
Ehret uns der Hände Fleiß.

Holder Friede,
Süße Eintracht,
Weilet, weilet
Freundlich über dieser Stadt!
Möge nie der Tag erscheinen,
Wo des rauhen Krieges Horden
Dieses stille Tal durchtoben,
Wo der Himmel,

Den des Abends sanfte Röte
Lieblich malt,
Von der Dörfer, von der Städte
Wildem Brande schrecklich strahlt!

Nun zerbrecht mir das Gebäude,
Seine Absicht hat's erfüllt,
Daß sich Herz und Auge weide
An dem wohlgelungnen Bild.
Schwingt den Hammer, schwingt,
Bis der Mantel springt!
Wenn die Glock' soll auferstehen,
Muß die Form in Stücken gehen.

Der Meister kann die Form zerbrechen
Mit weiser Hand, zur rechten Zeit;
Doch wehe, wenn in Flammenbächen
Das glühnde Erz sich selbst befreit!
Blindwütend, mit des Donners Krachen,
Zersprengt es das geborstne Haus,
Und wie aus offnem Höllenrachen
Speit es Verderben zündend aus.
Wo rohe Kräfte sinnlos walten,
Da kann sich kein Gebild gestalten;
Wenn sich die Völker selbst befrein,
Da kann die Wohlfahrt nicht gedeihn.

Weh, wenn sich in dem Schoß der Städte
Der Feuerzunder still gehäuft,
Das Volk, zerreißend seine Kette,
Zur Eigenhilfe schrecklich greift!

Da zerret an der Glocke Strängen
Der Aufruhr, daß sie heulend schallt
Und, nur geweiht zu Friedensklängen,
Die Losung anstimmt zur Gewalt.

Freiheit und Gleichheit! hört man schallen;
Der ruh'ge Bürger greift zur Wehr,
Die Straßen füllen sich, die Hallen,
Und Würgerbanden ziehn umher.
Da werden Weiber zu Hyänen
Und treiben mit Entsetzen Scherz;
Noch zuckend, mit des Panthers Zähnen,
Zerreißen sie des Feindes Herz.
Nichts Heiliges ist mehr, es lösen
Sich alle Bande frommer Scheu;
Der Gute räumt den Platz dem Bösen,
Und alle Laster walten frei.
Gefährlich ist's, den Leu zu wecken,
Verderblich ist des Tigers Zahn;
Jedoch der schrecklichste der Schrecken,
Das ist der Mensch in seinem Wahn.
Weh denen, die dem Ewigblinden
Des Lichtes Himmelsfackel leihn!
Sie strahlt ihm nicht, sie kann nur zünden
Und äschert Städt' und Länder ein.

Freude hat mir Gott gegeben!
Sehet! wie ein goldner Stern
Aus der Hülse, blank und eben,
Schält sich der metallne Kern.

Von dem Helm zum Kranz
Spielt's wie Sonnenglanz,
Auch des Wappens nette Schilder
Loben den erfahrnen Bilder.

Herein! herein!
Gesellen alle, schließt den Reihen,
Daß wir die Glocke taufend weihen!
Concordia soll ihr Name sein.
Zur Eintracht, zu herzinnigem Vereine
Versammle sie die liebende Gemeine.

Und dies sei fortan ihr Beruf,
Wozu der Meister sie erschuf:
Hoch überm niedern Erdenleben
Soll sie im blauen Himmelszelt
Die Nachbarin des Donners schweben
Und grenzen an die Sternenwelt,
Soll eine Stimme sein von oben,
Wie der Gestirne helle Schar,
Die ihren Schöpfer wandelnd loben
Und führen das bekränzte Jahr.
Nur ewigen und ernsten Dingen
Sei ihr metallner Mund geweiht,
Und stündlich mit den schnellen Schwingen
Berühr' im Fluge sie die Zeit.
Dem Schicksal leihe sie die Zunge;
Selbst herzlos, ohne Mitgefühl,
Begleite sie mit ihrem Schwunge
Des Lebens wechselvolles Spiel.

Und wie der Klang im Ohr vergehet,
Der mächtig tönend ihr entschallt,
So lehre sie, daß nichts bestehet,
Daß alles Irdische verhallt.

Jetzo mit der Kraft des Stranges
Wiegt die Glock' mir aus der Gruft,
Daß sie in das Reich des Klanges
Steige, in die Himmelsluft!
Ziehet, ziehet, hebt!
Sie bewegt sich, schwebt!
Freude dieser Stadt bedeute,
Friede sei ihr erst Geläute.

143 *Nänie*

AUCH das Schöne muß sterben! Das Menschen und
Götter bezwinget,
Nicht die eherne Brust rührt es des stygischen Zeus.
Einmal nur erweichte die Liebe den Schattenbeherrscher,
Und an der Schwelle noch, streng, rief er zurück sein
Geschenk.
Nicht stillt Aphrodite dem schönen Knaben die Wunde,
Die in den zierlichen Leib grausam der Eber geritzt.
Nicht errettet den göttlichen Held die unsterbliche Mutter,
Wann er, am skäischen Tor fallend, sein Schicksal
erfüllt.
Aber sie steigt aus dem Meer mit allen Töchtern des
Nereus,
Und die Klage hebt an um den verherrlichten Sohn.

Siehe, da weinen die Götter, es weinen die Göttinnen alle,
 Daß das Schöne vergeht, daß das Vollkommene stirbt.
Auch ein Klaglied zu sein im Mund der Geliebten ist
 herrlich,
 Denn das Gemeine geht klanglos zum Orkus hinab.

FRIEDRICH VON MATTHISSON
1761—1831

144 *Abendlandschaft*

GOLDNER Schein
 Deckt den Hain;
Mild beleuchtet Zauberschimmer
Der umbüschten Waldburg Trümmer.

 Still und hehr
 Strahlt das Meer;
Heimwärts gleiten, sanft wie Schwäne
Fern am Eiland Fischerkähne.

 Silbersand
 Blinkt am Strand;
Röter schweben hier, dort blässer
Wolkenbilder im Gewässer.

 Rauschend kränzt,
 Goldbeglänzt,
Wankend Ried des Vorlands Hügel,
Wild umschwärmt vom Seegeflügel.

Malerisch
Im Gebüsch
Winkt mit Gärtchen, Laub und Quelle
Die bemooste Klausnerzelle.

Auf der Flut
Stirbt die Glut;
Schon erblaßt der Abendschimmer
An der hohen Waldburg Trümmer.

Vollmondschein
Deckt den Hain;
Geisterlispel wehn im Tale
Um versunkne Heldenmale.

JOHANN GAUDENZ VON SALIS-SEEWIS
1762—1834

145 *Zu singen bei einer Wasserfahrt*

WIR ruhen, vom Wasser gewiegt,
Im Kreise vertraulich und enge,
Durch Eintracht wie Blumengehänge
Verknüpft und in Reihen gefügt;
Uns sondert von lästiger Menge
Die Flut, die den Nachen umschmiegt.

So gleiten, im Raume vereint,
Wir auf der Vergänglichkeit Wellen,
Wo Freunde sich innig gesellen
Zum Freunde, der redlich es meint;
Getrost, weil die dunkelsten Stellen
Ein Glanz aus der Höhe bescheint.

Ach, trüg' uns die fährliche Flut
Des Lebens so friedlich und leise!
O drohte nie Trennung dem Kreise,
Der sorglos um Zukunft hier ruht!
O nähm' uns am Ziele der Reise
Elysiums Busen in Hut!

Verhallen mag unser Gesang,
Wie Flötenhauch schwinden das Leben,
Mit Jubel und Seufzern verschweben
Des Daseins zerfließender Klang!
Der Geist wird verklärt sich erheben,
Wann Lethe sein Fahrzeug verschlang.

FRIEDRICH HÖLDERLIN
1770—1843

146 *Da ich ein Knabe war . . .*

DA ich ein Knabe war,
 Rettet' ein Gott mich oft
Vom Geschrei und der Rute der Menschen,
Da spielt' ich sicher und gut
Mit den Blumen des Hains,
Und die Lüftchen des Himmels
Spielten mit mir.

Und wie du das Herz
Der Pflanzen erfreust,
Wenn sie entgegen dir
Die zarten Arme strecken,
So hast du mein Herz erfreut
Vater Helios! und, wie Endymion,
War ich dein Liebling,
Heilige Luna!

O all ihr treuen
Freundlichen Götter!
Daß ihr wüßtet,
Wie euch meine Seele geliebt!

Zwar damals rief ich noch nicht
Euch mit Namen, auch ihr
Nanntet mich nie, wie die Menschen sich nennen,
Als kennten sie sich.

Doch kannt' ich euch besser
Als ich je die Menschen gekannt,
Ich verstand die Stille des Äthers,
Der Menschen Worte verstand ich nie.

Mich erzog der Wohllaut
Des säuselnden Hains
Und lieben lernt' ich
Unter den Blumen.

Im Arme der Götter wuchs ich groß.

147 *An die Parzen*

NUR *einen* Sommer gönnt, ihr Gewaltigen!
　Und *einen* Herbst zu reifem Gesange mir,
　　Daß williger mein Herz, vom süßen
　　　Spiele gesättiget, dann mir sterbe.

Die Seele, der im Leben ihr göttlich Recht
　Nicht ward, sie ruht auch drunten im Orkus nicht;
　　Doch ist mir einst das Heil'ge, das am
　　　Herzen mir liegt, das Gedicht gelungen,

Willkommen, dann, o Stille der Schattenwelt!
　Zufrieden bin ich, wenn auch mein Saitenspiel
　　Mich nicht hinab geleitet: *einmal*
　　　Lebt' ich, wie Götter, und mehr bedarf's nicht.

148 *Abendphantasie*

VOR seiner Hütte ruhig im Schatten sitzt
　Der Pflüger, dem Genügsamen raucht sein Herd.
　　Gastfreundlich tönt dem Wanderer im
　　　Friedlichen Dorfe die Abendglocke.

Wohl kehren jetzt die Schiffer zum Hafen auch,
　In fernen Städten, fröhlich verrauscht des Markts
　　Geschäft'ger Lärm; in stiller Laube
　　　Glänzt das gesellige Mahl den Freunden.

Wohin denn ich? Es leben die Sterblichen
　Von Lohn und Arbeit; wechselnd in Müh' und Ruh
　　Ist alles freudig; warum schläft denn
　　　Nimmer nur mir in der Brust der Stachel?

Am Abendhimmel blühet ein Frühling auf;
 Unzählig blühn die Rosen und ruhig scheint
 Die goldne Welt; o dorthin nimmt mich
 Purpurne Wolken! und möge droben

In Licht und Luft zerrinnen mir Lieb' und Leid! —
 Doch, wie verscheucht von törichter Bitte, flieht
 Der Zauber; dunkel wird's und einsam
 Unter dem Himmel, wie immer, bin ich —

Komm du nun, sanfter Schlummer! zu viel begehrt
 Das Herz; doch endlich, Jugend! verglühst du ja,
 Du ruhelose, träumerische!
 Friedlich und heiter ist dann das Alter.

149 *Des Morgens*

Vom Taue glänzt der Rasen; beweglicher
 Eilt schon die wache Quelle; die Buche neigt
 Ihr schwankes Haupt und im Geblätter
 Rauscht es und schimmert; und um die grauen

Gewölke streifen rötliche Flammen dort,
 Verkündende, sie wallen geräuschlos auf;
 Wie Fluten am Gestade, wogen
 Höher und höher die Wandelbaren.

Komm nun, o komm, und eile mir nicht zu schnell,
 Du goldner Tag, zum Gipfel des Himmels fort!
 Denn offner fliegt, vertrauter dir mein
 Auge, du Freudiger! zu, so lang' du

In deiner Schöne jugendlich blickst und noch
 Zu herrlich nicht, zu stolz mir geworden bist;
 Du möchtest immer eilen, könnt' ich,
 Göttlicher Wanderer, mit dir! — doch lächelst

Des frohen Übermütigen du, daß er
 Dir gleichen möchte; segne mir lieber dann
 Mein sterblich Tun und heitre wieder
 Gütiger! heute den stillen Pfad mir.

150 *Heidelberg*

Lange lieb' ich dich schon, möchte dich, mir zur Lust,
 Mutter nennen und dir schenken ein kunstlos Lied,
 Du, der Vaterlandsstädte
 Ländlichschönste, so viel ich sah.

Wie der Vogel des Walds über die Gipfel fliegt,
 Schwingt sich über den Strom, wo er vorbei dir glänzt,
 Leicht und kräftig die Brücke,
 Die von Wagen und Menschen tönt.

Wie von Göttern gesandt, fesselt' ein Zauber einst
 Auf der Brücke mich an, da ich vorüber ging,
 Und herein in die Berge
 Mir die reizende Ferne schien,

Und der Jüngling, der Strom, fort in die Eb'ne zog,
 Traurigfroh, wie das Herz, wenn es, sich selbst zu
 schön,
 Liebend unterzugehen
 In die Fluten der Zeit sich wirft.

Quellen hattest du ihm, hattest dem Flüchtigen
 Kühle Schatten geschenkt, und die Gestade sahn
 All ihm nach, und es bebte
 Aus den Wellen ihr lieblich Bild.

Aber schwer in das Tal hing die gigantische,
 Schicksalskundige Burg, nieder bis auf den Grund,
 Von den Wettern zerrissen;
 Doch die ewige Sonne goß

Ihr verjüngendes Licht über das alternde
 Riesenbild, und umher grünte lebendiger
 Efeu; freundliche Wälder
 Rauschten über die Burg herab,

Sträuche blühten herab, bis wo im heitern Tal,
 An den Hügel gelehnt, oder dem Ufer hold,
 Deine fröhlichen Gassen
 Unter duftenden Gärten ruhn.

151 *Hyperion's Song*

IHR wandelt droben im Licht
 Auf weichem Boden, selige Genien!
 Glänzende Götterlüfte
 Rühren euch leicht,
 Wie die Finger der Künstlerin
 Heilige Saiten.

Schicksallos, wie der schlafende
　Säugling, atmen die Himmlischen;
　　Keusch bewahrt
　　　In bescheidener Knospe,
　　　　Blühet ewig
　　　　　Ihnen der Geist,
　　　　　　Und die seligen Augen
　　　　　　　Blicken in stiller
　　　　　　　　Ewiger Klarheit.

Doch uns ist gegeben,
　Auf keiner Stätte zu ruhn,
　　Es schwinden, es fallen
　　　Die leidenden Menschen
　　　　Blindlings von einer
　　　　　Stunde zur andern,
　　　　　　Wie Wasser von Klippe
　　　　　　　Zu Klippe geworfen,
　　　　　　　　Jahrlang ins Ungewisse hinab.

152 *Sonnenuntergang*

Wo bist du? trunken dämmert die Seele mir
　Von aller deiner Wonne; denn eben ist's,
　　Daß ich gelauscht, wie, goldner Töne
　　　Voll, der entzückende Sonnenjüngling

Sein Abendlied auf himmlischer Leier spielt';
　Es tönten rings die Wälder und Hügel nach.
　　Doch fern ist er zu frommen Völkern,
　　　Die ihn noch ehren, hinweggegangen.

153 *Mein Eigentum*

IN seiner Fülle ruhet der Herbsttag nun,
 Geläutert ist die Traub' und der Hain ist rot
 Vom Obst, wenn schon der holden Blüten
 Manche der Erde zum Danke fielen.

Und rings im Felde, wo ich den Pfad hinaus,
 Den stillen, wandle, ist den Zufriedenen
 Ihr Gut gereift, und viel der frohen
 Mühe gewähret der Reichtum ihnen.

Vom Himmel blicket zu den Geschäftigen
 Durch ihre Bäume milde das Licht herab,
 Die Freude teilend, denn es wuchs durch
 Hände der Menschen allein die Frucht nicht.

Und leuchtest du, o Goldnes, auch mir, und wehst
 Auch du mir wieder, Lüftchen, als segnetest
 Du eine Freude mir, wie einst, und
 Irrst, wie um Glückliche, mir am Busen?

Einst war ich's, doch wie Rosen, vergänglich war
 Das fromme Leben, ach, und es mahnen noch,
 Die blühend mir geblieben sind, die
 Holden Gestirne zu oft mich dessen.

Beglückt, wer, ruhig liebend ein frommes Weib,
 Am eignen Herd in rühmlicher Heimat lebt,
 Es leuchtet über festem Boden
 Schöner dem sicheren Mann sein Himmel.

Denn, wie die Pflanze, wurzelt auf eignem Grund
Sie nicht, verglüht die Seele des Sterblichen,
 Der mit dem Tageslichte nur, ein
 Armer, auf heiliger Erde wandelt.

Zu mächtig, ach, ihr himmlischen Höhen, zieht
Ihr mich empor, bei Stürmen, am heitern Tag
 Fühl' ich verzehrend euch im Busen
 Wechseln, ihr wandelnden Götterkräfte.

Doch heute laß mich stille den trauten Pfad
Zum Haine gehn, dem golden die Wipfel schmückt
 Sein sterbend Laub, und kränzt auch mir die
 Stirne, ihr holden Erinnerungen!

Und daß mir auch zu retten mein sterblich Herz,
Wie andern eine bleibende Stätte sei,
 Und heimatlos die Seele mir nicht
 Über das Leben hinweg sich sehne,

Sei du, Gesang, mein freundlich Asyl! sei du,
Beglückender, mit sorgender Liebe mir
 Gepflegt, der Garten, wo ich wandelnd
 Unter den Blüten, den immerjungen,

In sichrer Einfalt wohne, wenn draußen mir
Mit ihren Wellen allen die mächt'ge Zeit,
 Die Wandelbare, fern rauscht und die
 Stillere Sonne mein Wirken fördert.

Ihr segnet gütig über den Sterblichen,
Ihr Himmelskräfte, jedem sein Eigentum,
 O segnet meines auch und daß zu
 Frühe die Parze den Traum nicht ende.

154 *Hälfte des Lebens*

Mit gelben Birnen hänget
Und voll mit wilden Rosen
Das Land in den See,
Ihr holden Schwäne,
Und trunken von Küssen
Tunkt ihr das Haupt
Ins heilignüchterne Wasser.

Weh mir, wo nehm' ich, wenn
Es Winter ist, die Blumen, und wo
Den Sonnenschein
Und Schatten der Erde?
Die Mauern stehn
Sprachlos und kalt, im Winde
Klirren die Fahnen.

155 *Brot und Wein*

An Heinze

I

Rings um ruhet die Stadt; still wird die erleuchtete Gasse,
Und, mit Fackeln geschmückt, rauschen die Wagen hinweg.
Satt gehn heim von Freuden des Tags zu ruhen die Menschen,
Und Gewinn und Verlust wäget ein sinniges Haupt
Wohlzufrieden zu Haus; leer steht von Trauben und Blumen,
Und von Werken der Hand ruht der geschäftige Markt.

Aber das Saitenspiel tönt fern aus Gärten; vielleicht, daß
 Dort ein Liebendes spielt oder ein einsamer Mann
Ferner Freunde gedenkt und der Jugendzeit; und die
 Brunnen
 Immerquillend und frisch rauschen an duftendem Beet.
Still in dämmriger Luft ertönen geläutete Glocken,
 Und der Stunden gedenk rufet ein Wächter die Zahl.
Jetzt auch kommet ein Wehn und regt die Gipfel des
 Hains auf,
 Sieh! und das Schattenbild unserer Erde, der Mond,
Kommet geheim nun auch; die Schwärmerische, die
 Nacht kommt,
 Voll mit Sternen und wohl wenig bekümmert um uns,
Glänzt die Erstaunende dort, die Fremdlingin unter den
 Menschen,
 Über Gebirgeshöhn traurig und prächtig herauf.

II

Wunderbar ist die Gunst der Hocherhabnen, und
 niemand
 Weiß, von wannen und was einem geschiehet von ihr.
So bewegt sie die Welt und die hoffende Seele der
 Menschen,
 Selbst kein Weiser versteht, was sie bereitet, denn so
Will es der oberste Gott, der sehr dich liebet, und darum
 Ist noch lieber, wie sie, dir der besonnene Tag.
Aber zuweilen liebt auch klares Auge den Schatten
 Und versuchet zu Lust, eh' es die Not ist, den Schlaf,
Oder es blickt auch gern ein treuer Mann in die Nacht hin;
 Ja, es ziemet sich, ihr Kränze zu weihn und Gesang,
Weil den Irrenden sie geheiliget ist und den Toten,
 Selber aber besteht, ewig, in freiestem Geist.

Aber sie muß uns auch, daß in der zaudernden Weile,
 Daß im Finstern für uns einiges Haltbare sei,
Uns die Vergessenheit und das Heiligtrunkene gönnen,
 Gönnen das strömende Wort, das, wie die Liebenden,
 sei,
Schlummerlos, und vollern Pokal und kühneres Leben,
 Heilig Gedächtnis auch, wachend zu bleiben bei Nacht.

III

Auch verbergen umsonst das Herz im Busen, umsonst nur
 Halten den Mut noch wir, Meister und Knaben, denn
 wer
Möcht' es hindern, und wer möcht' uns die Freude
 verbieten?
 Göttliches Feuer auch treibet, bei Tag und bei Nacht,
Aufzubrechen. So komm! daß wir das Offene schauen,
 Daß ein Eigenes wir suchen, so weit es auch ist.
Fest bleibt Eins; es sei um Mittag oder es gehe
 Bis in die Mitternacht, immer bestehet ein Maß,
Allen gemein, doch jeglichem auch ist eignes beschieden;
 Dahin gehet und kommt jeder, wohin er es kann.
Drum! und spotten des Spotts mag gern frohlockender
 Wahnsinn,
 Wenn er in heiliger Nacht plötzlich die Sänger ergreift.
Drum an den Isthmos komm! dorthin, wo das offene
 Meer rauscht
 Am Parnaß und der Schnee delphische Felsen umglänzt,
Dort ins Land des Olymps, dort auf die Höhe Cithärons,
 Unter die Fichten dort, unter die Trauben, von wo
Thebe drunten und Ismenos rauscht im Lande des
 Kadmos,
 Dorther kommt und zurück deutet der kommende Gott.

IV

Seliges Griechenland! du Haus der Himmlischen alle,
 Also ist wahr, was einst wir in der Jugend gehört?
Festlicher Saal! der Boden ist Meer! und Tische die Berge,
 Wahrlich zu einzigem Brauche vor alters gebaut!
Aber die Thronen, wo? die Tempel, und wo die Gefäße,
 Wo mit Nektar gefüllt, Göttern zu Lust der Gesang?
Wo, wo leuchten sie denn, die fernhintreffenden
 Sprüche?
 Delphi schlummert, und wo tönet das große Geschick?
Wo ist das schnelle? wo bricht's, allgegenwärtigen
 Glücks voll,
 Donnernd aus heiterer Luft über die Augen herein?
Vater Äther! so rief's und flog von Zunge zu Zunge,
 Tausendfach, es ertrug keiner das Leben allein;
Ausgeteilet erfreut solch Gut und getauschet, mit
 Fremden,
 Wird's ein Jubel, es wächst schlafend des Wortes
 Gewalt;
Vater! heiter! und hallt, so weit es gehet, das uralt
 Zeichen, von Eltern geerbt, treffend und schaffend
 hinab.
Denn so kehren die Himmlischen ein, tiefschütternd
 gelangt so
 Aus den Schatten herab unter die Menschen ihr Tag.

V

Unempfunden kommen sie erst, es streben entgegen
 Ihnen die Kinder, zu hell kommet, zu blendend das
 Glück,
Und es scheut sie der Mensch, kaum weiß zu sagen ein
 Halbgott,
 Wer mit Namen sie sind, die mit den Gaben ihm nahn.

Aber der Mut von ihnen ist groß, es füllen das Herz ihm
 Ihre Freuden und kaum weiß er zu brauchen das Gut,
Schafft, verschwendet und fast ward ihm Unheiliges heilig,
 Das er mit segnender Hand törig und gütig berührt.
Möglichst dulden die Himmlischen dies; dann aber in
 Wahrheit
 Kommen sie selbst, und gewohnt werden die Menschen
 des Glücks
Und des Tags und zu schaun die Offenbaren, das Antlitz
 Derer, welche schon längst Eines und Alles genannt,
Tief die verschwiegene Brust mit freier Genüge gefüllet,
 Und zuerst und allein alles Verlangen beglückt;
So ist der Mensch; wenn da ist das Gut, und es sorget mit
 Gaben
 Selber ein Gott für ihn, kennet und sieht er es nicht.
Tragen muß er, zuvor; nun aber nennt er sein Liebstes,
 Nun, nun müssen dafür Worte, wie Blumen, entstehn.

VI

Und nun denkt er zu ehren in Ernst die seligen Götter,
 Wirklich und wahrhaft muß alles verkünden ihr Lob.
Nichts darf schauen das Licht, was nicht den Hohen
 gefället,
 Vor den Äther gebührt Müßigversuchendes nicht.
Drum in der Gegenwart der Himmlischen würdig zu
 stehen,
 Richten in herrlichen Ordnungen Völker sich auf
Untereinander, und baun die schönen Tempel und Städte
 Fest und edel, sie gehn über Gestaden empor —
Aber wo sind sie? wo blühn die Bekannten, die Kronen
 des Festes?
 Thebe welkt und Athen; rauschen die Waffen nicht
 mehr

In Olympia, nicht die goldnen Wagen des Kampfspiels,
 Und bekränzen sich denn nimmer die Schiffe Korinths?
Warum schweigen auch sie, die alten heil'gen Theater?
 Warum freuet sich denn nicht der geweihete
 Tanz?
Warum zeichnet, wie sonst, die Stirne des Mannes ein
 Gott nicht,
 Drückt den Stempel, wie sonst, nicht dem Getroffenen
 auf?
Oder er kam auch selbst und nahm des Menschen Gestalt
 an,
 Und vollendet' und schloß tröstend das himmlische
 Fest.

VII

Aber Freund! wir kommen zu spät. Zwar leben die
 Götter,
 Aber über dem Haupt droben in anderer Welt.
Endlos wirken sie da und scheinen's wenig zu achten,
 Ob wir leben, so sehr schonen die Himmlischen
 uns.
Denn nicht immer vermag ein schwaches Gefäß sie zu
 fassen,
 Nur zu Zeiten erträgt göttliche Fülle der Mensch.
Traum von ihnen ist drauf das Leben. Aber das Irrsal
 Hilft, wie Schlummer, und stark machet die Not und
 die Nacht,
Bis daß Helden genug in der ehernen Wiege gewachsen,
 Herzen an Kraft, wie sonst, ähnlich den Himmlischen
 sind.
Donnernd kommen sie drauf. Indessen dünket mir öfters
 Besser zu schlafen, wie so ohne Genossen zu sein,

So zu harren, und was zu tun indes und zu sagen,
 Weiß ich nicht, und wozu Dichter in dürftiger Zeit?
Aber sie sind, sagst du, wie des Weingotts heilige Priester,
 Welche von Lande zu Land zogen in heiliger Nacht.

<p style="text-align:center">VIII</p>

Nämlich, als vor einiger Zeit, uns dünket sie lange,
 Aufwärts stiegen sie all, welche das Leben beglückt,
Als der Vater gewandt sein Angesicht von den Menschen,
 Und das Trauern mit Recht über der Erde begann,
Als erschienen zuletzt ein stiller Genius, himmlisch
 Tröstend, welcher des Tags Ende verkündet' und
 schwand,
Ließ zum Zeichen, daß einst er da gewesen und wieder
 Käme, der himmlische Chor einige Gaben zurück,
Derer menschlich, wie sonst, wir uns zu freuen ver-
 möchten,
 Denn zur Freude, mit Geist, wurde das Größre zu
 groß
Unter den Menschen, und noch, noch fehlen die Starken
 zu höchsten
 Freuden, aber es lebt stille noch einiger Dank.
Brot ist der Erde Frucht, doch ist's vom Lichte gesegnet,
 Und vom donnernden Gott kommet die Freude des
 Weins.
Darum denken wir auch dabei der Himmlischen, die
 sonst
 Da gewesen und die kehren in richtiger Zeit,
Darum singen sie auch mit Ernst, die Sänger, den
 Weingott,
 Und nicht eitel erdacht tönet dem Alten das Lob.

<p style="text-align:center">228</p>

IX

Ja! sie sagen mit Recht, er söhne den Tag mit der Nacht
 aus,
 Führe des Himmels Gestirn ewig hinunter, hinauf,
Allzeit froh, wie das Laub der immergrünenden Fichte,
 Das er liebt, und der Kranz, den er von Efeu gewählt,
Weil er bleibet und selbst die Spur der entflohenen Götter
 Götterlosen hinab unter das Finstere bringt.
Was der Alten Gesang von Kindern Gottes geweissagt,
 Siehe! wir sind es, wir; Frucht von Hesperien ist's!
Wunderbar und genau ist's als an Menschen erfüllet,
 Glaube, wer es geprüft! aber so vieles geschieht,
Keines wirket, denn wir sind herzlos, Schatten, bis unser
 Vater Äther erkannt' jeden, und allen gehört.
Aber indessen kommt, als Fackelschwinger, des Höchsten
 Sohn, der Syrier, unter die Schatten herab.
Selige Weise sehn's; ein Lächeln aus der gefangnen
 Seele leuchtet, dem Licht tauet ihr Auge noch auf.
Sanfter träumet und schläft in Armen der Erde der Titan,
 Selbst der neidische, selbst Cerberus trinket und schläft.

156 *Der Rhein*

An Isaak von Sinclair

Iᴍ dunkeln Efeu saß ich, an der Pforte
Des Waldes, eben, da der goldene Mittag,
Den Quell besuchend, herunterkam
Von Treppen des Alpengebirgs,
Das mir die göttlichgebaute,
Die Burg der Himmlischen heißt
Nach alter Meinung, wo aber
Geheim noch manches entschieden
Zu Menschen gelanget; von da

Vernahm ich ohne Vermuten
Ein Schicksal, denn noch kaum
War mir im warmen Schatten
Sich manches beredend, die Seele
Italia zu geschweift
Und fernhin an die Küsten Moreas.

Jetzt aber, drin im Gebirg,
Tief unter den silbernen Gipfeln,
Und unter fröhlichem Grün,
Wo die Wälder schauernd zu ihm,
Und der Felsen Häupter übereinander
Hinabschaun, taglang, dort
Im kältesten Abgrund hört'
Ich um Erlösung jammern
Den Jüngling, es hörten ihn, wie er tobt',
Und die Mutter Erd' anklagt'
Und den Donnerer, der ihn gezeuget,
Erbarmend die Eltern, doch
Die Sterblichen flohn von dem Ort,
Denn furchtbar war, da lichtlos er
In den Fesseln sich wälzte,
Das Rasen des Halbgotts.

Die Stimme war's des edelsten der Ströme,
Des freigeborenen Rheins,
Und anderes hoffte der, als droben von den Brüdern,
Dem Tessin und dem Rhodanus,
Er schied und wandern wollt', und ungeduldig ihn
Nach Asia trieb die königliche Seele.
Doch unverständig ist
Das Wünschen vor dem Schicksal.

Die Blindesten aber
Sind Göttersöhne. Denn es kennet der Mensch
Sein Haus und dem Tier ward, wo
Es bauen solle, doch jenen ist
Der Fehl, daß sie nicht wissen wohin,
In die unerfahrne Seele gegeben.

Ein Rätsel ist Reinentsprungenes. Auch
Der Gesang kaum darf es enthüllen. Denn
Wie du anfingst, wirst du bleiben,
So viel auch wirket die Not,
Und die Zucht; das meiste nämlich
Vermag die Geburt,
Und der Lichtstrahl, der
Dem Neugebornen begegnet.
Wo aber ist einer,
Um frei zu bleiben
Sein Leben lang, und des Herzens Wunsch
Allein zu erfüllen, so
Aus günstigen Höhn, wie der Rhein,
Und so aus heiligem Schoße
Glücklich geboren, wie jener?

Drum ist ein Jauchzen sein Wort.
Nicht liebt er, wie andere Kinder,
In Wickelbanden zu weinen;
Denn wo die Ufer zuerst
An die Seit' ihm schleichen, die krummen,
Und durstig umwindend ihn,
Den Unbedachten, zu ziehn
Und wohl zu behüten begehren
Im eigenen Zahne, lachend

Zerreißt er die Schlangen und stürzt
Mit der Beut', und wenn in der Eil'
Ein Größerer ihn nicht zähmt,
Ihn wachsen läßt, wie der Blitz muß er
Die Erde spalten, und wie Bezauberte fliehn
Die Wälder ihm nach und zusammensinkend die Berge.

Ein Gott will aber sparen den Söhnen
Das eilende Leben und lächelt,
Wenn unenthaltsam, aber gehemmt
Von heiligen Alpen, ihm
In der Tiefe, wie jener, zürnen die Ströme.
In solcher Esse wird dann
Auch alles Lautre geschmiedet;
Und schön ist's, wie er drauf,
Nachdem er die Berge verlassen,
Stillwandelnd sich im deutschen Lande
Begnüget und das Sehnen stillt
Im guten Geschäfte, wenn er das Land baut,
Der Vater Rhein, und liebe Kinder nährt
In Städten, die er gegründet.

Doch nimmer, nimmer vergißt er's.
Denn eher muß die Wohnung vergehn
Und die Satzung, und zum Unbild werden
Der Tag der Menschen, ehe vergessen
Ein solcher dürfte den Ursprung
Und die reine Stimme der Jugend.
Wer war es, der zuerst
Die Liebesbande verderbt
Und Stricke von ihnen gemacht hat?
Dann haben des eigenen Rechts

Und gewiß des himmlischen Feuers
Gespottet die Trotzigen, dann erst,
Die sterblichen Pfade verachtend,
Verwegnes erwählt
Und den Göttern gleich zu werden getrachtet.

Es haben aber an eigner
Unsterblichkeit die Götter genug, und bedürfen
Die Himmlischen eines Dings,
So sind's Heroen und Menschen
Und Sterbliche sonst. Denn weil
Die Seligsten nichts fühlen von selbst,
Muß wohl, wenn solches zu sagen
Erlaubt ist, in der Götter Namen
Teilnehmend fühlen ein Andrer,
Den brauchen sie; jedoch ihr Gericht
Ist, daß sein eigenes Haus
Zerbreche der, und das Liebste
Wie den Feind schelt', und sich Vater und Kind
Begrabe unter den Trümmern,
Wenn einer, wie sie, sein will und nicht
Ungleiches dulden, der Schwärmer.

Drum wohl ihm, welcher fand
Ein wohlbeschiedenes Schicksal,
Wo noch der Wanderungen
Und süß der Leiden Erinnerung
Aufrauscht am sichern Gestade,
Daß da und dorthin gern
Er sehn mag bis an die Grenzen,
Die bei der Geburt ihm Gott
Zum Aufenthalte gezeichnet.

Dann ruht er, seligbescheiden,
Denn alles, was er gewollt,
Das Himmlische, von selber umfängt
Es unbezwungen, lächelnd
Jetzt, da er ruhet, den Kühnen.

Halbgötter denk' ich jetzt
Und kennen muß ich die Teuern,
Weil oft ihr Leben so
Die sehnende Brust mir beweget.
Wem aber, wie, Rousseau, dir,
Unüberwindlich die Seele,
Die starkausdauernde, ward,
Und sicherer Sinn
Und süße Gabe zu hören,
Zu reden so, daß er aus heiliger Fülle,
Wie der Weingott, törig göttlich
Und gesetzlos sie, die Sprache der Reinesten, gibt,
Verständlich den Guten, aber mit Recht
Die Achtungslosen mit Blindheit schlägt,
Die entweihenden Knechte, wie nenn' ich den Fremden?

Die Söhne der Erde sind, wie die Mutter,
Alliebend, so empfangen sie auch
Mühlos, die Glücklichen, Alles.
Drum überraschet es auch
Und schreckt den sterblichen Mann,
Wenn er den Himmel, den
Er mit den liebenden Armen
Sich auf die Schultern gehäuft,
Und die Last der Freude bedenket;
Dann scheint ihm oft das Beste,

Fast ganz vergessen da,
Wo der Strahl nicht brennt,
Im Schatten des Walds,
Am Bielersee in frischer Grüne zu sein,
Und sorglosarm an Tönen,
Anfängern gleich, bei Nachtigallen zu lernen.

Und herrlich ist's, aus heiligem Schlafe dann
Erstehen und aus Waldes Kühle
Erwachend, abends nun
Dem milderen Licht entgegenzugehn,
Wenn, der die Berge gebaut
Und den Pfad der Ströme gezeichnet,
Nachdem er lächelnd auch
Der Menschen geschäftiges Leben,
Das odemarme, wie Segel
Mit seinen Lüften gelenkt hat,
Auch ruht und zu der Schülerin jetzt,
Der Bildner, Gutes mehr
Denn Böses findend,
Zur heutigen Erde der Tag sich neiget. —

Dann feiern das Brautfest Menschen und Götter,
Es feiern die Lebenden all,
Und ausgeglichen
Ist eine Weile das Schicksal.
Und die Flüchtlinge suchen die Herberg',
Und süßen Schlummer die Tapfern,
Die Liebenden aber
Sind, was sie waren; sie sind
Zu Hause, wo die Blume sich freuet
Unschädlicher Glut, und die finsteren Bäume
Der Geist umsäuselt, aber die Unversöhnten

Sind umgewandelt und eilen
Die Hände sich ehe zu reichen,
Bevor das freundliche Licht
Hinuntergeht und die Nacht kommt.

Doch einigen eilt
Dies schnell vorüber, andere
Behalten es länger.
Die ewigen Götter sind
Voll Lebens allzeit; bis in den Tod
Kann aber ein Mensch auch
Im Gedächtnis doch das Beste behalten,
Und dann erlebt er das Höchste.
Nur hat ein jeder sein Maß.
Denn schwer ist zu tragen
Das Unglück, aber schwerer das Glück.
Ein Weiser aber vermocht' es
Vom Mittag bis in die Mitternacht,
Und bis der Morgen erglänzte,
Beim Gastmahl helle zu bleiben.

Dir mag auf heißem Pfade unter Tannen oder
Im Dunkel des Eichwalds, gehüllt
In Stahl, mein Sinclair! Gott erscheinen, oder
In Wolken: du kennst ihn, da du kennest, jugendlich,
Des Guten Kraft, und nimmer ist dir
Verborgen das Lächeln des Herrschers
Bei Tage, wenn
Es fieberhaft und angekettet das
Lebendige scheinet oder auch
Bei Nacht, wenn alles gemischt
Ist ordnungslos und wiederkehrt
Uralte Verwirrung.

NOVALIS

(FRIEDRICH VON HARDENBERG)

1772—1801

157 *Wenn ich ihn nur habe ...*

WENN ich ihn nur habe,
 Wenn er mein nur ist,
Wenn mein Herz bis hin zum Grabe
Seine Treue nie vergißt,
Weiß ich nichts von Leide,
Fühle nichts als Andacht, Lieb' und Freude.

Wenn ich ihn nur habe,
Lass' ich alles gern,
Folg' an meinem Wanderstabe
Treugesinnt nur meinem Herrn,
Lasse still die andern
Breite, lichte, volle Straßen wandern.

Wenn ich ihn nur habe,
Schlaf' ich fröhlich ein;
Ewig wird zu süßer Labe
Seines Herzens Flut mir sein,
Die mit sanftem Zwingen
Alles wird erweichen und durchdringen.

Wenn ich ihn nur habe,
Hab' ich auch die Welt;
Selig wie ein Himmelsknabe,
Der der Jungfrau Schleier hält.
Hingesenkt im Schauen
Kann mir vor dem Irdischen nicht grauen.

Wo ich ihn nur habe,
Ist mein Vaterland;
Und es fällt mir jede Gabe
Wie ein Erbteil in die Hand,
Längst vermißte Brüder
Find' ich nun in seinen Jüngern wieder.

258 *Wenn alle untreu werden . . .*

WENN alle untreu werden,
So bleib' ich dir doch treu,
Daß Dankbarkeit auf Erden
Nicht ausgestorben sei.
Für mich umfing dich Leiden,
Vergingst für mich in Schmerz;
Drum geb' ich dir mit Freuden
Auf ewig dieses Herz.

Oft muß ich bitter weinen,
Daß du gestorben bist
Und mancher von den Deinen
Dich lebenslang vergißt.
Von Liebe nur durchdrungen
Hast du so viel getan,
Und doch bist du verklungen,
Und keiner denkt daran.

Du stehst voll treuer Liebe
Noch immer jedem bei;
Und wenn dir keiner bliebe,
So bleibst du dennoch treu.

Die treuste Liebe sieget,
Am Ende fühlt man sie,
Weint bitterlich und schmieget
Sich kindlich an dein Knie.

Ich habe dich empfunden,
O lasse nicht von mir!
Laß innig mich verbunden
Auf ewig sein mit dir!
Einst schauen meine Brüder
Auch wieder himmelwärts
Und sinken liebend nieder
Und fallen dir ans Herz.

159 *Das Lied der Toten*

LOBT doch unsre stillen Feste,
Unsre Gärten, unsre Zimmer,
Das bequeme Hausgeräte,
Unser Hab' und Gut.
Täglich kommen neue Gäste,
Diese früh, die andern späte,
Auf den weiten Herden immer
Lodert neue Lebensglut.

Tausend zierliche Gefäße
Einst betaut mit tausend Tränen,
Goldne Ringe, Sporen, Schwerter,
Sind in unserm Schatz:

Viel Kleinodien und Juwelen
Wissen wir in dunkeln Höhlen,
Keiner kann den Reichtum zählen,
Zählt' er auch ohn' Unterlaß.

Kinder der Vergangenheiten,
Helden aus den grauen Zeiten,
Der Gestirne Riesengeister,
Wunderlich gesellt,
Holde Frauen, ernste Meister,
Kinder und verlebte Greise
Sitzen hier in *einem* Kreise,
Wohnen in der alten Welt.

Keiner wird sich je beschweren,
Keiner wünschen fortzugehen,
Wer an unsern vollen Tischen
Einmal fröhlich saß.
Klagen sind nicht mehr zu hören,
Keine Wunden mehr zu sehen,
Keine Tränen abzuwischen;
Ewig läuft das Stundenglas.

Tiefgerührt von heil'ger Güte
Und versenkt in sel'ges Schauen
Steht der Himmel im Gemüte,
Wolkenloses Blau;
Lange fliegende Gewande
Tragen uns durch Frühlingsauen,
Und es weht in diesem Lande
Nie ein Lüftchen kalt und rauh.

Süßer Reiz der Mitternächte,
Stiller Kreis geheimer Mächte,
Wollust rätselhafter Spiele,
Wir nur kennen euch.
Wir nur sind am hohen Ziele,
Bald in Strom uns zu ergießen,
Dann in Tropfen zu zerfließen
Und zu nippen auch zugleich.

Uns ward erst die Liebe Leben;
Innig wie die Elemente
Mischen wir des Daseins Fluten,
Brausend Herz mit Herz.
Lüstern scheiden sich die Fluten,
Denn der Kampf der Elemente
Ist der Liebe höchstes Leben
Und des Herzens eignes Herz.

Leiser Wünsche süßes Plaudern
Hören wir allein, und schauen
Immerdar in sel'ge Augen,
Schmecken nichts als Mund und Kuß.
Alles was wir nur berühren
Wird zu heißen Balsamfrüchten,
Wird zu weichen, zarten Brüsten,
Opfer kühner Lust.

Immer wächst und blüht Verlangen
Am Geliebten festzuhangen,
Ihn im Innern zu empfangen,
Eins mit ihm zu sein,

Seinem Durste nicht zu wehren,
Sich im Wechsel zu verzehren,
Voneinander sich zu nähren,
Voneinander nur allein.

So in Lieb' und hoher Wollust
Sind wir immerdar versunken,
Seit der wilde, trübe Funken
Jener Welt erlosch;
Seit der Hügel sich geschlossen,
Und der Scheiterhaufen sprühte,
Und dem schauernden Gemüte
Nun das Erdgesicht zerfloß.

Zauber der Erinnerungen,
Heil'ger Wehmut süße Schauer
Haben innig uns durchklungen,
Kühlen unsre Glut.
Wunden gibt's, die ewig schmerzen,
Eine göttlich tiefe Trauer
Wohnt in unser aller Herzen,
Löst uns auf in *eine* Flut.

Und in dieser Flut ergießen
Wir uns auf geheime Weise
In den Ozean des Lebens,
Tief in Gott hinein;
Und aus seinem Herzen fließen
Wir zurück zu unserm Kreise,
Und der Geist des höchsten Strebens
Taucht in unsre Wirbel ein.

Schüttelt eure goldnen Ketten
Mit Smaragden und Rubinen,
Und die blanken saubern Spangen,
Blitz und Klang zugleich.
Aus des feuchten Abgrunds Betten,
Aus den Gräbern und Ruinen,
Himmelsrosen auf den Wangen
Schwebt ins bunte Fabelreich.

Könnten doch die Menschen wissen,
Unsre künftigen Genossen,
Daß bei allen ihren Freuden
Wir geschäftig sind:
Jauchzend würden sie verscheiden,
Gern das bleiche Dasein missen —
O! die Zeit ist bald verflossen,
Kommt, Geliebte, doch geschwind!

Helft uns nur den Erdgeist binden,
Lernt den Sinn des Todes fassen
Und das Wort des Lebens finden;
Einmal kehrt euch um.
Deine Macht muß bald verschwinden,
Dein erborgtes Licht verblassen,
Werden dich in kurzem binden,
Erdgeist, deine Zeit ist um.

FRIEDRICH SCHLEGEL

1772—1829

160 *Die Verhältnisse*

RÜCKSICHTEN sind's, die unsern Blick berücken;
In Absicht jede Aussicht gleich erkalten,
Bis wir, eh' wir uns umgesehn, veralten,
Und beugen dann, von Einsicht schwer, den Rücken.

Roh scheint's, der Erde Blumen grade pflücken.
Wir möchten fein der Schonung Linie halten,
Der Liebe Leben künstlich klug verwalten,
Verständig und mit Anstand uns erdrücken.

Wir sollen unbekannte Größen wählen,
Es sind zu wenig Gleichungen gegeben,
Drum hatt' und hat's ein sonderbar Bewendnis;

Denn, weil wir endlos rechnen, zweifeln, zählen,
Wird uns das klare, leichte, freie Leben
Ein einzig vielverschlungen Mißverständnis.

161 *Der Dichter*

DER schwarze Mantel will sich dichter falten,
Die freundlichen Gespräche sind verschollen;
Wo allen Wesen tief Gesang entquollen,
Da muß die stumme Einsamkeit nun walten.

Es darf den großen Flug das Herz entfalten,
Und Fantasie nicht mehr der Täuschung zollen;
Was farbig prangt, muß bald ins Dunkel rollen,
Nur unsichtbares Licht kann nie veralten.

Willkommen, heil'ge Nacht, in deinen Schauern!
Es strahlt in dir des Lichtes Licht den Frommen,
Führt ihn ins große All aus engen Mauern;

Er ist ins Innre der Natur gekommen,
Und kann um ird'schen Glanz nun nicht mehr trauern,
Weil schon die Binde ihm vom Haupt genommen.

LUDWIG TIECK

1773—1853

162 *Der Dichter*

WIE sehnsuchtsvoll fühlt sich mein Herz gezogen,
 Dem frischen grünen Walde zugelenket,
Von Bächen wird das neue Gras getränket,
Die Blumen schauen sich in klaren Wogen.

Ein blau Kristall erscheint der Himmelsbogen,
Zur blühenden Erde liebend hergesenket,
Die Sonne zeigt, daß sie der Welt gedenket,
Sie hat die Blumen küssend aufgesogen.

Die Pflanzen glänzen, Wasserwogen lachen,
Die muntern Tiere regen sich in Sprüngen,
Der Vogel singt, vom grünen Zweig umrauschet.

Wenn Tiere, Wasser, Blumen, Flur' erwachen,
Läßt höher noch der Mensch die Stimm' erklingen:
Der Dichter fühlt von Gottheit sich berauschet.

CLEMENS BRENTANO

1778—1842

163 *Eingang*

WAS reif in diesen Zeilen steht,
 Was lächelnd winkt und sinnend fleht,
Das soll kein Kind betrüben;
Die Einfalt hat es ausgesät,
Die Schwermut hat hindurch geweht,
Die Sehnsucht hat's getrieben.
Und ist das Feld einst abgemäht,
Die Armut durch die Stoppeln geht,
Sucht Ähren, die geblieben;
Sucht Lieb', die für sie untergeht,
Sucht Lieb', die mit ihr aufersteht,
Sucht Lieb', die sie kann lieben.
Und hat sie einsam und verschmäht
Die Nacht durch, dankend in Gebet,
Die Körner ausgerieben,
Liest sie, als früh der Hahn gekräht,
Was Lieb' erhielt, was Leid verweht,
Ans Feldkreuz angeschrieben:
„O Stern und Blume, Geist und Kleid,
Lieb', Leid und Zeit und Ewigkeit!"

Der Spinnerin Lied

Es sang vor langen Jahren
Wohl auch die Nachtigall,
Das war wohl süßer Schall,
Da wir zusammen waren.

Ich sing' und kann nicht weinen
Und spinne so allein
Den Faden, klar und rein,
So lang der Mond wird scheinen.

Da wir zusammen waren,
Da sang die Nachtigall,
Nun mahnet mich ihr Schall,
Daß du von mir gefahren.

So oft der Mond mag scheinen,
Gedenk' ich dein allein,
Mein Herz ist klar und rein,
Gott wolle uns vereinen!

Seit du von mir gefahren,
Singt stets die Nachtigall,
Ich denk' bei ihrem Schall,
Wie wir zusammen waren.

Gott wolle uns vereinen,
Hier spinn' ich so allein,
Der Mond scheint klar und rein,
Ich sing' und möchte weinen!

165 *Sprich aus der Ferne*

Sprich aus der Ferne,
Heimliche Welt,
Die sich so gerne
Zu mir gesellt.

Wenn das Abendrot niedergesunken,
Keine freudige Farbe mehr spricht,
Und die Kränze still leuchtender Funken
Die Nacht um die schattige Stirne flicht:
 Wehet der Sterne
 Heiliger Sinn
 Leis' durch die Ferne
 Bis zu mir hin.

Wenn des Mondes still lindernde Tränen
Lösen der Nächte verborgenes Weh,
Dann wehet Friede. In goldenen Kähnen
Schiffen die Geister im himmlischen See.
 Glänzender Lieder
 Klingender Lauf
 Ringelt sich nieder,
 Wallet hinauf.

Wenn der Mitternacht heiliges Grauen
Bang durch die dunklen Wälder hinschleicht
Und die Büsche gar wundersam schauen,
Alles sich finster, tiefsinnig bezeugt:
 Wandelt im Dunkeln
 Freundliches Spiel,
 Still Lichter funkeln,
 Schimmerndes Ziel.

Alles ist freundlich wohlwollend verbunden,
Bietet sich tröstend und trauernd die Hand,
Sind durch die Nächte die Lichter gewunden,
Alles ist ewig im Innern verwandt.
Sprich aus der Ferne,
Heimliche Welt,
Die sich so gerne
Zu mir gesellt.

166 *Frühlingsschrei eines Knechtes aus der Tiefe*

MEISTER, ohne dein Erbarmen
Muß im Abgrund ich verzagen,
Willst du nicht mit starken Armen
Wieder mich zum Lichte tragen.

Jährlich greifet deine Güte
In die Erde, in die Herzen;
Jährlich weckest du die Blüte,
Weckst in mir die alten Schmerzen.

Einmal nur zum Licht geboren,
Aber tausendmal gestorben,
Bin ich ohne dich verloren,
Ohne dich in mir verdorben.

Wenn sich so die Erde reget,
Wenn die Luft so sonnig wehet,
Dann wird auch die Flut beweget,
Die in Todesbanden stehet.

Und in meinem Herzen schauert
Ein betrübter, bittrer Bronnen;
Wenn der Frühling draußen lauert,
Kommt die Angstflut angeronnen.

Weh! durch gift'ge Erdenlagen,
Wie die Zeit ist angeschwemmet,
Habe ich den Schacht geschlagen,
Und er ist nur schwach verdämmet.

Wenn nun rings die Quellen schwellen,
Wenn der Grund gebärend ringet,
Brechen her die bittern Wellen,
Die kein Witz, kein Fluch mir zwinget.

Andern ruf' ich: Schwimme! schwimme!
Mir kann dieser Ruf nicht taugen!
Denn in mir ja steigt die grimme
Sündflut, bricht aus meinen Augen.

Und dann scheinen bös Gezüchte
Mir die bunten Lämmer alle,
Die ich grüßte, süße Früchte,
Die mir reiften, bittre Galle.

Herr, erbarme du mich meiner,
Daß mein Herz neu blühend werde!
Mein erbarmte sich noch keiner
Von den Frühlingen der Erde.

Meister, wenn dir alle Hände
Nahn mit süß erfüllten Schalen,
Kann ich mit der bittern Spende
Meine Schuld dir nimmer zahlen.

Ach! wie ich auch tiefer wühle,
Wie ich schöpfe, wie ich weine,
Nimmer ich den Schwall erspüle
Zum Kristallgrund fest und reine!

Immer stürzen mir die Wände,
Jede Schicht hat mich belogen,
Und die arbeitblut'gen Hände
Brennen in den bittern Wogen.

Weh! der Raum wird immer enger,
Wilder, wüster stets die Wogen,
Herr! o Herr! ich treib's nicht länger —
Schlage deinen Regenbogen!

Herr, ich mahne dich: Verschone!
Herr, ich hört' in jungen Tagen,
Wunderbare Rettung wohne —
Ach! — in deinem Blute, sagen.

Und so muß ich zu dir schreien,
Schreien aus der bittern Tiefe,
Könntest du auch nie verzeihen,
Daß dein Knecht so kühnlich riefe.

Daß des Lichtes Quelle wieder
Rein und heilig in mir flute,
Träufle einen Tropfen nieder,
Jesus, mir, von deinem Blute!

167 *Wenn der lahme Weber träumt . . .*

WENN der lahme Weber träumt, er webe,
 Träumt die kranke Lerche auch, sie schwebe,
Träumt die stumme Nachtigall, sie singe,
Daß das Herz des Widerhalls zerspringe,
Träumt das blinde Huhn, es zähl' die Kerne,
Und der drei je zählte kaum, die Sterne,
Träumt das starre Erz, gar linde tau' es,
Und das Eisenherz, ein Kind vertrau' es,
Träumt die taube Nüchternheit, sie lausche,
Wie der Traube Schüchternheit berausche;
Kommt dann Wahrheit mutternackt gelaufen,
Führt der hellen Töne Glanzgefunkel
Und der grellen Lichter Tanz durchs Dunkel,
Rennt den Traum sie schmerzlich übern Haufen,
Horch! die Fackel lacht, horch! Schmerz-Schalmeien
Der erwachten Nacht ins Herz all schreien;
Weh! ohn' Opfer gehn die süßen Wunder,
Gehn die armen Herzen einsam unter!

ADALBERT VON CHAMISSO

1781—1838

168 *Das Schloß Boncourt*

ICH träum' als Kind mich zurücke
 Und schüttle mein greises Haupt;
Wie sucht ihr mich heim, ihr Bilder,
Die lang ich vergessen geglaubt!

Hocht ragt aus schatt'gen Gehegen
Ein schimmerndes Schloß hervor;
Ich kenne die Türme, die Zinnen,
Die steinerne Brücke, das Tor.

Es schauen vom Wappenschilde
Die Löwen so traulich mich an,
Ich grüße die alten Bekannten
Und eile den Burghof hinan.

Dort liegt die Sphinx am Brunnen,
Dort grünt der Feigenbaum,
Dort hinter diesen Fenstern,
Verträumt' ich den ersten Traum.

Ich tret' in die Burgkapelle
Und suche des Ahnherrn Grab;
Dort ist's, dort hängt vom Pfeiler
Das alte Gewaffen herab.

Noch lesen umflort die Augen
Die Züge der Inschrift nicht,
Wie hell durch die bunten Scheiben
Das Licht darüber auch bricht.

So stehst du, o Schloß meiner Väter,
Mir treu und fest in dem Sinn,
Und bist von der Erde verschwunden,
Der Pflug geht über dich hin.

Sei fruchtbar, o teurer Boden!
Ich segne dich mild und gerührt
Und segne ihn zwiefach, wer immer
Den Pflug nun über dich führt.

Ich aber will auf mich raffen,
Mein Saitenspiel in der Hand,
Die Weiten der Erde durchschweifen
Und singen von Land zu Land.

169 *Seit ich ihn gesehen . . .*

Seit ich ihn gesehen,
Glaub' ich blind zu sein;
Wo ich hin nur blicke,
Seh' ich ihn allein;
Wie im wachen Traume
Schwebt sein Bild mir vor,
Taucht aus tiefstem Dunkel
Heller nur empor.

Sonst ist licht- und farblos
Alles um mich her,
Nach der Schwestern Spiele
Nicht begehr' ich mehr,
Möchte lieber weinen
Still im Kämmerlein;
Seit ich ihn gesehen,
Glaub' ich blind zu sein.

JUSTINUS KERNER

1786—1862

270

Wanderlied

WOHLAUF, noch getrunken
Den funkelnden Wein!
Ade nun, ihr Lieben!
Geschieden muß sein.
Ade nun, ihr Berge,
Du väterlich Haus!
Es treibt in die Ferne
Mich mächtig hinaus.

Die Sonne, sie bleibet
Am Himmel nicht stehn,
Es treibt sie durch Länder
Und Meere zu gehn.
Die Woge nicht haftet
Am einsamen Strand,
Die Stürme, sie brausen
Mit Macht durch das Land.

Mit eilenden Wolken
Der Vogel dort zieht
Und singt in der Ferne
Ein heimatlich Lied.
So treibt es den Burschen
Durch Wälder und Feld,
Zu gleichen der Mutter,
Der wandernden Welt.

Da grüßen ihn Vögel
Bekannt überm Meer,
Sie flogen von Fluren
Der Heimat hieher;
Da duften die Blumen
Vertraulich um ihn,
Sie trieben vom Lande
Die Lüfte dahin.

Die Vögel, die kennen
Sein väterlich Haus.
Die Blumen einst pflanzt' er
Der Liebe zum Strauß,
Und Liebe, die folgt ihm,
Sie geht ihm zur Hand:
So wird ihm zur Heimat
Das fernste Land.

171 *Der Wandrer in der Sägemühle*

Dort unten in der Mühle
Saß ich in süßer Ruh
Und sah dem Räderspiele
Und sah den Wassern zu.

Sah zu der blanken Säge,
Es war mir wie ein Traum,
Die bahnte lange Wege
In einen Tannenbaum.

Die Tanne war wie lebend,
In Trauermelodie
Durch alle Fasern bebend
Sang diese Worte sie:

„Du kehrst zur rechten Stunde,
O Wanderer, hier ein,
Du bist's, für den die Wunde
Mir dringt ins Herz hinein.

Du bist's, für den wird werden,
Wenn kurz gewandert du,
Dies Holz im Schoß der Erden
Ein Schrein zur langen Ruh."

Vier Bretter sah ich fallen,
Mir ward's ums Herze schwer,
Ein Wörtlein wollt' ich lallen,
Da ging das Rad nicht mehr.

LUDWIG UHLAND
1787—1862

172 *Die Kapelle*

DROBEN stehet die Kapelle,
Schauet still ins Tal hinab,
Drunten singt bei Wies' und Quelle
Froh und hell der Hirtenknab'.

Traurig tönt das Glöcklein nieder,
Schauerlich der Leichenchor;
Stille sind die frohen Lieder,
Und der Knabe lauscht empor.

Droben bringt man sie zu Grabe,
Die sich freuten in dem Tal.
Hirtenknabe, Hirtenknabe,
Dir auch singt man dort einmal.

173 *Schäfers Sonntagslied*

DAS ist der Tag des Herrn.
Ich bin allein auf weiter Flur.
Noch eine Morgenglocke nur,
Nun Stille nah und fern.

Anbetend knie' ich hier.
O süßes Graun! geheimes Wehn!
Als knieten viele ungesehn
Und beteten mit mir.

Der Himmel, nah und fern,
Er ist so klar und feierlich,
So ganz, als wollt' er öffnen sich.
Das ist der Tag des Herrn.

174 *Das Schloß am Meere*

HAST du das Schloß gesehen,
„Das hohe Schloß am Meer?
Golden und rosig wehen
Die Wolken drüber her.

Es möchte sich niederneigen
In die spiegelklare Flut,
Es möchte streben und steigen
In der Abendwolken Glut." —

„Wohl hab' ich es gesehen,
Das hohe Schloß am Meer
Und den Mond darüber stehen
Und Nebel weit umher." —

„Der Wind und des Meeres Wallen,
Gaben sie frischen Klang?
Vernahmst du aus hohen Hallen
Saiten und Festgesang?" —

„Die Winde, die Wogen alle
Lagen in tiefer Ruh;
Einem Klagelied aus der Halle
Hört' ich mit Tränen zu." —

„Sahest du oben gehen
Den König und sein Gemahl,
Der roten Mäntel Wehen,
Der goldnen Kronen Strahl?

Führten sie nicht mit Wonne
Eine schöne Jungfrau dar,
Herrlich wie eine Sonne,
Strahlend im goldnen Haar?" —

„Wohl sah ich die Eltern beide
Ohne der Kronen Licht,
Im schwarzen Trauerkleide —
Die Jungfrau sah ich nicht."

175 *Das Glück von Edenhall*

VON Edenhall der junge Lord
 Läßt schmettern Festtrommetenschall,
Er hebt sich an des Tisches Bord
Und ruft in trunkner Gäste Schwall:
„Nun her mit dem Glücke von Edenhall!"

Der Schenk vernimmt ungern den Spruch,
Des Hauses ältester Vasall,
Nimmt zögernd aus dem seidnen Tuch
Das hohe Trinkglas von Kristall;
Sie nennen's das Glück von Edenhall.

Darauf der Lord: „Dem Glas zum Preis
Schenk Roten ein aus Portugal!"
Mit Händezittern gießt der Greis,
Und purpurn Licht wird überall;
Es strahlt aus dem Glücke von Edenhall.

Da spricht der Lord und schwingt's dabei:
„Dies Glas von leuchtendem Kristall
Gab meinem Ahn' am Quell die Fei;
Drein schrieb sie: ‚Kommt dies Glas zu Fall,
Fahr wohl dann, o Glück von Edenhall!'

Ein Kelchglas ward zum Los mit Fug
Dem freud'gen Stamm von Edenhall;
Wir schlürfen gern in vollem Zug,
Wir läuten gern mit lautem Schall.
Stoßt an mit dem Glücke von Edenhall!"

Erst klingt es milde, tief und voll,
Gleich dem Gesang der Nachtigall,
Dann wie des Waldstroms laut Geroll;
Zuletzt erdröhnt wie Donnerhall
Das herrliche Glück von Edenhall.

„Zum Horte nimmt ein kühn Geschlecht
Sich den zerbrechlichen Kristall?
Er dauert länger schon als recht.
Stoßt an! Mit diesem kräft'gen Prall
Versuch' ich das Glück von Edenhall."

Und als das Trinkglas gellend springt,
Springt das Gewölb mit jähem Knall,
Und aus dem Riß die Flamme dringt;
Die Gäste sind zerstoben all'
Mit dem brechenden Glücke von Edenhall.

Einstürmt der Feind mit Brand und Mord,
Der in der Nacht erstieg den Wall;
Vom Schwerte fällt der junge Lord,
Hält in der Hand noch den Kristall,
Das zersprungene Glück von Edenhall.

Am Morgen irrt der Schenk allein,
Der Greis, in der zerstörten Hall';
Er sucht des Herrn verbrannt Gebein,
Er sucht im grausen Trümmerfall
Die Scherben des Glücks von Edenhall.

„Die Steinwand", spricht er, „springt zu Stück,
Die hohe Säule muß zu Fall;
Glas ist der Erde Stolz und Glück,
In Splitter fällt der Erdenball
Einst gleich dem Glücke von Edenhall."

176 *Der gute Kamerad*

Ich hatt' einen Kameraden,
Einen bessern findst du nit.
Die Trommel schlug zum Streite,
Er ging an meiner Seite
In gleichem Schritt und Tritt.

Eine Kugel kam geflogen;
Gilt's mir oder gilt es dir?
Ihn hat es weggerissen,
Er liegt mir vor den Füßen,
Als wär's ein Stück von mir.

Will mir die Hand noch reichen,
Derweil ich eben lad':
„Kann dir die Hand nicht geben,
Bleib du im ew'gen Leben
Mein guter Kamerad!"

177 *Der Wirtin Töchterlein*

Es zogen drei Bursche wohl über den Rhein,
Bei einer Frau Wirtin da kehrten sie ein.

„Frau Wirtin, hat Sie gut Bier und Wein?
Wo hat Sie ihr schönes Töchterlein?"

„Mein Bier und Wein ist frisch und klar,
Mein Töchterlein liegt auf der Totenbahr'."

Und als sie traten zur Kammer hinein,
Da lag sie in einem schwarzen Schrein.

Der erste, der schlug den Schleier zurück
Und schaute sie an mit traurigem Blick:

„Ach, lebtest du noch, du schöne Maid!
Ich würde dich lieben von dieser Zeit."

Der zweite deckte den Schleier zu
Und kehrte sich ab und weinte dazu:

„Ach, daß du liegst auf der Totenbahr'!
Ich hab' dich geliebet so manches Jahr."

Der dritte hub ihn wieder sogleich
Und küßte sie an den Mund so bleich:

„Dich liebt' ich immer, dich lieb' ich noch heut'
Und werde dich lieben in Ewigkeit."

178 *Frühlingsglaube*

DIE linden Lüfte sind erwacht,
 Sie säuseln und weben Tag und Nacht,
Sie schaffen an allen Enden.
O frischer Duft, o neuer Klang!
Nun, armes Herze, sei nicht bang!
Nun muß sich alles, alles wenden.

Die Welt wird schöner mit jedem Tag,
Man weiß nicht, was noch werden mag,
Das Blühen will nicht enden.
Es blüht das fernste, tiefste Tal:
Nun, armes Herz, vergiß der Qual!
Nun muß sich alles, alles wenden.

JOSEPH VON EICHENDORFF
1788—1857

179 *Abschied*

O TÄLER weit, o Höhen,
 O schöner, grüner Wald,
Du meiner Lust und Wehen
Andächt'ger Aufenthalt!
Da draußen, stets betrogen,
Saust die geschäft'ge Welt;
Schlag noch einmal die Bogen
Um mich, du grünes Zelt!

Wenn es beginnt zu tagen,
Die Erde dampft und blinkt,
Die Vögel lustig schlagen,
Daß dir dein Herz erklingt:
Da mag vergehn, verwehen
Das trübe Erdenleid,
Da sollst du auferstehen
In junger Herrlichkeit!

Da steht im Wald geschrieben
Ein stilles, ernstes Wort
Von rechtem Tun und Lieben,
Und was des Menschen Hort.
Ich habe treu gelesen
Die Worte schlicht und wahr,
Und durch mein ganzes Wesen
Ward's unaussprechlich klar.

Bald werd' ich dich verlassen,
Fremd in der Fremde gehn,
Auf buntbewegten Gassen
Des Lebens Schauspiel sehn;
Und mitten in dem Leben
Wird deines Ernsts Gewalt
Mich Einsamen erheben,
So wird mein Herz nicht alt.

180 *Sehnsucht*

Es schienen so golden die Sterne,
Am Fenster ich einsam stand
Und hörte aus weiter Ferne
Ein Posthorn im stillen Land.

Das Herz mir im Leibe entbrennte,
Da hab' ich mir heimlich gedacht:
Ach, wer da mitreisen könnte
In der prächtigen Sommernacht!

Zwei junge Gesellen gingen
Vorüber am Bergeshang.
Ich hörte im Wandern sie singen
Die stille Gegend entlang:
Von schwindelnden Felsenschlüften,
Wo die Wälder rauschen so sacht,
Von Quellen, die von den Klüften
Sich stürzen in Waldesnacht.

Sie sangen von Marmorbildern,
Von Gärten, die überm Gestein
In dämmernden Lauben verwildern,
Palästen im Mondenschein,
Wo die Mädchen am Fenster lauschen,
Wann der Lauten Klang erwacht,
Und die Brunnen verschlafen rauschen
In der prächtigen Sommernacht.

181 *Der Einsiedler*

Komm, Trost der Welt, du stille Nacht!
Wie steigst du von den Bergen sacht!
Die Lüfte alle schlafen;
Ein Schiffer nur noch, wandermüd',
Singt übers Meer sein Abendlied
Zu Gottes Lob im Hafen.

Die Jahre wie die Wolken gehn
Und lassen mich hier einsam stehn,
Die Welt hat mich vergessen;
Da tratst du wunderbar zu mir,
Wenn ich beim Waldesrauschen hier
Gedankenvoll gesessen.

O Trost der Welt, du stille Nacht!
Der Tag hat mich so müd' gemacht,
Das weite Meer schon dunkelt;
Laß ausruhn mich von Lust und Not,
Bis daß das ew'ge Morgenrot
Den stillen Wald durchfunkelt.

182 *Der frohe Wandersmann*

WEM Gott will rechte Gunst erweisen,
 Den schickt er in die weite Welt;
Dem will er seine Wunder weisen
In Berg und Wald und Strom und Feld.

Die Trägen, die zu Hause liegen,
Erquicket nicht das Morgenrot,
Sie wissen nur von Kinderwiegen,
Von Sorgen, Last und Not um Brot.

Die Bächlein von den Bergen springen,
Die Lerchen schwirren hoch vor Lust;
Was sollt' ich nicht mit ihnen singen
Aus voller Kehl' und frischer Brust?

Den lieben Gott laß ich nur walten;
Der Bächlein, Lerchen, Wald und Feld
Und Erd' und Himmel will erhalten,
Hat auch mein' Sach' aufs best' bestellt.

183 From *Auf meines Kindes Tod*

VON fern die Uhren schlagen,
Es ist schon tiefe Nacht,
Die Lampe brennt so düster,
Dein Bettlein ist gemacht.

Die Winde nur noch gehen
Wehklagend um das Haus,
Wir sitzen einsam drinne
Und lauschen oft hinaus.

Es ist, als müßtest leise
Du klopfen an die Tür,
Du hätt'st dich nur verirret
Und kämst nun müd' zurück.

Wir armen, armen Toren!
Wir irren ja im Graus
Des Dunkels noch verloren —
Du fandest längst nach Haus.

184 *Der Abend*

SCHWEIGT der Menschen laute Lust:
Rauscht die Erde wie in Träumen
Wunderbar mit allen Bäumen,
Was dem Herzen kaum bewußt,
Alte Zeiten, linde Trauer,
Und es schweifen leise Schauer
Wetterleuchtend durch die Brust.

185 *Der verspätete Wanderer*

WO aber werd' ich sein im künft'gen Lenze?
So frug ich sonst wohl, wenn beim Hüteschwingen
Ins Tal wir ließen unser Lied erklingen,
Denn jeder Wipfel bot mir frische Kränze.

Ich wußte nur, daß rings der Frühling glänze,
Daß nach dem Meer die Ströme leuchtend gingen,
Vom fernen Wunderland die Vögel singen,
Da hatt' das Morgenrot noch keine Grenze.

Jetzt aber wird's schon Abend, alle Lieben
Sind wandermüde längst zurückgeblieben,
Die Nachtluft rauscht durch meine welken Kränze,
Und heimwärts rufen mich die Abendglocken,
Und in der Einsamkeit frag' ich erschrocken:
Wo werde ich wohl sein im künft'gen Lenze?

186 *Die zwei Gesellen*

Es zogen zwei rüst'ge Gesellen
Zum erstenmal von Haus,
So jubelnd recht in die hellen,
Klingenden, singenden Wellen
Des vollen Frühlings hinaus.

Die strebten nach hohen Dingen,
Die wollten, trotz Lust und Schmerz,
Was Rechts in der Welt vollbringen,
Und wem sie vorübergingen,
Dem lachten Sinnen und Herz.

Der erste, der fand ein Liebchen,
Die Schwieger kauft' Hof und Haus;
Der wiegte gar bald ein Bübchen
Und sah aus heimlichem Stübchen
Behaglich ins Feld hinaus.

Dem zweiten sangen und logen
Die tausend Stimmen im Grund,
Verlockend' Sirenen, und zogen
Ihn in der buhlenden Wogen
Farbig klingenden Schlund.

Und wie er auftaucht' vom Schlunde,
Da war er müde und alt,
Sein Schifflein das lag im Grunde,
So still war's rings in die Runde,
Und über die Wasser weht's kalt.

Es singen und klingen die Wellen
Des Frühlings wohl über mir;
Und seh' ich so kecke Gesellen,
Die Tränen im Auge mir schwellen —
Ach Gott, führ' uns liebreich zu dir!

187 *Der Pilger*

I

MAN setzt uns auf die Schwelle,
Wir wissen nicht, woher?
Da glüht der Morgen helle,
Hinaus verlangt uns sehr.
Der Erde Klang und Bilder,
Tiefblaue Frühlingslust,
Verlockend wild und wilder,
Bewegen da die Brust.
Bald wird es rings so schwüle,
Die Welt eratmet kaum,
Berg, Schloß und Wälder kühle
Stehn lautlos wie im Traum,
Und ein geheimes Grausen
Beschleichet unsern Sinn:
Wir sehnen uns nach Hause
Und wissen nicht, wohin?

II

Dein Wille, Herr, geschehe!
Verdunkelt schweigt das Land,
Im Zug der Wetter sehe
Ich schauernd deine Hand.

O mit uns Sündern gehe
Erbarmend ins Gericht!
Ich beug' im tiefsten Wehe
Zum Staub mein Angesicht,
Dein Wille, Herr, geschehe!

III

Schlag mit den flamm'gen Flügeln!
Wenn Blitz aus Blitz sich reißt:
Steht wie in Rossesbügeln
So ritterlich mein Geist.

Waldesrauschen, Wetterblicken
Macht recht die Seele los,
Da grüßt sie mit Entzücken,
Was wahrhaft, ernst und groß.

Es schiffen die Gedanken
Fern wie auf weitem Meer,
Wie auch die Wogen schwanken:
Die Segel schwellen mehr.

Herr Gott, es wacht dein Wille,
Ob Tag und Lust verwehn,
Mein Herz wird mir so stille
Und wird nicht untergehn.

IV

So laß herein nun brechen
Die Brandung, wie sie will,
Du darfst ein Wort nur sprechen,
So wird der Abgrund still;

Und bricht die letzte Brücke,
Zu dir, der treulich steht,
Hebt über Not und Glücke
Mich einsam das Gebet.

V

Wie ein todeswunder Streiter,
Der den Weg verloren hat,
Schwank' ich nun und kann nicht weiter,
Von dem Leben sterbensmatt.
Nacht schon decket alle Müden
Und so still ist's um mich her,
Herr, auch mir gib endlich Frieden,
Denn ich wünsch' und hoff' nichts mehr.

VI

Wie oft wollt' mich die Welt ermüden,
Ich beugt' auf's Schwert mein Angesicht
Und bat dich frevelhaft um Frieden —
Du wußtest's besser, gabst ihn nicht.

Ich sah in Nacht das Land vergehen,
In Blitzen du die Wetter brachst,
Da konnt' ich schauernd erst verstehen,
Was du zu mir Erschrocknem sprachst:

„Meine Lieder sind nicht deine Lieder,
Leg' ab den falschen Schmuck der Zeit
Und nimm das Kreuz, dann komme wieder
In deines Herzens Einsamkeit."

Und alle Bilder ferne treten,
Und tief noch rauschet kaum die Rund' —
Wie geht ein wunderbares Beten
Mir leuchtend durch der Seele Grund!

FRIEDRICH RÜCKERT

1788—1866

188 *Barbarossa*

Der alte Barbarossa,
Der Kaiser Friederich,
Im unterird'schen Schlosse
Hält er verzaubert sich.

Er ist niemals gestorben,
Er lebt darin noch jetzt;
Er hat im Schloß verborgen
Zum Schlaf sich hingesetzt.

Er hat hinabgenommen
Des Reiches Herrlichkeit
Und wird einst wiederkommen
Mit ihr zu seiner Zeit.

Der Stuhl ist elfenbeinern,
Darauf der Kaiser sitzt;
Der Tisch ist marmelsteinern,
Worauf sein Haupt er stützt.

Sein Bart ist nicht von Flachse,
Er ist von Feuersglut,
Ist durch den Tisch gewachsen,
Worauf sein Kinn ausruht.

Er nickt als wie im Traume,
Sein Aug' halb offen zwinkt,
Und je nach langem Raume
Er einem Knaben winkt.

Er spricht im Schlaf zum Knaben:
„Geh hin vor's Schloß, o Zwerg,
Und sieh, ob noch die Raben
Herfliegen um den Berg.

Und wenn die alten Raben
Noch fliegen immerdar,
So muß ich auch noch schlafen
Verzaubert hundert Jahr."

189 *Kehr ein bei mir!*

D<small>U</small> bist die Ruh,
Der Friede mild,
Die Sehnsucht du,
Und was sie stillt.

Ich weihe dir
Voll Lust und Schmerz
Zur Wohnung hier
Mein Aug' und Herz.

Kehr ein bei mir
Und schließe du
Still hinter dir
Die Pforten zu!

Treib andern Schmerz
Aus dieser Brust!
Voll sei dies Herz
Von deiner Lust.

Dies Augenzelt,
Von deinem Glanz
Allein erhellt,
O füll es ganz!

190 *Um Mitternacht*

UM Mitternacht
Hab' ich gewacht
Und aufgeblickt zum Himmel;
Kein Stern vom Sterngewimmel
Hat mir gelacht
Um Mitternacht.

Um Mitternacht
Hab' ich gedacht
Hinaus in dunkle Schranken;
Es hat kein Lichtgedanken
Mir Trost gebracht
Um Mitternacht.

Um Mitternacht
Nahm ich in acht
Die Schläge meines Herzens;
Ein einz'ger Puls des Schmerzens
War angefacht
Um Mitternacht.

Um Mitternacht
Kämpft' ich die Schlacht,
O Menschheit, deiner Leiden;
Nicht konnt' ich sie entscheiden
Mit meiner Macht
Um Mitternacht.

Um Mitternacht
Hab' ich die Macht
In deine Hand gegeben;
Herr über Tod und Leben,
Du hältst die Wacht
Um Mitternacht.

THEODOR KÖRNER

1791—1813

191 *Gebet während der Schlacht*

Vater, ich rufe dich!
 Brüllend umwölkt mich der Dampf der Geschütze,
Sprühend umzucken mich rasselnde Blitze.
Lenker der Schlachten, ich rufe dich!
 Vater du, führe mich!

Vater du, führe mich!
Führ mich zum Siege, führ mich zum Tode:
Herr, ich erkenne deine Gebote;
Herr, wie du willst, so führe mich!
 Gott, ich erkenne dich!

Gott, ich erkenne dich!
So im herbstlichen Rauschen der Blätter,
Als im Schlachtendonnerwetter,
Urquell der Gnade, erkenn' ich dich.
 Vater du, segne mich!

Vater du, segne mich!
In deine Hand befehl' ich mein Leben,
Du kannst es nehmen, du hast es gegeben;
Zum Leben, zum Sterben segne mich!
 Vater, ich preise dich!

Vater, ich preise dich!
's ist ja kein Kampf für die Güter der Erde;
Das Heiligste schützen wir mit dem Schwerte:
Drum, fallend und siegend, preis' ich dich.
 Gott, dir ergeb' ich mich!

Gott, dir ergeb' ich mich!
Wenn mich die Donner des Todes begrüßen,
Wenn meine Adern geöffnet fließen:
Dir, mein Gott, dir ergeb' ich mich!
 Vater, ich rufe dich!

WILHELM MÜLLER

1794—1827

Wanderschaft

D AS Wandern ist des Müllers Lust,
Das Wandern!
Das muß ein schlechter Müller sein,
Dem niemals fiel das Wandern ein,
Das Wandern.

Vom Wasser haben wir's gelernt,
Vom Wasser!
Das hat nicht Rast bei Tag und Nacht,
Ist stets auf Wanderschaft bedacht,
Das Wasser.

Das sehn wir auch den Rädern ab,
Den Rädern!
Die gar nicht gerne stille stehn,
Die sich mein Tag nicht müde drehn,
Die Räder.

Die Steine selbst, so schwer sie sind,
Die Steine!
Sie tanzen mit den muntern Reih'n
Und wollen gar noch schneller sein,
Die Steine.

O Wandern, Wandern, meine Lust,
O Wandern!
Herr Meister und Frau Meisterin,
Laßt mich in Frieden weiter ziehn
Und wandern.

293

Wohin?

Ich hört' ein Bächlein rauschen
Wohl aus dem Felsenquell,
Hinab zum Tale rauschen
So frisch und wunderhell.

Ich weiß nicht, wie mir wurde,
Nicht, wer den Rat mir gab,
Ich mußte gleich hinunter
Mit meinem Wanderstab.

Hinunter und immer weiter,
Und immer dem Bache nach;
Und immer frischer rauschte
Und immer heller der Bach.

Ist das denn meine Straße?
O Bächlein, sprich, wohin?
Du hast mit deinem Rauschen
Mir ganz berauscht den Sinn.

Was sag' ich denn vom Rauschen?
Das kann kein Rauschen sein:
Es singen wohl die Nixen
Dort unten ihren Reih'n.

Laß singen, Gesell, laß rauschen
Und wandre fröhlich nach!
Es gehn ja Mühlenräder
In jedem klaren Bach.

Ungeduld

ICH schnitt' es gern in alle Rinden ein,
Ich grüb' es gern in jeden Kieselstein,
Ich möcht' es sä'n auf jedes frische Beet
Mit Kressensamen, der es schnell verrät,
Auf jeden weißen Zettel möcht' ich's schreiben:
Dein ist mein Herz, und soll es ewig bleiben.

Ich möcht' mir ziehen einen jungen Star,
Bis daß er spräch' die Worte rein und klar,
Bis er sie spräch' mit meines Mundes Klang,
Mit meines Herzens vollem, heißem Drang;
Dann säng' er hell durch ihre Fensterscheiben:
Dein ist mein Herz, und soll es ewig bleiben.

Den Morgenwinden möcht' ich's hauchen ein,
Ich möcht' es säuseln durch den regen Hain;
O, leuchtet' es aus jedem Blumenstern!
Trüg' es der Duft zu ihr von nah' und fern!
Ihr Wogen, könnt ihr nichts als Räder treiben?
Dein ist mein Herz, und soll es ewig bleiben.

Ich meint', es müßt' in meinen Augen stehn,
Auf meinen Wangen müßt' man's brennen sehn,
Zu lesen wär's auf meinem stummen Mund,
Ein jeder Atemzug gäb's laut ihr kund;
Und sie merkt nichts von all dem bangen Treiben:
Dein ist mein Herz, und soll es ewig bleiben!

295 *Der Lindenbaum*

Aᴍ Brunnen vor dem Tore,
Da steht ein Lindenbaum;
Ich träumt' in seinem Schatten
So manchen süßen Traum.

Ich schnitt in seine Rinde
So manches liebe Wort;
Es zog in Freud' und Leide
Zu ihm mich immer fort.

Ich mußt' auch heute wandern
Vorbei in tiefer Nacht,
Da hab' ich noch im Dunkel
Die Augen zugemacht.

Und seine Zweige rauschten,
Als riefen sie mir zu:
Komm her zu mir, Geselle,
Hier find'st du deine Ruh!

Die kalten Winde bliesen
Mir grad ins Angesicht,
Der Hut flog mir vom Kopfe,
Ich wendete mich nicht.

Nun bin ich manche Stunde
Entfernt von jenem Ort,
Und immer hör' ich's rauschen:
Du fändest Ruhe dort!

AUGUST GRAF VON PLATEN
1796—1835

196 *Der Pilgrim vor St. Just*

NACHT ist's, und Stürme sausen für und für;
Hispanische Mönche, schließt mir auf die Tür!

Laßt hier mich ruhn, bis Glockenton mich weckt,
Der zum Gebet euch in die Kirche schreckt!

Bereitet mir, was euer Haus vermag,
Ein Ordenskleid und einen Sarkophag!

Gönnt mir die kleine Zelle, weiht mich ein!
Mehr als die Hälfte dieser Welt war mein.

Das Haupt, das nun der Schere sich bequemt,
Mit mancher Krone ward's bediademt.

Die Schulter, die der Kutte nun sich bückt,
Hat kaiserlicher Hermelin geschmückt.

Nun bin ich vor dem Tod den Toten gleich
Und fall' in Trümmer wie das alte Reich.

197 *Das Grab im Busento*

NÄCHTLICH am Busento lispeln bei Cosenza dumpfe
 Lieder,
Aus den Wassern schallt es Antwort, und in Wirbeln
 klingt es wieder!
Und den Fluß hinauf, hinunter ziehn die Schatten tapfrer
 Goten,
Die den Alarich beweinen, ihres Volkes besten Toten.

283

Allzufrüh und fern der Heimat mußten hier sie ihn
 begraben,
Während noch die Jugendlocken seine Schulter blond
 umgaben.

Und am Ufer des Busento reihten sie sich um die Wette;
Um die Strömung abzuleiten, gruben sie ein frisches
 Bette.

In der wogenleeren Höhlung wühlten sie empor die
 Erde,
Senkten tief hinein den Leichnam mit der Rüstung auf
 dem Pferde;

Deckten dann mit Erde wieder ihn und seine stolze Habe,
Daß die hohen Stromgewächse wüchsen aus dem Helden-
 grabe.

Abgelenkt zum zweiten Male, ward der Fluß herbei-
 gezogen;
Mächtig in ihr altes Bette schäumten die Busentowogen.

Und es sang ein Chor von Männern: „Schlaf in deinen
 Heldenehren!
Keines Römers schnöde Habsucht soll dir je das Grab
 versehren!"

Sangen's, und die Lobgesänge tönten fort im Gotenheere;
Wälze sie, Busentowelle, wälze sie von Meer zu Meere!

198 *Wie rafft' ich mich auf . . .*

WIE rafft' ich mich auf in der Nacht, in der Nacht,
Und fühlte mich fürder gezogen!
Die Gassen verließ ich, vom Wächter bewacht,
Durchwandelte sacht
In der Nacht, in der Nacht,
Das Tor mit dem gotischen Bogen.

Der Mühlbach rauschte durch felsigen Schacht,
Ich lehnte mich über die Brücke,
Tief unter mir nahm ich der Wogen in acht,
Die wallten so sacht
In der Nacht, in der Nacht,
Doch wallte nicht eine zurücke.

Es drehte sich oben, unzählig entfacht,
Melodischer Wandel der Sterne,
Mit ihnen der Mond in beruhigter Pracht,
Sie funkelten sacht
In der Nacht, in der Nacht,
Durch täuschend entlegene Ferne.

Ich blickte hinauf in der Nacht, in der Nacht,
Ich blickte hinunter aufs neue:
O wehe, wie hast du die Tage verbracht!
Nun stille du sacht
In der Nacht, in der Nacht,
Im pochenden Herzen die Reue!

199 From *Sonette aus Venedig*

I

MEIN Auge ließ das hohe Meer zurücke,
Als aus der Flut Palladios Tempel stiegen,
An deren Staffeln sich die Wellen schmiegen,
Die uns getragen ohne Falsch und Tücke.

Wir landen an, wir danken es dem Glücke,
Und die Lagune scheint zurück zu fliegen,
Der Dogen alte Säulengänge liegen
Vor uns gigantisch mit der Seufzerbrücke.

Venedigs Löwen, sonst Venedigs Wonne,
Mit ehrnen Flügeln sehen wir ihn ragen
Auf seiner kolossalischen Kolonne.

Ich steig' ans Land, nicht ohne Furcht und Zagen,
Da glänzt der Markusplatz im Licht der Sonne:
Soll ich ihn wirklich zu betreten wagen?

II

DIES Labyrinth von Brücken und von Gassen,
Die tausendfach sich ineinander schlingen,
Wie wird hindurchzugehn mir je gelingen?
Wie werd' ich je dies große Rätsel fassen?

Ersteigend erst des Markusturms Terrassen,
Vermag ich vorwärts mit dem Blick zu dringen,
Und aus den Wundern, welche mich umringen,
Entsteht ein Bild, es teilen sich die Massen.

Ich grüße dort den Ozean, den blauen,
Und hier die Alpen, die im weiten Bogen
Auf die Laguneninseln niederschauen.

Und sieh, da kam ein mut'ges Volk gezogen,
Paläste sich und Tempel sich zu bauen
Auf Eichenpfähle mitten in die Wogen.

III

WIE lieblich ist's, wenn sich der Tag verkühlet,
 Hinaus zu sehn, wo Schiff und Gondel schweben,
Wenn die Lagune, ruhig, spiegeleben,
In sich verfließt, Venedig sanft umspület!

Ins Innre wieder dann gezogen fühlet
Das Auge sich, wo nach den Wolken streben
Palast und Kirche, wo ein lautes Leben
Auf allen Stufen des Rialto wühlet.

Ein frohes Völkchen lieber Müßiggänger,
Es schwärmt umher, es läßt durch nichts sich stören
Und stört auch niemals einen Grillenfänger.

Des Abends sammelt sich's zu ganzen Chören,
Denn auf dem Markusplatze will's den Sänger
Und den Erzähler auf der Riva hören.

IV

VENEDIG liegt nur noch im Land der Träume
 Und wirft nur Schatten her aus alten Tagen,
Es liegt der Leu der Republik erschlagen,
Und öde feiern seines Kerkers Räume.

Die ehrnen Hengste, die, durch salz'ge Schäume
Dahergeschleppt, auf jener Kirche ragen,
Nicht mehr dieselben sind sie, ach, sie tragen
Des korsikan'schen Überwinders Zäume.

Wo ist das Volk von Königen geblieben,
Das diese Marmorhäuser durfte bauen,
Die nun verfallen und gemach zerstieben?

Nur selten finden auf der Enkel Brauen
Der Ahnen große Züge sich geschrieben,
An Dogengräbern in den Stein gehauen.

v

Es scheint ein langes, ew'ges Ach zu wohnen
In diesen Lüften, die sich leise regen;
Aus jenen Hallen weht es mir entgegen,
Wo Scherz und Jubel sonst gepflegt zu thronen.

Venedig fiel, wiewohl's getrotzt Äonen,
Das Rad des Glücks kann nichts zurückbewegen:
Öd' ist der Hafen, wen'ge Schiffe legen
Sich an die schöne Riva der Sclavonen.

Wie hast du sonst, Venetia, geprahlet
Als stolzes Weib mit goldenen Gewändern,
So wie dich Paolo Veronese malet!

Nun steht ein Dichter an den Prachtgeländern
Der Riesentreppe staunend und bezahlet
Den Tränenzoll, der nichts vermag zu ändern!

VI

W AS läßt im Leben sich zuletzt gewinnen?
Was sichern wir von seinen Schätzen allen?
Das goldne Glück, das süße Wohlgefallen,
Sie eilen — treu ist nur der Schmerz — von hinnen.

Eh' mir ins Nichts die letzten Stunden rinnen,
Will noch einmal ich auf und nieder wallen,
Venedigs Meer, Venedigs Marmorhallen
Beschaun mit sehnsuchtsvoll erstaunten Sinnen.

Das Auge schweift mit emsigem Bestreben,
Als ob zurück in seinem Spiegel bliebe,
Was länger nicht vor ihm vermag zu schweben.

Zuletzt, entziehend sich dem letzten Triebe,
Fällt ach, zum letztenmal im kurzen Leben
Auf jenes Angesicht ein Blick der Liebe.

200 *O süßer Lenz, beflügle deine Schritte ...*

O süsser Lenz, beflügle deine Schritte,
Komm früher diesmal, als du pflegst zu kommen!
Du bist ein Arzt, wenn unsre Brust beklommen,
Ein milder Arzt von immer sanfter Sitte!

O könnt' ich schon in deiner Blumen Mitte,
Wann kaum der Tag am Horizont entglommen,
Bis er ins Abendrot zuletzt verschwommen,
Von Träumen leben, ohne Wunsch und Bitte!

Wann deine helle Sonne flammt im Blauen,
Würd' ich, ins Gras gestreckt, nach oben blicken
Und würde glauben meinen Freund zu schauen!

Geblendet würde dann mein Auge nicken,
Ich würde schlummern, bis die Sterne tauen,
Und mich im Schlaf an seinem Bild erquicken!

201　*Wer wußte je das Leben recht
zu fassen? . . .*

WER wußte je das Leben recht zu fassen?
Wer hat die Hälfte nicht davon verloren
Im Traum, im Fieber, im Gespräch mit Toren,
In Liebesqual, im leeren Zeitverprassen?

Ja, der sogar, der ruhig und gelassen,
Mit dem Bewußtsein, was er soll, geboren,
Frühzeitig einen Lebensgang erkoren,
Muß vor des Lebens Widerspruch erblassen.

Denn jeder hofft doch, daß das Glück ihm lache;
Allein das Glück, wenn's wirklich kommt, ertragen
Ist keines Menschen, wäre Gottes Sache.

Auch kommt es nie, wir wünschen bloß und wagen;
Dem Schläfer fällt es nimmermehr vom Dache,
Und auch der Läufer wird es nicht erjagen.

202 *Ich möchte, wenn ich sterbe . . .*

ICH möchte, wenn ich sterbe, wie die lichten
Gestirne schnell und unbewußt erbleichen,
Erliegen möcht' ich einst des Todes Streichen
Wie Sagen uns von Pindaros berichten.

Ich will ja nicht im Leben oder Dichten
Den großen Unerreichlichen erreichen,
Ich möcht', o Freund, ihm nur im Tode gleichen;
Doch höre nun die schönste der Geschichten.

Er saß im Schauspiel, vom Gesang beweget,
Und hatte, der ermüdet war, die Wangen
Auf seines Lieblings schönes Knie geleget:

Als nun der Chöre Melodien verklangen,
Will wecken ihn, der ihn so sanft geheget,
Doch zu den Göttern war er heimgegangen.

203 *Vergebt, daß alle meine Lieder*
klagen . . .

VERGEBT, daß alle meine Lieder klagen,
Und manche Träne diesen Blick umflort,
Auch ich, o glaubt mir! habe viel ertragen,
Das Schwert der Schmerzen hat auch mich durchbohrt.

Ihr könnt mich nur nach leichten Worten messen,
In diesen Busen konntet ihr nicht sehn:
Ach, jeder Scherz ist nur ein Selbstvergessen
Und jedes Lächeln kommt mich hoch zu stehn.

204　　　　　*Tristan*

WER die Schönheit angeschaut mit Augen,
　　Ist dem Tode schon anheimgegeben,
Wird für keinen Dienst auf Erden taugen,
Und doch wird er vor dem Tode beben,
Wer die Schönheit angeschaut mit Augen!

Ewig währt für ihn der Schmerz der Liebe,
Denn ein Tor nur kann auf Erden hoffen
Zu genügen einem solchen Triebe:
Wen der Pfeil des Schönen je getroffen,
Ewig währt für ihn der Schmerz der Liebe!

Ach, er möchte wie ein Quell versiechen,
Jedem Hauch der Luft ein Gift entsaugen
Und den Tod aus jeder Blume riechen:
Wer die Schönheit angeschaut mit Augen,
Ach, er möchte wie ein Quell versiechen!

ANNETTE VON DROSTE-HÜLSHOFF

1797—1848

205　　　　*Mondesaufgang*

AN des Balkones Gitter lehnte ich
　　Und wartete, du mildes Licht, auf dich.
Hoch über mir, gleich trübem Eiskristalle,
Zerschmolzen schwamm des Firmamentes Halle;
Der See verschimmerte mit leisem Dehnen
Zerfloßne Perlen oder Wolkentränen? —
Es rieselte, es dämmerte um mich,
Ich wartete, du mildes Licht, auf dich.

Hoch stand ich, neben mir der Linden Kamm,
Tief unter mir Gezweige, Ast und Stamm;
Im Laube summte der Phalänen Reigen,
Die Feuerfliege sah ich glimmend steigen,
Und Blüten taumelten wie halb entschlafen;
Mir war, als treibe hier ein Herz zum Hafen,
Ein Herz, das übervoll von Glück und Leid
Und Bildern seliger Vergangenheit.

Das Dunkel stieg, die Schatten drangen ein —
Wo weilst du, weilst du denn, mein milder Schein? —
Sie drangen ein wie sündige Gedanken,
Des Firmamentes Woge schien zu schwanken.
Verzittert war der Feuerfliege Funken,
Längst die Phaläne an den Grund gesunken,
Nur Bergeshäupter standen hart und nah,
Ein finstrer Richterkreis, im Düster da.

Und Zweige zischelten an meinem Fuß
Wie Warnungsflüstern oder Todesgruß.
Ein Summen stieg im weiten Wassertale
Wie Volksgemurmel vor dem Tribunale;
Mir war, als müsse etwas Rechnung geben,
Als stehe zagend ein verlornes Leben,
Als stehe ein verkümmert Herz allein,
Einsam mit seiner Schuld und seiner Pein.

Da, auf die Wellen sank ein Silberflor,
Und langsam stiegst du, frommes Licht, empor;
Der Alpen finstre Stirnen strichst du leise,
Und aus den Richtern wurden sanfte Greise.

Der Wellen Zucken ward ein lächelnd Winken,
An jedem Zweige sah ich Tropfen blinken,
Und jeder Tropfen schien ein Kämmerlein,
Drin flimmerte der Heimatlampe Schein.

O Mond, du bist mir wie ein später Freund,
Der seine Jugend dem Verarmten eint,
Um seine sterbenden Erinnerungen
Des Lebens zarten Widerschein geschlungen;
Bist keine Sonne, die entzückt und blendet,
In Feuerströmen lebt, in Blute endet —
Bist, was dem kranken Sänger sein Gedicht:
Ein fremdes, aber — o, ein mildes Licht.

206 *Im Grase*

SÜSSE Ruh, süßer Taumel im Gras,
Von des Krautes Arome umhaucht;
Tiefe Flut, tief tieftrunkene Flut,
Wenn die Wolk' am Azure verraucht,
Wenn aufs müde, schwimmende Haupt
Süßes Lachen gaukelt herab,
Liebe Stimme säuselt und träuft
Wie die Lindenblüt' auf ein Grab.

Wenn im Busen die Toten dann,
Jede Leiche sich streckt und regt,
Leise, leise den Odem zieht,
Die geschloßne Wimper bewegt,
Tote Lieb', tote Lust, tote Zeit,
All' die Schätze, im Schutt verwühlt,
Sich berühren mit schüchternem Klang
Gleich den Glöckchen, vom Winde umspielt.

Stunden, flüchtiger ihr als der Kuß
Eines Strahls auf den trauernden See,
Als des ziehenden Vogels Lied,
Das mir niederperlt aus der Höh',
Als des schillernden Käfers Blitz,
Wenn den Sonnenpfad er durcheilt,
Als der heiße Druck einer Hand,
Die zum letzten Male verweilt.

Dennoch, Himmel, immer mir nur,
Dieses eine mir: für das Lied
Jedes freien Vogels im Blau
Eine Seele, die mit ihm zieht,
Nur für jeden kärglichen Strahl
Meinen farbigschillernden Saum,
Jeder warmen Hand meinen Druck,
Und für jedes Glück einen Traum.

207 *Gethsemane*

ALS Christus lag im Hain Gethsemane
Auf seinem Antlitz mit geschloßnen Augen, —
Die Lüfte schienen Seufzer nur zu saugen,
Und eine Quelle murmelte ihr Weh,
Des Mondes blasse Scheibe widerscheinend, —
Da war die Stunde, wo ein Engel weinend
Von Gottes Throne ward herabgesandt,
Den bittern Leidenskelch in seiner Hand.

Und vor dem Heiland stieg das Kreuz empor;
Daran sah seinen eignen Leib er hangen,
Zerrissen, ausgespannt; wie Stricke drangen
Die Sehnen an den Gliedern ihm hervor:

Die Nägel sah er ragen und die Krone
Auf seinem Haupte, wo an jedem Dorn
Ein Blutestropfen hing, und wie im Zorn
Murrte der Donner mit verhaltnem Tone.
Ein Tröpfeln hört' er, und am Stamme leis'
Herniederglitt ein Wimmern qualverloren.
Da seufzte Christus, und aus allen Poren
Drang ihm der Schweiß.

Und dunkel ward die Luft, im grauen Meer
Schwamm eine tote Sonne, kaum zu schauen
War noch des dorngekrönten Hauptes Grauen,
Im Todeskampfe schwankend hin und her.
Am Kreuzesfuße lagen drei Gestalten;
Er sah sie grau wie Nebelwolken liegen,
Er hörte ihres schweren Odems Fliegen,
Von Zittern rauschen ihrer Kleider Falten.
O welch ein Lieben war wie seines heiß?
Er kannte sie, er hat sie wohl erkannt;
Das Menschenherz in seiner Brust gebrannt,
Und stärker quoll der Schweiß.

Die Sonnenleiche schwand — nur schwarzer Rauch,
Und drin versunken Kreuz und Seufzerhauch;
Ein Schweigen, grausiger als des Sturmes Toben,
Schwamm durch des Raumes sternenleere Gassen;
Kein Lebenshauch auf weiter Erde mehr,
Ringsum ein Krater, ausgebrannt und leer,
Und eine hohle Stimme rief von oben:
„Mein Gott, mein Gott, wie hast du mich verlassen!"

Da faßten den Erlöser Todeswehn,
Da weinte Christus mit gebrochnem Mut:
Da ward sein Schweiß zu Blut,
Und zitternd quoll es aus des Dulders Munde:
„Herr, ist es möglich, so laß diese Stunde
An mir vorübergehn!"

Ein Blitz durchfuhr die Nacht; im Lichte schwamm
Das Kreuz, erstrahlend mit den Marterzeichen,
Und Millionen Hände sah er reichen,
Sich angstvoll klammernd an des Kreuzes Stamm,
O Händ' und Händchen aus den fernsten Zonen!
Und um die Krone schwebten Millionen
Noch ungeborner Seelen, Funken gleichend;
Ein leiser Nebelrauch, dem Grund entschleichend,
Drang aus den Gräbern der Verstorbnen Flehn.
Da hob sich Christus in der Liebe Fülle,
Und: „Vater, Vater", rief er, „nicht mein Wille,
Der deine mag geschehn!"

Still schwamm der Mond im Blau, ein Lilienstengel
Stand vor dem Heiland im betauten Grün;
Und aus dem Lilienkelche trat der Engel
Und stärkte ihn.

208 *An Levin Schücking*

O FRAGE nicht, was mich so tief bewegt,
Seh' ich dein junges Blut so freudig wallen,
Warum, an deine klare Stirn gelegt,
Mir schwere Tropfen aus den Wimpern fallen.

Mich träumte einst, ich sei ein albern Kind,
Sich emsig mühend an des Tisches Borden;
Wie übermächtig die Vokabeln sind,
Die wieder Hieroglyphen mir geworden!

Und als ich dann erwacht', da weint' ich heiß,
Daß mir so klar und nüchtern jetzt zu Mute,
Daß ich so schrankenlos und überweis',
So ohne Furcht vor Schelten und vor Rute.

So, wenn ich schaue in dein Antlitz mild,
Wo tausend frische Lebenskeime walten,
Da ist es mir, als ob Natur mein Bild
Mir aus dem Zauberspiegel vorgehalten;

Und all mein Hoffen, meiner Seele Brand
Und meiner Liebessonne dämmernd Scheinen,
Was noch entschwinden wird und was entschwand,
Das muß ich alles dann in dir beweinen.

209 *Am letzten Tage des Jahres.*
Silvester

D AS Jahr geht um,
 Der Faden rollt sich sausend ab.
Ein Stündchen noch, das letzte heut',
Und stäubend rieselt in sein Grab,
Was einstens war lebend'ge Zeit.
Ich harre stumm.

's ist tiefe Nacht!
Ob wohl ein Auge offen noch?
In diesen Mauern rüttelt dein
Verrinnen, Zeit! Mir schaudert, doch
Es will die letzte Stunde sein
Einsam durchwacht,

Gesehen all,
Was ich begangen und gedacht.
Was mir aus Haupt und Herzen stieg,
Das steht nun eine ernste Wacht
Am Himmelstor. O halber Sieg!
O schwerer Fall!

Wie reißt der Wind
Am Fensterkreuze! Ja, es will
Auf Sturmesfittichen das Jahr
Zerstäuben, nicht ein Schatten still
Verhauchen unterm Sternenklar.
Du Sündenkind,

War nicht ein hohl
Und heimlich Sausen jeder Tag
In deiner wüsten Brust Verließ,
Wo langsam Stein an Stein zerbrach,
Wenn es den kalten Odem stieß
Vom starren Pol?

Mein Lämpchen will
Verlöschen, und begierig saugt
Der Docht den letzten Tropfen Öl.
Ist so mein Leben auch verraucht?
Eröffnet sich des Grabes Höhl'
Mir schwarz und still?

Wohl in dem Kreis,
Den dieses Jahres Lauf umzieht,
Mein Leben bricht. Ich wußt' es lang!
Und dennoch hat dies Herz geglüht
In eitler Leidenschaften Drang!
Mir brüht der Schweiß

Der tiefsten Angst
Auf Stirn und Hand. — Wie? dämmert feucht
Ein Stern dort durch die Wolken nicht?
Wär' es der Liebe Stern vielleicht,
Dir zürnend mit dem trüben Licht,
Daß du so bangst?

Horch, welch Gesumm?
Und wieder? Sterbemelodie!
Die Glocke regt den ehrnen Mund.
O Herr, ich falle auf das Knie:
Sei gnädig meiner letzten Stund'!
Das Jahr ist um!

HEINRICH HEINE

1797—1856

210 *Die Grenadiere*

NACH Frankreich zogen zwei Grenadier',
Die waren in Rußland gefangen;
Und als sie kamen ins deutsche Quartier,
Sie ließen die Köpfe hangen.

Da hörten sie beide die traurige Mär':
Daß Frankreich verloren gegangen,
Besiegt und zerschlagen das große Heer —
Und der Kaiser, der Kaiser gefangen.

Da weinten zusammen die Grenadier'
Wohl ob der kläglichen Kunde.
Der eine sprach: „Wie weh wird mir,
Wie brennt meine alte Wunde!"

Der andre sprach: „Das Lied ist aus,
Auch ich möcht' mit dir sterben;
Doch hab' ich Weib und Kind zu Haus,
Die ohne mich verderben."

„Was schert mich Weib, was schert mich Kind,
Ich trage weit beßres Verlangen;
Laß sie betteln gehn, wenn sie hungrig sind —
Mein Kaiser, mein Kaiser gefangen!

Gewähr' mir, Bruder, eine Bitt':
Wenn ich jetzt sterben werde,
So nimm meine Leiche nach Frankreich mit,
Begrab' mich in Frankreichs Erde.

Das Ehrenkreuz am roten Band
Sollst du aufs Herz mir legen;
Die Flinte gib mir in die Hand,
Und gürt' mir um den Degen.

So will ich liegen und horchen still,
Wie eine Schildwach', im Grabe,
Bis einst ich höre Kanonengebrüll
Und wiehernder Rosse Getrabe.

Dann reitet mein Kaiser wohl über mein Grab,
Viel Schwerter klirren und blitzen;
Dann steig' ich gewaffnet hervor aus dem Grab —
Den Kaiser, den Kaiser zu schützen!"

211 *Belsazar*

DIE Mitternacht zog näher schon;
In stiller Ruh lag Babylon.

Nur oben in des Königs Schloß,
Da flackert's, da lärmt des Königs Troß.

Dort oben in dem Königssaal
Belsazar hielt sein Königsmahl.

Die Knechte saßen in schimmernden Reih'n
Und leerten die Becher mit funkelndem Wein.

Es klirrten die Becher, es jauchzten die Knecht';
So klang es dem störrigen Könige recht.

Des Königs Wangen leuchten Glut;
Im Wein erwuchs ihm kecker Mut.

Und blindlings reißt der Mut ihn fort;
Und er lästert die Gottheit mit sündigem Wort.

Und er brüstet sich frech und lästert wild;
Die Knechtenschar ihm Beifall brüllt.

Der König rief mit stolzem Blick;
Der Diener eilt und kehrt zurück.

Er trug viel gülden Gerät auf dem Haupt;
Das war aus dem Tempel Jehovahs geraubt.

Und der König ergriff mit frevler Hand
Einen heiligen Becher, gefüllt bis am Rand.

Und er leert ihn hastig bis auf den Grund
Und rufet laut mit schäumendem Mund':

„Jehovah! dir künd' ich auf ewig Hohn, —
Ich bin der König von Babylon!"

Doch kaum das grause Wort verklang,
Dem König ward's heimlich im Busen bang.

Das gellende Lachen verstummte zumal;
Es wurde leichenstill im Saal.

Und sieh! und sieh! an weißer Wand
Da kam's hervor wie Menschenhand;

Und schrieb, und schrieb an weißer Wand
Buchstaben von Feuer, und schrieb und schwand.

Der König stieren Blicks da saß,
Mit schlotternden Knien und totenblaß.

Die Knechtenschar saß kalt durchgraut
Und saß gar still, gab keinen Laut.

Die Magier kamen, doch keiner verstand
Zu deuten die Flammenschrift an der Wand.

Belsazar ward aber in selbiger Nacht
Von seinen Knechten umgebracht.

212 *Abenddämmerung*

AM blassen Meeresstrande
Saß ich gedankenbekümmert und einsam.
Die Sonne neigte sich tiefer und warf
Glührote Streifen auf das Wasser,
Und die weißen, weiten Wellen,
Von der Flut gedrängt,
Schäumten und rauschten näher und näher —
Ein seltsam Geräusch, ein Flüstern und Pfeifen,
Ein Lachen und Murmeln, Seufzen und Sausen,
Dazwischen ein wiegenliedheimliches Singen —
Mir war als hört' ich verschollne Sagen,
Uralte, liebliche Märchen,
Die ich einst, als Knabe,
Von Nachbarskindern vernahm,
Wenn wir am Sommerabend,
Auf den Treppensteinen der Haustür,
Zum stillen Erzählen niederkauerten,
Mit kleinen, horchenden Herzen
Und neugierklugen Augen; —
Während die großen Mädchen,
Neben duftenden Blumentöpfen,
Gegenüber am Fenster saßen,
Rosengesichter,
Lächelnd und mondbeglänzt.

213 *Im wunderschönen Monat Mai . . .*

IM wunderschönen Monat Mai
Als alle Knospen sprangen,
Da ist in meinem Herzen
Die Liebe aufgegangen.

Im wunderschönen Monat Mai,
Als alle Vögel sangen,
Da hab' ich ihr gestanden
Mein Sehnen und Verlangen.

214 *Auf Flügeln des Gesanges* ...

AUF Flügeln des Gesanges,
Herzliebchen, trag' ich dich fort,
Fort nach den Fluren des Ganges,
Dort weiß ich den schönsten Ort.

Dort liegt ein rotblühender Garten
Im stillen Mondenschein;
Die Lotosblumen erwarten
Ihr trautes Schwesterlein.

Die Veilchen kichern und kosen
Und schaun nach den Sternen empor;
Heimlich erzählen die Rosen
Sich duftende Märchen ins Ohr.

Es hüpfen herbei und lauschen
Die frommen, klugen Gazell'n;
Und in der Ferne rauschen
Des heiligen Stromes Well'n.

Dort wollen wir niedersinken
Unter dem Palmenbaum
Und Liebe und Ruhe trinken
Und träumen seligen Traum.

215 *Die Lotosblume ängstigt ...*

D IE Lotosblume ängstigt
Sich vor der Sonne Pracht,
Und mit gesenktem Haupte
Erwartet sie träumend die Nacht.

Der Mond, der ist ihr Buhle,
Er weckt sie mit seinem Licht,
Und ihm entschleiert sie freundlich
Ihr frommes Blumengesicht.

Sie blüht und glüht und leuchtet
Und starret stumm in die Höh';
Sie duftet und weinet und zittert
Vor Liebe und Liebesweh.

216 *Ein Fichtenbaum steht einsam ...*

E IN Fichtenbaum steht einsam
Im Norden auf kahler Höh'.
Ihn schläfert; mit weißer Decke
Umhüllen ihn Eis und Schnee.

Er träumt von einer Palme,
Die fern im Morgenland
Einsam und schweigend trauert
Auf brennender Felsenwand.

217 *Aus alten Märchen winkt es ...*

Aus alten Märchen winkt es
Hervor mit weißer Hand;
Da singt es und da klingt es
Von einem Zauberland,

Wo große Blumen schmachten
Im goldnen Abendlicht
Und zärtlich sich betrachten
Mit bräutlichem Gesicht,

Wo alle Bäume sprechen
Und singen wie ein Chor,
Und laute Quellen brechen
Wie Tanzmusik hervor,

Und Liebesweisen tönen,
Wie du sie nie gehört,
Bis wundersüßes Sehnen
Dich wundersüß betört.

Ach, könnt' ich dorthin kommen
Und dort mein Herz erfreun,
Und aller Qual entnommen
Und frei und selig sein!

Ach, jenes Land der Wonne,
Das seh' ich oft im Traum;
Doch kommt die Morgensonne,
Zerfließt's wie eitel Schaum.

218 *Lorelei*

ICH weiß nicht, was soll es bedeuten,
Daß ich so traurig bin;
Ein Märchen aus alten Zeiten,
Das kommt mir nicht aus dem Sinn.

Die Luft ist kühl, und es dunkelt,
Und ruhig fließt der Rhein;
Der Gipfel des Berges funkelt
Im Abendsonnenschein.

Die schönste Jungfrau sitzet
Dort oben wunderbar,
Ihr goldnes Geschmeide blitzet,
Sie kämmt ihr goldenes Haar.

Sie kämmt es mit goldenem Kamme
Und singt ein Lied dabei;
Das hat eine wundersame,
Gewaltige Melodei.

Den Schiffer im kleinen Schiffe
Ergreift es mit wildem Weh;
Er schaut nicht die Felsenriffe,
Er schaut nur hinauf in die Höh'.

Ich glaube, die Wellen verschlingen
Am Ende Schiffer und Kahn;
Und das hat mit ihrem Singen
Die Lorelei getan.

219 *Wir saßen am Fischerhause ...*

Wir saßen am Fischerhause
Und schauten nach der See;
Die Abendnebel kamen
Und stiegen in die Höh'.

Im Leuchtturm wurden die Lichter
Allmählich angesteckt,
Und in der weiten Ferne
Ward noch ein Schiff entdeckt.

Wir sprachen von Sturm und Schiffbruch,
Vom Seemann, und wie er lebt
Und zwischen Himmel und Wasser
Und Angst und Freude schwebt.

Wir sprachen von fernen Küsten,
Vom Süden und vom Nord,
Und von den seltsamen Völkern
Und seltsamen Sitten dort.

Am Ganges duftet's und leuchtet's,
Und Riesenbäume blühn,
Und schöne, stille Menschen
Vor Lotosblumen knien.

In Lappland sind schmutzige Leute,
Plattköpfig, breitmäulig und klein;
Sie kauern ums Feuer und backen
Sich Fische, und quäken und schrein.

Die Mädchen horchten ernsthaft,
Und endlich sprach niemand mehr;
Das Schiff war nicht mehr sichtbar,
Es dunkelte gar zu sehr.

220 *Du bist wie eine Blume* ...

D u bist wie eine Blume
So hold und schön und rein;
Ich schau' dich an, und Wehmut
Schleicht mir ins Herz hinein.

Mir ist, als ob ich die Hände
Aufs Haupt dir legen sollt',
Betend, daß Gott dich erhalte
So rein und schön und hold.

221 *Still ist die Nacht* ...

S till ist die Nacht, es ruhen die Gassen,
In diesem Hause wohnte mein Schatz;
Sie hat schon längst die Stadt verlassen,
Doch steht noch das Haus auf demselben Platz.

Da steht auch ein Mensch und starrt in die Höhe,
Und ringt die Hände, vor Schmerzensgewalt;
Mir graust es, wenn ich sein Antlitz sehe —
Der Mond zeigt mir meine eigne Gestalt.

Du Doppelgänger! du bleicher Geselle!
Was äffst du nach mein Liebesleid,
Das mich gequält auf dieser Stelle,
So manche Nacht, in alter Zeit?

222 *Leise zieht durch mein Gemüt ...*

LEISE zieht durch mein Gemüt
Liebliches Geläute.
Klinge, kleines Frühlingslied,
Kling hinaus ins Weite.

Kling hinaus bis an das Haus,
Wo die Blumen sprießen.
Wenn du eine Rose schaust,
Sag', ich laß sie grüßen.

223 *Childe Harold*

EINE starke, schwarze Barke
Segelt trauervoll dahin.
Die vermummten und verstummten
Leichenhüter sitzen drin.

Toter Dichter, stille liegt er,
Mit entblößtem Angesicht;
Seine blauen Augen schauen
Immer noch zum Himmelslicht.

Aus der Tiefe klingt's, als riefe
Eine kranke Nixenbraut,
Und die Wellen, sie zerschellen
An dem Kahn wie Klagelaut.

224 *Die schlesischen Weber*

IM düstern Auge keine Träne,
Sie sitzen am Webstuhl und fletschen die Zähne:
„Deutschland, wir weben dein Leichentuch,
Wir weben hinein den dreifachen Fluch —
 Wir weben, wir weben!

„Ein Fluch dem Gotte, zu dem wir gebeten
In Winterskälte und Hungersnöten;
Wir haben vergebens gehofft und geharrt,
Er hat uns geäfft und gefoppt und genarrt —
 Wir weben, wir weben!

„Ein Fluch dem König, dem König der Reichen,
Den unser Elend nicht konnte erweichen,
Der den letzten Groschen von uns erpreßt
Und uns wie Hunde erschießen läßt —
 Wir weben, wir weben!

„Ein Fluch dem falschen Vaterlande,
Wo nur gedeihen Schmach und Schande,
Wo jede Blume früh geknickt,
Wo Fäulnis und Moder den Wurm erquickt —
 Wir weben, wir weben!

„Das Schiffchen fliegt, der Webstuhl kracht,
Wir weben emsig Tag und Nacht —
Altdeutschland, wir weben dein Leichentuch,
Wir weben hinein den dreifachen Fluch,
 Wir weben und weben!"

Karl I

IM Wald, in der Köhlerhütte sitzt
Trübsinnig allein der König;
Er sitzt an der Wiege des Köhlerkinds
Und wiegt und singt eintönig:

„Eiapopeia, was raschelt im Stroh?
Es blöken im Stalle die Schafe —
Du trägst das Zeichen an der Stirn
Und lächelst so furchtbar im Schlafe.

„Eiapopeia, das Kätzchen ist tot —
Du trägst auf der Stirne das Zeichen —
Du wirst ein Mann und schwingst das Beil,
Schon zittern im Walde die Eichen.

„Der alte Köhlerglaube verschwand,
Es glauben die Köhlerkinder —
Eiapopeia — nicht mehr an Gott,
Und an den König noch minder.

„Das Kätzchen ist tot, die Mäuschen sind froh —
Wir müssen zu Schanden werden —
Eiapopeia — im Himmel der Gott,
Und ich, der König, auf Erden.

„Mein Mut erlischt, mein Herz ist krank,
Und täglich wird es kränker —
Eiapopeia — du Köhlerkind,
Ich weiß es, du bist mein Henker.

„Mein Todesgesang ist dein Wiegenlied —
Eiapopeia — die greisen
Haarlocken schneidest du ab zuvor —
Im Nacken klirrt mir das Eisen.

„Eiapopeia, was raschelt im Stroh?
Du hast das Reich erworben,
Und schlägst mir das Haupt vom Rumpf herab —
Das Kätzchen ist gestorben.

„Eiapopeia, was raschelt im Stroh?
Es blöken im Stalle die Schafe.
Das Kätzchen ist tot, die Mäuschen sind froh —
Schlafe, mein Henkerchen, schlafe!"

226 *Der Asra*

TÄGLICH ging die wunderschöne
Sultanstochter auf und nieder
Um die Abendzeit am Springbrunn,
Wo die weißen Wasser plätschern.

Täglich stand der junge Sklave
Um die Abendzeit am Springbrunn,
Wo die weißen Wasser plätschern;
Täglich ward er bleich und bleicher.

Eines Abends trat die Fürstin
Auf ihn zu mit raschen Worten:
„Deinen Namen will ich wissen,
Deine Heimat, deine Sippschaft!"

Und der Sklave sprach: „Ich heiße
Mohamed, ich bin aus Yemmen,
Und mein Stamm sind jene Asra,
Welche sterben, wenn sie lieben."

227 *Sie erlischt*

DER Vorhang fällt, das Stück ist aus,
Und Herrn und Damen gehn nach Haus.
Ob ihnen auch das Stück gefallen?
Ich glaub', ich hörte Beifall schallen.
Ein hochverehrtes Publikum
Beklatschte dankbar seinen Dichter.
Jetzt aber ist das Haus so stumm,
Und sind verschwunden Lust und Lichter.

Doch horch! ein schollernd schnöder Klang
Ertönt unfern der öden Bühne; —
Vielleicht daß eine Saite sprang
An einer alten Violine.
Verdrießlich rascheln im Parterr'
Etwelche Ratten hin und her,
Und alles riecht nach ranz'gem Öle.
Die letzte Lampe ächzt und zischt
Verzweiflungsvoll und sie erlischt.
Das arme Licht war meine Seele.

228 *Weltlauf*

HAT man viel, so wird man bald
Noch viel mehr dazubekommen.
Wer nur wenig hat, dem wird
Auch das wenige genommen.

Wenn du aber gar nichts hast,
Ach, so lasse dich begraben —
Denn ein Recht zum Leben, Lump,
Haben nur, die etwas haben.

229 *Gedächtnisfeier*

KEINE Messe wird man singen,
Keinen Kadosch wird man sagen,
Nichts gesagt und nichts gesungen
Wird an meinen Sterbetagen.

Doch vielleicht an solchem Tage,
Wenn das Wetter schön und milde,
Geht spazieren auf Montmartre
Mit Paulinen Frau Mathilde.

Mit dem Kranz von Immortellen
Kommt sie, mir das Grab zu schmücken,
Und sie seufzet: „Pauvre homme!"
Feuchte Wehmut in den Blicken.

Leider wohn' ich viel zu hoch,
Und ich habe meiner Süßen
Keinen Stuhl hier anzubieten;
Ach, sie schwankt mit müden Füßen.

Süßes, dickes Kind, du darfst
Nicht zu Fuß nach Hause gehen;
An dem Barrière-Gitter
Siehst du die Fiaker stehen.

230 *Es sitzen am Kreuzweg ...*

Es sitzen am Kreuzweg drei Frauen,
Sie grinsen und spinnen,
Sie seufzen und sinnen;
Sie sind gar häßlich anzuschauen.

Die erste trägt den Rocken,
Sie dreht die Fäden,
Befeuchtet jeden;
Deshalb ist die Hängelippe so trocken.

Die zweite läßt tanzen die Spindel;
Das wirbelt im Kreise,
In drolliger Weise;
Die Augen der Alten sind rot wie Zindel.

Es hält die dritte Parze
In Händen die Schere,
Sie summt Miserere;
Die Nase ist spitz, drauf sitzt eine Warze.

O spute dich und zerschneide
Den Faden, den bösen,
Und laß mich genesen
Von diesem schrecklichen Lebensleide!

NIKOLAUS LENAU

(NIKOLAUS NIMBSCH VON STREHLENAU)

1802—1850

231 *See und Wasserfall*

Die Felsen, schroff und wild,
Der See, die Waldumnachtung
Sind dir ein stilles Bild
Tiefsinniger Betrachtung.

Und dort, mit Donnerhall
Hineilend zwischen Steinen,
Läßt dir der Wasserfall
Die kühne Tat erscheinen.

Du sollst, gleich jenem Teich,
Betrachtend dich verschließen;
Dann kühn, dem Bache gleich,
Zur Tat hinunterschießen.

232 *Bitte*

Weil' auf mir, du dunkles Auge,
Übe deine ganze Macht,
Ernste, milde, träumerische,
Unergründlich süße Nacht!

Nimm mit deinem Zauberdunkel
Diese Welt von hinnen mir,
Daß du über meinem Leben
Einsam schwebest für und für.

233 *Schilflied*

Auf dem Teich, dem regungslosen,
Weilt des Mondes holder Glanz,
Flechtend seine bleichen Rosen
In des Schilfes grünen Kranz.

Hirsche wandeln dort am Hügel,
Blicken in die Nacht empor;
Manchmal regt sich das Geflügel
Träumerisch im tiefen Rohr.

Weinend muß mein Blick sich senken;
Durch die tiefste Seele geht
Mir ein süßes Deingedenken
Wie ein stilles Nachtgebet!

234 *Herbstklage*

Holder Lenz, du bist dahin!
Nirgends, nirgends darfst du bleiben!
Wo ich sah dein frohes Blühn,
Braust des Herbstes banges Treiben.

Wie der Wind so traurig fuhr
Durch den Strauch, als ob er weine!
Sterbeseufzer der Natur
Schauern durch die welken Haine.

Wieder ist — wie bald! wie bald! —
Mir ein Jahr dahingeschwunden.
Fragend rauscht es aus dem Wald:
„Hat dein Herz sein Glück gefunden?"

Waldesrauschen, wunderbar
Hast du mir das Herz getroffen!
Treulich bringt ein jedes Jahr
Welkes Laub und welkes Hoffen.

235 *Winternacht*

VOR Kälte ist die Luft erstarrt,
 Es kracht der Schnee von meinen Tritten,
Es dampft mein Hauch, es klirrt mein Bart;
Nur fort, nur immer fortgeschritten!

Wie feierlich die Gegend schweigt!
Der Mond bescheint die alten Fichten,
Die, sehnsuchtsvoll zum Tod geneigt,
Den Zweig zurück zur Erde richten.

Frost, friere mir ins Herz hinein,
Tief in das heißbewegte, wilde!
Daß einmal Ruh mag drinnen sein,
Wie hier im nächtlichen Gefilde!

236 *Der Postillon*

LIEBLICH war die Maiennacht,
 Silberwölklein flogen,
Ob der holden Frühlingspracht
Freudig hingezogen.

Schlummernd lagen Wies' und Hain,
Jeder Pfad verlassen;
Niemand als der Mondenschein
Wachte auf der Straßen.

Leise nur das Lüftchen sprach,
Und es zog gelinder
Durch das stille Schlafgemach
All der Frühlingskinder.

Heimlich nur das Bächlein schlich,
Denn der Blüten Träume
Dufteten gar wonniglich
Durch die stillen Räume.

Rauher war mein Postillon,
Ließ die Geißel knallen,
Über Berg und Tal davon
Frisch sein Horn erschallen.

Und von flinken Rossen vier
Scholl der Hufe Schlagen,
Die durchs blühende Revier
Trabten mit Behagen.

Wald und Flur im schnellen Zug
Kaum gegrüßt — gemieden;
Und vorbei wie Traumesflug
Schwand der Dörfer Frieden.

Mitten in dem Maienglück
Lag ein Kirchhof innen,
Der den raschen Wanderblick
Hielt zu ernstem Sinnen.

Hingelehnt an Bergesrand
War die bleiche Mauer,
Und das Kreuzbild Gottes stand
Hoch, in stummer Trauer.

Schwager ritt auf seiner Bahn
Stiller jetzt und trüber;
Und die Rosse hielt er an,
Sah zum Kreuz hinüber:

„Halten muß hier Roß und Rad,
Mag's Euch nicht gefährden:
Drüben liegt mein Kamerad
In der kühlen Erden!

Ein gar herzlieber Gesell!
Herr, 's ist ewig schade!
Keiner blies das Horn so hell
Wie mein Kamerade!

Hier ich immer halten muß,
Dem dort unterm Rasen
Zum getreuen Brudergruß
Sein Leiblied zu blasen!"

Und dem Kirchhof sandt' er zu
Frohe Wandersänge,
Daß es in die Grabesruh
Seinem Bruder dränge.

Und des Hornes heller Ton
Klang vom Berge wieder,
Ob der tote Postillon
Stimmt' in seine Lieder. —

Weiter ging's durch Feld und Hag
Mit verhängtem Zügel;
Lang mir noch im Ohre lag
Jener Klang vom Hügel.

237 *Meeresstille*

STURM mit seinen Donnerschlägen
 Kann mir nicht wie du
So das tiefste Herz bewegen,
 Tiefe Meeresruh!

Du allein nur konntest lehren
 Uns den schönen Wahn
Seliger Musik der Sphären,
 Stiller Ozean!

Nächtlich Meer, nun ist dein Schweigen
 So tief ungestört,
Daß die Seele wohl ihr eigen
 Träumen klingen hört;

Daß im Schutz geschloßnen Mundes
 Doch mein Herz erschrickt,
Das Geheimnis heil'gen Bundes
 Fester an sich drückt.

238 *Sturmesmythe*

STUMM und regungslos in sich verschlossen
 Ruht die tiefe See dahingegossen,
Sendet ihren Gruß dem Strande nicht;
Ihre Wellenpulse sind versunken,
Ungespüret glühn die Abendfunken
Wie auf einem Totenangesicht.

Nicht ein Blatt am Strande wagt zu rauschen,
Wie betroffen stehn die Bäume, lauschen,
Ob kein Lüftchen, keine Welle wacht.
Und die Sonne ist hinabgeschieden,
Hüllend breitet um den Todesfrieden
Schleier nun auf Schleier stille Nacht.

Plötzlich auf am Horizonte tauchen
Dunkle Wolken, die herüberhauchen
Schwer, in stürmischer Beklommenheit;
Eilig kommen sie heraufgefahren,
Haben sich in angstverworrnen Scharen
Um die stumme Schläferin gereiht.

Und sie neigen sich herab und fragen:
„Lebst du noch?" in lauten Donnerklagen,
Und sie weinen aus ihr banges Weh.
Zitternd leuchten sie mit scheuem Grauen
Auf das stille Bett herab und schauen,
Ob die alte Mutter tot, die See.

Nein, sie lebt! sie lebt! Der Töchter Kummer
Hat sie aufgestört aus ihrem Schlummer,
Und sie springt vom Lager hoch empor:
Mutter — Kinder — brausend sich umschlingen,
Und sie tanzen freudewild und singen
Ihrer Lieb' ein Lied im Sturmeschor.

Die drei Zigeuner

DREI Zigeuner fand ich einmal
Liegen an einer Weide,
Als mein Fuhrwerk mit müder Qual
Schlich durch sandige Heide.

Hielt der eine für sich allein
In den Händen die Fiedel,
Spielte, umglüht vom Abendschein,
Sich ein feuriges Liedel.

Hielt der zweite die Pfeif' im Mund,
Blickte nach seinem Rauche,
Froh, als ob er vom Erdenrund
Nichts zum Glücke mehr brauche.

Und der dritte behaglich schlief,
Und sein Zimbal am Baum hing,
Über die Saiten der Windhauch lief,
Über sein Herz ein Traum ging.

An den Kleidern trugen die drei
Löcher und bunte Flicken,
Aber sie boten trotzig frei
Spott den Erdengeschicken.

Dreifach haben sie mir gezeigt,
Wenn das Leben uns nachtet,
Wie man's verraucht, verschläft, vergeigt
Und es dreimal verachtet.

Nach den Zigeunern lang noch schaun
Mußt' ich im Weiterfahren,
Nach den Gesichtern dunkelbraun,
Den schwarzlockigen Haaren.

240 *Rings ein Verstummen ...*

RINGS ein Verstummen, ein Entfärben;
Wie sanft den Wald die Lüfte streicheln,
Sein welkes Laub ihm abzuschmeicheln;
Ich liebe dieses milde Sterben.

Von hinnen geht die stille Reise,
Die Zeit der Liebe ist verklungen,
Die Vögel haben ausgesungen,
Und dürre Blätter sinken leise.

Die Vögel zogen nach dem Süden,
Aus dem Verfall des Laubes tauchen
Die Nester, die nicht Schutz mehr brauchen,
Die Blätter fallen stets, die müden.

In dieses Waldes leisem Rauschen
Ist mir, als hör' ich Kunde wehen,
Daß alles Sterben und Vergehen
Nur heimlichstill vergnügtes Tauschen.

241 *Einsamkeit*

I

HAST du schon je dich ganz allein gefunden,
Lieblos und ohne Gott auf einer Heide,
Die Wunden schnöden Mißgeschicks verbunden
Mit stolzer Stille, zornig dumpfem Leide?

War jede frohe Hoffnung dir entschwunden,
Wie einem Jäger an der Bergesscheide
Stirbt das Gebell von den verlorenen Hunden,
Wie's Vöglein zieht, daß es den Winter meide?

Warst du auf einer Heide so allein,
So weißt du auch, wie's einen dann bezwingt,
Daß er umarmend stürzt an einen Stein;

Daß er, von seiner Einsamkeit erschreckt,
Entsetzt empor vom starren Felsen springt
Und bang dem Winde nach die Arme streckt.

II

DER Wind ist fremd, du kannst ihn nicht umfassen,
Der Stein ist tot, du wirst beim kalten, derben
Umsonst um eine Trosteskunde werben,
So fühlst du auch bei Rosen dich verlassen;

Bald siehst du sie, dein ungewahr, erblassen,
Beschäftigt nur mit ihrem eignen Sterben.
Geh' weiter: überall grüßt dich Verderben
In der Geschöpfe langen, dunklen Gassen;

Siehst hier und dort sie aus den Hütten schauen,
Dann schlagen sie vor dir die Fenster zu,
Die Hütten stürzen, und du fühlst ein Grauen.

Lieblos und ohne Gott! der Weg ist schaurig,
Der Zugwind in den Gassen kalt; und du? —
Die ganze Welt ist zum Verzweifeln traurig.

242 *Blick in den Strom*

SAHST du ein Glück vorübergehn,
Das nie sich wiederfindet,
Ist's gut in einen Strom zu sehn,
Wo alles wogt und schwindet.

O, starre nur hinein, hinein,
Du wirst es leichter missen,
Was dir, und soll's dein Liebstes sein,
Vom Herzen ward gerissen.

Blick unverwandt hinab zum Fluß,
Bis deine Tränen fallen,
Und sieh durch ihren warmen Guß
Die Flut hinunterwallen.

Hinträumend wird Vergessenheit
Des Herzens Wunde schließen;
Die Seele sieht mit ihrem Leid
Sich selbst vorüberfließen.

ANTON VON ZUCCALMAGLIO

1803—1869

243 *Es fiel ein Reif ...*

Es fiel ein Reif in der Frühlingsnacht,
Er fiel auf die zarten Blaublümelein,
Sie sind verwelkt, verdorret.

Ein Jüngling hatte ein Mädchen lieb,
Sie flohen heimlich von Hause fort,
Es wußt' weder Vater noch Mutter.

Sie sind gewandert hin und her,
Sie haben gehabt weder Glück noch Stern,
Sie sind verdorben, gestorben.

EDUARD MÖRIKE
1804—1875

244　　*Gesang zu zweien in der Nacht*

Sie:

WIE süß der Nachtwind nun die Wiese streift
Und klingend jetzt den jungen Hain durchläuft!
Da noch der freche Tag verstummt,
Hört man der Erdenkräfte flüsterndes Gedränge,
Das aufwärts in die zärtlichen Gesänge
Der reingestimmten Lüfte summt.

Er:

Vernehm' ich doch die wunderbarsten Stimmen,
Vom lauen Wind wollüstig hingeschleift,
Indes, mit ungewissem Licht gestreift,
Der Himmel selber scheinet hinzuschwimmen.

Sie:

Wie ein Gewebe zuckt die Luft manchmal,
Durchsichtiger und heller aufzuwehen;
Dazwischen hört man weiche Töne gehen
Von sel'gen Feen, die im blauen Saal
Zum Sphärenklang,
Und fleißig mit Gesang,
Silberne Spindeln hin und wieder drehen.

Er:

O holde Nacht, du gehst mit leisem Tritt
Auf schwarzem Samt, der nur am Tage grünet,
Und luftig schwirrender Musik bedienet
Sich nun dein Fuß zum leichten Schritt,
Womit du Stund' um Stunde missest,
Dich lieblich in dir selbst vergissest —
Du schwärmst, es schwärmt der Schöpfung Seele mit!

245 *An einem Wintermorgen, vor Sonnenaufgang*

O FLAUMENLEICHTE Zeit der dunkeln Frühe!
Welch neue Welt bewegest du in mir?
Was ist's, daß ich auf einmal nun in dir
Von sanfter Wollust meines Daseins glühe?

Einem Kristall gleicht meine Seele nun,
Den noch kein falscher Strahl des Lichts getroffen;
Zu fluten scheint mein Geist, er scheint zu ruhn,
Dem Eindruck naher Wunderkräfte offen,
Die aus dem nahen Gürtel blauer Luft
Zuletzt ein Zauberwort vor meine Sinne ruft.

Bei hellen Augen glaub' ich doch zu schwanken;
Ich schließe sie, daß nicht der Traum entweiche.
Seh' ich hinab in lichte Feenreiche?
Wer hat den bunten Schwarm von Bildern und
 Gedanken
Zur Pforte meines Herzens hergeladen,
Die glänzend sich in diesem Busen baden,
Goldfarb'gen Fischlein gleich im Gartenteiche?

Ich höre bald der Hirtenflöten Klänge,
Wie um die Krippe jener Wundernacht,
Bald weinbekränzter Jugend Lustgesänge.
Wer hat das friedenselige Gedränge
In meine traurigen Wände hergebracht?

Und welch Gefühl entzückter Stärke,
Indem mein Sinn sich frisch zur Ferne lenkt!
Vom ersten Mark des heut'gen Tags getränkt,
Fühl' ich mir Mut zu jedem frommen Werke.
Die Seele fliegt, soweit der Himmel reicht,
Der Genius jauchzt in mir! Doch sage,
Warum wird jetzt der Blick von Wehmut feucht?
Ist's ein verloren Glück, was mich erweicht?
Ist es ein werdendes, was ich im Herzen trage? —
Hinweg, mein Geist! Hier gilt kein Stillestehn:
Es ist ein Augenblick, und alles wird verwehn!

Dort, sieh, am Horizont lüpft sich der Vorhang schon!
Es träumt der Tag, nun sei die Nacht entflohn;
Die Purpurlippe, die geschlossen lag,
Haucht, halb geöffnet, süße Atemzüge:
Auf einmal blitzt das Aug', und wie ein Gott, der Tag
Beginnt im Sprung die königlichen Flüge!

246 *Nachts*

HORCH! auf der Erde feuchtem Grund gelegen
Arbeitet schwer die Nacht der Dämmerung ent-
gegen,
Indessen dort, in blauer Luft gezogen,
Die Fäden leicht, unhörbar fließen,
Und hin und wieder mit gestähltem Bogen
Die lust'gen Sterne goldne Pfeile schießen.

Im Erdenschoß, im Hain und auf der Flur
Wie wühlt es jetzo rings in der Natur
Von nimmersatter Kräfte Gärung!
Und welche Ruhe doch! und welch ein Wohlbedacht!
Mir aber in geheimer Brust erwacht
Ein peinlich Widerspiel von Fülle und Entbehrung
Vor diesem Bild, so schweigend und so groß!
Mein Herz, wie gerne machtest du dich los!
Du schwankendes, dem jeder Halt gebricht,
Willst, kaum entflohn, zurück zu deinesgleichen.
Trägst du der Schönheit Götterstille nicht,
So beuge dich! denn hier ist kein Entweichen.

247 *Um Mitternacht*

GELASSEN stieg die Nacht ans Land,
Lehnt träumend an der Berge Wand,
Ihr Auge sieht die goldne Wage nun
Der Zeit in gleichen Schalen stille ruhn;
 Und kecker rauschen die Quellen hervor,
 Sie singen der Mutter, der Nacht, ins Ohr
 Vom Tage,
 Vom heute gewesenen Tage.

Das uralt alte Schlummerlied,
Sie achtet's nicht, sie ist es müd';
Ihr klingt des Himmels Bläue süßer noch,
Der flücht'gen Stunden gleichgeschwung'nes Joch.
 Doch immer behalten die Quellen das Wort,
 Es singen die Wasser im Schlafe noch fort
 Vom Tage,
 Vom heute gewesenen Tage.

248 *Im Frühling*

HIER lieg' ich auf dem Frühlingshügel:
Die Wolke wird mein Flügel,
Ein Vogel fliegt mir voraus.
Ach sag' mir, alleinzige Liebe,
Wo du bleibst, daß ich bei dir bliebe!
Doch du und die Lüfte, ihr habt kein Haus.

Der Sonnenblume gleich steht mein Gemüte offen,
Sehnend,
Sich dehnend
In Lieben und Hoffen.
Frühling, was bist du gewillt?
Wann werd' ich gestillt?

Die Wolke seh' ich wandeln und den Fluß,
Es dringt der Sonne goldner Kuß
Mir tief bis ins Geblüt hinein;
Die Augen, wunderbar berauschet,
Tun, als schliefen sie ein,
Nur noch das Ohr dem Ton der Biene lauschet.

Ich denke dies und denke das,
Ich sehne mich und weiß nicht recht, nach was:
Halb ist es Lust, halb ist es Klage;
Mein Herz, o sage,
Was webst du für Erinnerung
In golden grüner Zweige Dämmerung? —
Alte unnennbare Tage!

249 *Die traurige Krönung*

Es war ein König Milesint,
Von dem will ich euch sagen:
Der meuchelte sein Bruderskind,
Wollte selbst die Krone tragen.
Die Krönung ward mit Prangen
Auf Liffey-Schloß begangen.
O Irland! Irland! warest du so blind?

Der König sitzt um Mitternacht
Im leeren Marmorsaale,
Sieht irr in all die neue Pracht,
Wie trunken von dem Mahle;
Er spricht zu seinem Sohne:
„Noch einmal bring die Krone!
Doch schau, wer hat die Pforten aufgemacht?"

Da kommt ein seltsam Totenspiel,
Ein Zug mit leisen Tritten,
Vermummte Gäste groß und viel,
Eine Krone schwankt inmitten;
Es drängt sich durch die Pforte
Mit Flüstern ohne Worte;
Dem Könige, dem wird so geisterschwül.

Und aus der schwarzen Menge blickt
Ein Kind mit frischer Wunde;
Es lächelt sterbensweh und nickt,
Es macht im Saal die Runde,
Es trippelt zu dem Throne,
Es reichet eine Krone
Dem Könige, des Herze tief erschrickt.

Darauf der Zug von dannen strich,
Von Morgenluft berauschet,
Die Kerzen flackern wunderlich,
Der Mond am Fenster lauschet;
Der Sohn mit Angst und Schweigen
Zum Vater tät sich neigen —
Er neiget über eine Leiche sich.

250 *Das verlassene Mägdlein*

Früh, wann die Hähne krähn,
Eh' die Sternlein verschwinden,
Muß ich am Herde stehn,
Muß Feuer zünden.

Schön ist der Flammen Schein,
Es springen die Funken;
Ich schaue so drein,
In Leid versunken.

Plötzlich, da kommt es mir,
Treuloser Knabe,
Daß ich die Nacht von dir
Geträumet habe.

Träne auf Träne dann
Stürzet hernieder;
So kommt der Tag heran —
O ging' er wieder!

251 *Gebet*

HERR! schicke was Du willt,
Ein Liebes oder Leides;
Ich bin vergnügt, daß beides
Aus Deinen Händen quillt.

Wollest mit Freuden
Und wollest mit Leiden
Mich nicht überschütten!
Doch in der Mitten
Liegt holdes Bescheiden.

252 *Verborgenheit*

LASS, o Welt, o laß mich sein!
Locket nicht mit Liebesgaben,
Laßt dies Herz alleine haben
Seine Wonne, seine Pein!

Was ich traure, weiß ich nicht,
Es ist unbekanntes Wehe;
Immerdar durch Tränen sehe
Ich der Sonne liebes Licht.

Oft bin ich mir kaum bewußt,
Und die helle Freude zücket
Durch die Schwere, so mich drücket,
Wonniglich in meiner Brust.

Laß, o Welt, o laß mich sein!
Locket nicht mit Liebesgaben,
Laßt dies Herz alleine haben
Seine Wonne, seine Pein!

253 *Schön-Rohtraut*

Wie heißt König Ringangs Töchterlein?
 Rohtraut, Schön-Rohtraut.
Was tut sie denn den ganzen Tag,
Da sie wohl nicht spinnen und nähen mag?
 Tut fischen und jagen.
O daß ich doch ihr Jäger wär'!
Fischen und Jagen freute mich sehr.
 — Schweig stille, mein Herze!

Und über eine kleine Weil',
 Rohtraut, Schön-Rohtraut,
So dient der Knab' auf Ringangs Schloß
In Jägertracht und hat ein Roß,
 Mit Rohtraut zu jagen.
O daß ich doch ein Königssohn wär'!
Rohtraut, Schön-Rohtraut lieb' ich so sehr.
 — Schweig stille, mein Herze!

Einsmals sie ruhten am Eichenbaum,
 Da lacht Schön-Rohtraut:
Was siehst mich an so wunniglich:
Wenn du das Herz hast, küsse mich!
 Ach, erschrak der Knabe!
Doch denket er: mir ist's vergunnt,
Und küsset Schön-Rohtraut auf den Mund.
 — Schweig stille, mein Herze!

Darauf sie ritten schweigend heim,
 Rohtraut, Schön-Rohtraut;
Es jauchzt der Knab' in seinem Sinn:
Und würd'st du heute Kaiserin,
 Mich sollt's nicht kränken:
Ihr tausend Blätter im Walde wißt,
Ich hab' Schön-Rohtrauts Mund geküßt!
 — Schweig stille, mein Herze!

254 *Denk' es, o Seele!*

EIN Tännlein grünet wo,
 Wer weiß, im Walde,
Ein Rosenstrauch, wer sagt,
 In welchem Garten?
Sie sind erlesen schon,
 Denk' es, o Seele,
Auf deinem Grab zu wurzeln
 Und zu wachsen.

Zwei schwarze Rößlein weiden
Auf der Wiese,
Sie kehren heim zur Stadt
In muntern Sprüngen.
Sie werden schrittweis gehn
Mit deiner Leiche;
Vielleicht, vielleicht noch eh'
An ihren Hufen
Das Eisen los wird,
Das ich blitzen sehe!

255 *Auf eine Lampe*

NOCH unverrückt, o schöne Lampe, schmückest du,
An leichten Ketten zierlich aufgehangen hier,
Die Decke des nun fast vergeßnen Lustgemachs.
Auf deiner weißen Marmorschale, deren Rand
Der Efeukranz von goldengrünem Erz umflicht,
Schlingt fröhlich eine Kinderschar den Ringelreih'n.
Wie reizend alles! lachend, und ein sanfter Geist
Des Ernstes doch ergossen um die ganze Form, —
Ein Kunstgebild der echten Art. Wer achtet sein?
Was aber schön ist, selig scheint es in ihm selbst.

256 *Auf eine Christblume*

I

TOCHTER des Walds, du Lilienverwandte,
So lang von mir gesuchte, unbekannte,
Im fremden Kirchhof, öd' und winterlich,
Zum erstenmal, o schöne, find' ich dich!

Von welcher Hand gepflegt du hier erblühtest,
Ich weiß es nicht, noch wessen Grab du hütest;
Ist es ein Jüngling, so geschah ihm Heil,
Ist's eine Jungfrau, lieblich fiel ihr Teil.

Im nächt'gen Hain, von Schneelicht überbreitet,
Wo fromm das Reh an dir vorüberweidet,
Bei der Kapelle, am kristallnen Teich,
Dort sucht' ich deiner Heimat Zauberreich.

Schön bist du, Kind des Mondes, nicht der Sonne;
Dir wäre tödlich andrer Blumen Wonne,
Dich nährt, den keuschen Leib voll Reif und Duft,
Himmlischer Kälte balsamsüße Luft.

In deines Busens goldner Fülle gründet
Ein Wohlgeruch, der sich nur kaum verkündet;
So duftete, berührt von Engelshand,
Der benedeiten Mutter Brautgewand.

Dich würden, mahnend an das heil'ge Leiden,
Fünf Purpurtropfen schön und einzig kleiden:
Doch kindlich zierst du, um die Weihnachtszeit,
Lichtgrün mit einem Hauch dein weißes Kleid.

Der Elfe, der in mitternächt'ger Stunde
Zum Tanze geht im lichterhellen Grunde,
Vor deiner mystischen Glorie steht er scheu
Neugierig still von fern und huscht vorbei.

II

Iᴍ Winterboden schläft, ein Blumenkeim,
Der Schmetterling, der einst um Busch und Hügel
In Frühlingsnächten wiegt den samtnen Flügel;
Nie soll er kosten deinen Honigseim.

Wer aber weiß, ob nicht sein zarter Geist,
Wenn jede Zier des Sommers hingesunken,
Dereinst, von deinem leisen Dufte trunken,
Mir unsichtbar, dich blühende umkreist?

FRIEDRICH HEBBEL

1813—1863

257 *Nachtlied*

Qᴜᴇʟʟᴇɴᴅᴇ, schwellende Nacht,
Voll von Lichtern und Sternen:
In den ewigen Fernen,
Sage, was ist da erwacht?

Herz in der Brust wird beengt;
Steigendes, neigendes Leben,
Riesenhaft fühle ich's weben,
Welches das meine verdrängt.

Schlaf, da nahst du dich leis'
Wie dem Kinde die Amme,
Und um die dürftige Flamme
Ziehst du den schützenden Kreis.

341

258 *Erleuchtung*

IN unermeßlich tiefen Stunden
Hast du, in ahnungsvollem Schmerz,
Den Geist des Weltalls nie empfunden,
Der niederflammte in dein Herz?

Jedwedes Dasein zu ergänzen
Durch ein Gefühl, das ihn umfaßt,
Schließt er sich in die engen Grenzen
Der Sterblichkeit als reichster Gast.

Da tust du in die dunkeln Risse
Des Unerforschten einen Blick
Und nimmst in deine Finsternisse
Ein leuchtend Bild der Welt zurück.

Du trinkst das allgemeinste Leben,
Nicht mehr den Tropfen, der dir floß,
Und ins Unendliche verschweben
Kann leicht, wer es im Ich genoß.

259 *Abendgefühl*

FRIEDLICH bekämpfen
Nacht sich und Tag.
Wie das zu dämpfen,
Wie das zu lösen vermag!

Der mich bedrückte,
Schläfst du schon, Schmerz?
Was mich beglückte,
Sage, was war's doch, mein Herz?

Freude wie Kummer,
Fühl' ich, zerrann,
Aber den Schlummer
Führten sie leise heran.

Und im Entschweben,
Immer empor,
Kommt mir das Leben
Ganz wie ein Schlummerlied vor.

260 *Requiem*

SEELE, vergiß sie nicht,
Seele, vergiß nicht die Toten!

Sieh, sie umschweben dich,
Schauernd, verlassen,
Und in den heiligen Gluten,
Die den Armen die Liebe schürt,
Atmen sie auf und erwarmen
Und genießen zum letztenmal
Ihr verglimmendes Leben.

Seele, vergiß sie nicht,
Seele, vergiß nicht die Toten.

Sieh, sie umschweben dich,
Schauernd, verlassen,
Und wenn du dich erkaltend
Ihnen verschließest, erstarren sie
Bis hinein in das Tiefste.

343

Dann ergreift sie der Sturm der Nacht,
Dem sie, zusammengekrampft in sich,
Trotzten im Schoße der Liebe,
Und er jagt sie mit Ungestüm
Durch die unendliche Wüste hin,
Wo nicht Leben mehr ist, nur Kampf
Losgelassener Kräfte
Um erneuertes Sein!

Seele, vergiß sie nicht,
Seele, vergiß nicht die Toten.

261 *Die Weihe der Nacht*

NÄCHTLICHE Stille!
Heilige Fülle,
Wie von göttlichem Segen schwer,
Säuselt aus ewiger Ferne daher.

Was da lebte,
Was aus engem Kreise
Auf ins Weit'ste strebte,
Sanft und leise
Sank es in sich selbst zurück
Und quillt auf in unbewußtem Glück.

Und von allen Sternen nieder
Strömt ein wunderbarer Segen,
Daß die müden Kräfte wieder
Sich in neuer Frische regen
Und aus seinen Finsternissen
Tritt der Herr, so weit er kann,
Und die Fäden, die zerrissen,
Knüpft er alle wieder an.

262 *An den Äther*

ALLEWIGER und unbegrenzter Äther!
Durchs Engste, wie durchs Weiteste Ergoßner!
Von keinem Ring des Daseins Ausgeschloßner!
Von jedem Hauch des Lebens still Durchwehter!

Des Unerforschten einziger Vertreter!
Sein erster und sein würdigster Entsproßner!
Von ihm allein in tiefster Ruh Umfloßner!
Dir gegenüber werd' auch ich ein Beter!

Mein schweifend Auge, das dich gern umspannte,
Schließt sich vor dir in Ehrfurcht, eh' es scheitert,
Denn nichts ermißt der Blick als seine Schranken.

So auch mein Geist vor Gott, denn er erkannte,
Daß er, umfaßt, sich nie so sehr erweitert,
Den Allumfasser wieder zu umranken.

263 *Gebet*

DIE du über die Sterne weg
Mit der geleerten Schale
Aufschwebst, um sie am ew'gen Born
 Eilig wieder zu füllen:
Einmal schwenke sie noch, o Glück,
 Einmal, lächelnde Göttin!
Sieh, ein einziger Tropfen hängt
 Noch verloren am Rande,
Und der einzige Tropfen genügt,
 Eine himmlische Seele,

Die hier unten in Schmerz erstarrt,
 Wieder in Wonne zu lösen.
Ach, sie weint dir süßeren Dank
 Als die anderen alle,
Die du glücklich und reich gemacht!
 Laß ihn fallen, den Tropfen!

264 *Meeresleuchten*

Aus des Meeres dunklen Tiefen
Stieg die Venus still empor,
Als die Nachtigallen riefen
In dem Hain, den sie erkor.

Und zum Spiegel, voll Verlangen,
Glätteten die Wogen sich,
Um ihr Bild noch aufzufangen,
Da sie selbst auf ewig wich.

Lächelnd gönnte sie dem feuchten
Element den letzten Blick,
Davon blieb dem Meer sein Leuchten
Bis auf diesen Tag zurück.

265 *Sommerbild*

Ich sah des Sommers letzte Rose stehn,
Sie war, als ob sie bluten könne, rot;
Da sprach ich schauernd im Vorübergehn:
„So weit im Leben ist zu nah am Tod!“

Es regte sich kein Hauch am heißen Tag,
Nur leise strich ein weißer Schmetterling;
Doch ob auch kaum die Luft sein Flügelschlag
Bewegte, sie empfand es und verging.

266 *Herbstbild*

D IES ist ein Herbsttag, wie ich keinen sah!
Die Luft ist still, als atmete man kaum,
Und dennoch fallen raschelnd, fern und nah,
Die schönsten Früchte ab von jedem Baum.

O stört sie nicht, die Feier der Natur!
Dies ist die Lese, die sie selber hält,
Denn heute löst sich von den Zweigen nur,
Was vor dem milden Strahl der Sonne fällt.

EMANUEL GEIBEL

1815—1884

267 *Morgenwanderung*

W ER recht in Freuden wandern will,
Der geh' der Sonn' entgegen;
Da ist der Wald so kirchenstill,
Kein Lüftchen mag sich regen;
 Noch sind nicht die Lerchen wach,
 Nur im hohen Gras der Bach
Singt leise den Morgensegen.

Die ganze Welt ist wie ein Buch,
Darin uns aufgeschrieben
In bunten Zeilen manch ein Spruch,
Wie Gott uns treu geblieben;
 Wald und Blumen nah und fern
 Und der helle Morgenstern
Sind Zeugen von seinem Lieben.

Da zieht die Andacht wie ein Hauch
Durch alle Sinnen leise,
Da pocht ans Herz die Liebe auch
In ihrer stillen Weise,
 Pocht und pocht, bis sich's erschließt
 Und die Lippe überfließt
Von lautem, jubelndem Preise.

Und plötzlich läßt die Nachtigall
Im Busch ihr Lied erklingen,
In Berg und Tal erwacht der Schall
Und will sich aufwärts schwingen,
 Und der Morgenröte Schein
 Stimmt in lichter Glut mit ein:
„Laßt uns dem Herrn lobsingen!"

268 *Hoffnung*

U ND dräut der Winter noch so sehr
 Mit trotzigen Gebärden,
Und streut er Eis und Schnee umher,
Es muß doch Frühling werden.

Und drängen die Nebel noch so dicht
Sich vor den Blick der Sonne,
Sie wecket doch mit ihrem Licht
Einmal die Welt zur Wonne.

Blast nur, ihr Stürme, blast mit Macht,
Mir soll darob nicht bangen;
Auf leisen Sohlen über Nacht
Kommt doch der Lenz gegangen.

Da wacht die Erde grünend auf,
Weiß nicht, wie ihr geschehen,
Und lacht in den sonnigen Himmel hinauf
Und möchte vor Lust vergehen.

Sie flicht sich blühende Kränze ins Haar
Und schmückt sich mit Rosen und Ähren
Und läßt die Brünnlein rieseln klar,
Als wären es Freudenzähren.

Drum still! Und wie es frieren mag,
O Herz, gib dich zufrieden;
Es ist ein großer Maientag
Der ganzen Welt beschieden.

Und wenn dir oft auch bangt und graut,
Als sei die Höll' auf Erden,
Nur unverzagt auf Gott vertraut!
Es muß doch Frühling werden.

269 *Auf dem See*

Nun fließt die Welt in kühlem Mondenlicht,
Die Berge sind in weißem Duft versunken;
Der See, der leis' um meinen Kahn sich bricht,
Spielt fern hinaus in irren Silberfunken,
Doch sein Gestad' erkenn' ich nicht.
Wie weit! Wie still! Da schließt in mir ein Sinn
Sich auf, das Unnennbarste zu verstehen;
Uralte Melodien gehen
Durch meine Brust gedämpft dahin.
Es sinkt, wie Tau, der Ewigkeit Gedanke
Kühl schauernd über mich und füllt mich ganz,
Und mich umflutet sonder Schranke
Ein uferloses Meer von weißem Glanz.

THEODOR STORM
1817—1888

270 *Oktoberlied*

Der Nebel steigt, es fällt das Laub;
Schenk ein den Wein, den holden!
Wir wollen uns den grauen Tag
Vergolden, ja vergolden.

Und geht es draußen noch so toll,
Unchristlich oder christlich,
Ist doch die Welt, die schöne Welt
So gänzlich unverwüstlich!

Und wimmert auch einmal das Herz —
Stoß an und laß es klingen!
Wir wissen's doch, ein rechtes Herz
Ist gar nicht umzubringen.

Der Nebel steigt, es fällt das Laub;
Schenk ein den Wein, den holden!
Wir wollen uns den grauen Tag
Vergolden, ja vergolden!

Wohl ist es Herbst; doch warte nur,
Doch warte nur ein Weilchen!
Der Frühling kommt, der Himmel lacht,
Es steht die Welt in Veilchen.

Die blauen Tage brechen an;
Und ehe sie verfließen,
Wir wollen sie, mein wackrer Freund,
Genießen, ja genießen!

271 *Abseits*

Es ist so still: die Heide liegt
Im warmen Mittagssonnenstrahle,
Ein rosenroter Schimmer fliegt
Um ihre alten Gräbermale;
Die Kräuter blühn; der Heideduft
Steigt in die blaue Sommerluft.

Laufkäfer hasten durchs Gesträuch
In ihren goldnen Panzerröckchen,
Die Bienen hängen Zweig um Zweig
Sich an der Edelheide Glöckchen;
Die Vögel schwirren aus dem Kraut —
Die Luft ist voller Lerchenlaut.

Ein halbverfallen niedrig Haus
Steht einsam hier und sonnbeschienen;
Der Kätner lehnt zur Tür hinaus,
Behaglich blinzelnd nach den Bienen;
Sein Junge auf dem Stein davor
Schnitzt Pfeifen sich aus Kälberrohr.

Kaum zittert durch die Mittagsruh
Ein Schlag der Dorfuhr, der entfernten;
Dem Alten fällt die Wimper zu,
Er träumt von seinen Honigernten. —
Kein Klang der aufgeregten Zeit
Drang noch in diese Einsamkeit.

272 *Die Stadt*

Am grauen Strand, am grauen Meer
Und seitab liegt die Stadt;
Der Nebel drückt die Dächer schwer,
Und durch die Stille braust das Meer
Eintönig um die Stadt.

Es rauscht kein Wald, es schlägt im Mai
Kein Vogel ohn' Unterlaß;
Die Wandergans mit hartem Schrei
Nur fliegt in Herbstesnacht vorbei,
Am Strande weht das Gras.

Doch hängt mein ganzes Herz an dir,
Du graue Stadt am Meer;
Der Jugend Zauber für und für
Ruht lächelnd doch auf dir, auf dir,
Du graue Stadt am Meer.

273 *Die Nachtigall*

DAS macht, es hat die Nachtigall
Die ganze Nacht gesungen;
Da sind von ihrem süßen Schall,
Da sind in Hall und Widerhall
Die Rosen aufgesprungen.

Sie war doch sonst ein wildes Kind;
Nun geht sie tief in Sinnen,
Trägt in der Hand den Sommerhut
Und duldet still der Sonne Glut,
Und weiß nicht, was beginnen.

Das macht, es hat die Nachtigall
Die ganze Nacht gesungen;
Da sind von ihrem süßen Schall,
Da sind in Hall und Widerhall
Die Rosen aufgesprungen.

274 *Einer Toten*

Das aber kann ich nicht ertragen,
Daß so wie sonst die Sonne lacht;
Daß wie in deinen Lebenstagen
Die Uhren gehn, die Glocken schlagen,
Einförmig wechseln Tag und Nacht;

Daß, wenn des Tages Lichter schwanden,
Wie sonst der Abend uns vereint;
Und daß, wo sonst dein Stuhl gestanden,
Schon andre ihre Plätze fanden,
Und nichts dich zu vermissen scheint;

Indessen von den Gitterstäben
Die Mondesstreifen schmal und karg
In deine Gruft hinunterweben,
Und mit gespenstig trübem Leben
Hinwandeln über deinen Sarg.

275 *Meeresstrand*

Ans Haff nun fliegt die Möwe
Und Dämmrung bricht herein;
Über die feuchten Watten
Spiegelt der Abendschein.

Graues Geflügel huschet
Neben dem Wasser her;
Wie Träume liegen die Inseln
Im Nebel auf dem Meer.

Ich höre des gärenden Schlammes
Geheimnisvollen Ton,
Einsames Vogelrufen —
So war es immer schon.

Noch einmal schauert leise
Und schweiget dann der Wind;
Vernehmlich werden die Stimmen,
Die über der Tiefe sind.

GOTTFRIED KELLER
1819—1890

276　　*Unter Sternen*

Wende dich, du kleiner Stern,
　　Erde, wo ich lebe,
Daß mein Aug', der Sonne fern,
Sternenwärts sich hebe!

Heilig ist die Sternenzeit,
Öffnet alle Grüfte;
Strahlende Unsterblichkeit
Wandelt durch die Lüfte.

Mag die Sonne nun bislang
Andern Zonen scheinen,
Hier fühl' ich Zusammenhang
Mit dem All und Einen!

Hohe Lust, im dunklen Tal,
Selber ungesehen,
Durch den majestät'schen Saal
Atmend mitzugehen!

Schwinge dich, o grünes Rund,
In die Morgenröte!
Scheidend rückwärts singt mein Mund
Jubelnde Gebete!

277 *Sommernacht*

Es wallt das Korn weit in die Runde,
Und wie ein Meer dehnt es sich aus;
Doch liegt auf seinem stillen Grunde
Nicht Seegewürm, noch andrer Graus:
Da träumen Blumen nur von Kränzen
Und trinken der Gestirne Schein.
O goldnes Meer, dein friedlich Glänzen
Saugt meine Seele gierig ein!

In meiner Heimat grünen Talen
Da herrscht ein alter schöner Brauch:
Wann hell die Sommersterne strahlen,
Der Glühwurm schimmert durch den Strauch,
Dann geht ein Flüstern und ein Winken,
Das sich dem Ährenfelde naht,
Dann geht ein nächtlich Silberblinken
Von Sicheln durch die goldne Saat.

Das sind die Bursche jung und wacker,
Die sammeln sich im Feld zuhauf
Und suchen den gereiften Acker
Der Witwe oder Waise auf,
Die keines Vaters, keiner Brüder
Und keines Knechtes Hilfe weiß —
Ihr schneiden sie den Segen nieder,
Die reinste Lust ziert ihren Fleiß.

Schon sind die Garben festgebunden
Und rasch in einen Ring gebracht;
Wie lieblich floh'n die kurzen Stunden,
Es war ein Spiel in kühler Nacht!
Nun wird geschwärmt und hell gesungen
Im Garbenkreis, bis Morgenluft
Die nimmermüden braunen Jungen
Zur eignen schweren Arbeit ruft.

278 *Abendregen*

LANGSAM und schimmernd fiel ein Regen,
In den die Abendsonne schien;
Der Wandrer schritt auf schmalen Wegen
Mit düstrer Seele drunter hin.

Er sah die großen Tropfen blinken
Im Fallen durch den goldnen Strahl;
Er fühlt' es kühl aufs Haupt ihm sinken
Und sprach mit schauernd süßer Qual:

357

„Nun weiß ich, daß ein Regenbogen
Sich hoch um meine Stirne zieht,
Den auf dem Pfad, so ich gezogen,
Die heitre Ferne spielen sieht.

Und die mir hier am nächsten stehen,
Und wer mich wohl zu kennen meint,
Sie können selber doch nicht sehen,
Wie er versöhnend ob mir scheint.

So wird, wenn andre Tage kamen,
Die sonnig auf dies Heute sehn,
Um meinen fernen blassen Namen
Des Friedens heller Bogen stehn."

279 *Abendlied*

AUGEN, meine lieben Fensterlein,
Gebt mir schon so lange holden Schein,
Lasset freundlich Bild um Bild herein:
Einmal werdet ihr verdunkelt sein!

Fallen einst die müden Lider zu,
Löscht ihr aus, dann hat die Seele Ruh;
Tastend streift sie ab die Wanderschuh',
Legt sich auch in ihre finstre Truh'.

Noch zwei Fünklein sieht sie glimmend stehn
Wie zwei Sternlein, innerlich zu sehn,
Bis sie schwanken und dann auch vergehn,
Wie von eines Falters Flügelwehn.

Doch noch wandl' ich auf dem Abendfeld,
Nur dem sinkenden Gestirn gesellt;
Trinkt, o Augen, was die Wimper hält,
Von dem goldnen Überfluß der Welt!

280 *Frühlingsglaube*

Es wandert eine schöne Sage
Wie Veilchenduft auf Erden um,
Wie sehnend eine Liebesklage
Geht sie bei Tag und Nacht herum.

Das ist das Lied vom Völkerfrieden
Und von der Menschheit letztem Glück,
Von goldner Zeit, die einst hienieden,
Der Traum als Wahrheit, kehrt zurück.

Wo einig alle Völker beten
Zum einen König, Gott und Hirt:
Von jenem Tag, wo den Propheten
Ihr leuchtend Recht gesprochen wird.

Dann wird's nur eine Schmach noch geben,
Nur eine Sünde in der Welt:
Des Eigen-Neides Widerstreben,
Der es für Traum und Wahnsinn hält.

Wer jene Hoffnung gab verloren
Und böslich sie verloren gab,
Der wäre besser ungeboren:
Denn lebend wohnt er schon im Grab.

281 *Ein Fischlein steht am kühlen Grund...*

EIN Fischlein steht am kühlen Grund,
Durchsichtig fließen die Wogen,
Und senkrecht ob ihm hat sein Rund
Ein schwebender Falk' gezogen.

Der ist so lerchenklein zu sehn
Zuhöchst im Himmelsdome;
Er sieht das Fischlein ruhig stehn,
Glänzend im tiefen Strome.

Und dieses auch hinwieder sieht
Ins Blaue durch seine Welle.
Ich glaube gar, das Sehnen zieht
Eins an des andern Stelle.

282 *Waldlied*

ARM in Arm und Kron' an Krone steht der Eichenwald
verschlungen,
Heut' hat er bei guter Laune mir sein altes Lied gesungen.

Fern am Rande fing ein junges Bäumchen an sich sacht
zu wiegen,
Und dann ging es immer weiter an ein Sausen, an ein
Biegen;

Kam es her in mächt'gem Zuge, schwoll es an zu breiten
Wogen,
Hoch sich durch die Wipfel wälzend kam die Sturmesflut
gezogen.

Und nun sang und pfiff es graulich in den Kronen, in den
 Lüften,
Und dazwischen knarrt' und dröhnt' es unten in den
 Wurzelgrüften.

Manchmal schwang die höchste Eiche gellend ihren
 Schaft alleine,
Donnernder erscholl nur immer drauf der Chor vom
 ganzen Haine!

Einer wilden Meeresbrandung hat das schöne Spiel
 geglichen;
Alles Laub war weißlich schimmernd nach Nordosten
 hingestrichen.

Also streicht die alte Geige Pan der Alte laut und leise,
Unterrichtend seine Wälder in der alten Weltenweise.

In den sieben Tönen schweift er unerschöpflich auf und
 nieder,
In den sieben alten Tönen, die umfassen alle Lieder.

Und es lauschen still die jungen Dichter und die jungen
 Finken,
Kauernd in den dunklen Büschen sie die Melodien trinken.

283 *Die Zeit geht nicht . . .*

DIE Zeit geht nicht, sie stehet still,
 Wir ziehen durch sie hin;
Sie ist ein' Karawanserai,
Wir sind die Pilger drin.

Ein Etwas, form- und farbenlos,
Das nur Gestalt gewinnt,
Wo ihr drin auf und nieder taucht,
Bis wieder ihr zerrinnt.

Es blitzt ein Tropfen Morgentau
Im Strahl des Sonnenlichts;
Ein Tag kann eine Perle sein
Und ein Jahrhundert nichts.

Es ist ein weißes Pergament
Die Zeit, und jeder schreibt
Mit seinem roten Blut darauf,
Bis ihn der Strom vertreibt.

An dich, du wunderbare Welt,
Du Schönheit ohne End',
Auch ich schreib' meinen Liebesbrief
Auf dieses Pergament.

Froh bin ich, daß ich aufgeblüht
In deinem runden Kranz;
Zum Dank trüb' ich die Quelle nicht
Und lobe deinen Glanz.

THEODOR FONTANE

1819—1898

284 *Die Brück' am Tay*

(28. Dezember 1879)

When shall we three meet again?
MACBETH

„WANN treffen wir drei wieder zusamm'?"
„Um die siebente Stund', am Brückendamm."
„Am Mittelpfeiler."

„Ich lösche die Flamm'."

„Ich mit."

„Ich komme vom Norden her."
„Und ich vom Süden."

„Und ich vom Meer."

„Hei, das gibt einen Ringelreihn,
Und die Brücke muß in den Grund hinein."
„Und der Zug, der in die Brücke tritt
Um die siebente Stund'?"

„Ei, der muß mit."
„Muß mit."

„Tand, Tand
Ist das Gebilde von Menschenhand!"

• • •

Auf der Norderseite, das Brückenhaus —
Alle Fenster sehen nach Süden aus,
Und die Brücknersleut' ohne Rast und Ruh
Und in Bangen sehen nach Süden zu,

Sehen und warten, ob nicht ein Licht
Übers Wasser hin „Ich komme" spricht,
„Ich komme, trotz Nacht und Sturmesflug,
Ich, der Edinburger Zug."

Und der Brückner jetzt: „Ich seh' einen Schein
Am anderen Ufer. Das muß er sein.
Nun, Mutter, weg mit dem bangen Traum,
Unser Johnie kommt und will seinen Baum,
Und was noch am Baume von Lichtern ist,
Zünd' alles an wie zum heiligen Christ,
Der will heuer zweimal mit uns sein —
Und in elf Minuten ist er herein."

. . .

Und es war der Zug. Am Süderturm
Keucht er vorbei jetzt gegen den Sturm,
Und Johnie spricht: „Die Brücke noch!
Aber was tut es, wir zwingen es doch.
Ein fester Kessel, ein doppelter Dampf,
Die bleiben Sieger in solchem Kampf,
Und wie's auch rast und ringt und rennt,
Wir kriegen es unter, das Element.

Und unser Stolz ist unsre Brück';
Ich lache, denk' ich an früher zurück,
An all den Jammer und all die Not
Mit dem elend alten Schifferboot;
Wie manche liebe Christfestnacht
Hab' ich im Fährhaus zugebracht
Und sah unsrer Fenster lichten Schein
Und zählte und konnte nicht drüben sein."

Auf der Norderseite, das Brückenhaus —
Alle Fenster sehen nach Süden aus,
Und die Brücknersleut' ohne Rast und Ruh
Und in Bangen sehen nach Süden zu;
Denn wütender wurde der Winde Spiel,
Und jetzt, als ob Feuer vom Himmel fiel,
Erglüht es in niederschießender Pracht
Überm Wasser unten ... Und wieder ist Nacht.

 . . .

„Wann treffen wir drei wieder zusamm'?"
„Um Mitternacht, am Bergeskamm."
„Auf dem hohen Moor, am Erlenstamm."
„Ich komme."
 „Ich mit."
 „Ich nenn' euch die Zahl."
„Und ich die Namen."
 „Und ich die Qual."
„Hei! Wie Splitter brach das Gebälk entzwei!"

 „Tand, Tand
Ist das Gebilde von Menschenhand."

285 *Archibald Douglas*

 ICH hab' es getragen sieben Jahr,
 „Und ich kann es nicht tragen mehr!
 Wo immer die Welt am schönsten war,
 Da war sie öd' und leer.

 Ich will hintreten vor sein Gesicht
 In dieser Knechtsgestalt,
 Er kann meine Bitte versagen nicht,
 Ich bin ja worden alt.

Und trüg' er noch den alten Groll,
Frisch wie am ersten Tag,
So komme, was da kommen soll,
Und komme, was da mag."

Graf Douglas spricht's! Am Weg ein Stein
Lud ihn zu harter Ruh,
Er sah in Wald und Feld hinein,
Die Augen fielen ihm zu.

Er trug einen Harnisch rostig und schwer,
Darüber ein Pilgerkleid. —
Da horch! vom Waldrand scholl es her
Wie von Hörnern und Jagdgeleit.

Und Kies und Staub aufwirbelte dicht,
Her jagte Meut' und Mann,
Und ehe der Graf sich aufgericht't,
Waren Roß und Reiter heran.

König Jakob saß auf hohem Roß,
Graf Douglas grüßte tief;
Dem König das Blut in die Wange schoß,
Der Douglas aber rief:

„König Jakob, schaue mich gnädig an
Und höre mich in Geduld,
Was meine Brüder dir angetan,
Es war nicht meine Schuld.

Denk' nicht an den alten Douglasneid,
Der trotzig dich bekriegt,
Denk' lieber an deine Kinderzeit,
Wo ich dich auf den Knien gewiegt.

Denk' lieber zurück an Stirling-Schloß,
Wo ich Spielzeug dir geschnitzt,
Dich gehoben auf deines Vaters Roß
Und Pfeile dir zugespitzt.

Denk' lieber zurück an Linlithgow,
An den See und den Vogelherd,
Wo ich dich fischen und jagen froh,
Und schwimmen und springen gelehrt.

O denk' an alles, was einsten war,
Und sänftige deinen Sinn —
Ich hab' es gebüßet sieben Jahr,
Daß ich ein Douglas bin."

„Ich seh' dich nicht, Graf Archibald,
Ich hör' deine Stimme nicht,
Mir ist, als ob ein Rauschen im Wald
Von alten Zeiten spricht.

Mir klingt das Rauschen süß und traut,
Ich lausch' ihm immer noch,
Dazwischen aber klingt es laut:
Er ist ein Douglas doch.

Ich seh' dich nicht, ich höre dich nicht,
Das ist alles, was ich kann —
Ein Douglas vor meinem Angesicht
Wär' ein verlorener Mann."

König Jakob gab seinem Roß den Sporn,
Bergan ging jetzt sein Ritt,
Graf Douglas faßte den Zügel vorn
Und hielt mit dem Könige Schritt.

Der Weg war steil, und die Sonne stach,
Und sein Panzerhemd war schwer,
Doch ob er schier zusammenbrach,
Er lief doch nebenher.

„König Jakob, ich war dein Seneschall,
Ich will es nicht fürder sein,
Ich will nur warten dein Roß im Stall
Und ihm schütten die Körner ein.

Ich will ihm selber machen die Spreu
Und es tränken mit eigner Hand,
Nur laß mich atmen wieder auf's neu
Die Luft im Vaterland!

Und willst du nicht, so hab' einen Mut,
Und ich will es danken dir,
Und zieh dein Schwert und triff mich gut
Und laß mich sterben hier."

König Jakob sprang herab vom Pferd,
Hell leuchtete sein Gesicht,
Aus der Scheide zog er sein breites Schwert,
Aber fallen ließ er es nicht.

„Nimm's hin, nimm's hin und trag' es neu
Und bewache mir meine Ruh!
Der ist in tiefster Seele treu,
Wer die Heimat liebt wie du.

Zu Roß, wir reiten nach Linlithgow,
Und du reitest an meiner Seit',
Da wollen wir fischen und jagen froh
Als wie in alter Zeit."

CONRAD FERDINAND MEYER

1825—1898

286 *Schwarzschattende Kastanie, ...*

SCHWARZSCHATTENDE Kastanie,
Mein windgeregtes Sommerzelt,
Du senkst zur Flut dein weit Geäst,
Dein Laub, es durstet und es trinkt,
Schwarzschattende Kastanie!
Im Porte badet junge Brut
Mit Hader oder Lustgeschrei
Und Kinder schwimmen leuchtend weiß
Im Gitter deines Blätterwerks,
Schwarzschattende Kastanie!
Und dämmern See und Ufer ein
Und rauscht vorbei das Abendboot,
So zuckt aus roter Schiffslatern'
Ein Blitz und wandert auf dem Schwung
Der Flut, gebrochnen Lettern gleich,
Bis unter deinem Laub erlischt
Die rätselhafte Flammenschrift,
Schwarzschattende Kastanie!

287 *Nachtgeräusche*

MELDE mir die Nachtgeräusche, Muse,
Die ans Ohr des Schlummerlosen fluten!
Erst das traute Wachtgebell der Hunde,
Dann der abgezählte Schlag der Stunde,

Dann ein Fischer-Zwiegespräch am Ufer,
Dann? Nichts weiter als der ungewisse
Geisterlaut der ungebrochnen Stille,
Wie das Atmen eines jungen Busens,
Wie das Murmeln eines tiefen Brunnens,
Wie das Schlagen eines dumpfen Ruders,
Dann der ungehörte Tritt des Schlummers.

288 *Lenz Triumphator*

FRÜHLING, der die Welt umblaut,
Frühling mit der Vöglein Laut,
Deine blüh'nden Siegespforten
Allerenden, allerorten
Hast du niedrig aufgebaut!

Ungebändigt, kreuz und quer,
Über alle Pfade her
Schießen blütenschwere Zweige,
Daß dir jedes Haupt sich neige,
Und die Demut ist nicht schwer.

289 *In Harmesnächten*

DIE Rechte streckt' ich schmerzlich oft
In Harmesnächten
Und fühlt' gedrückt sie unverhofft
Von einer Rechten —
Was Gott ist, wird in Ewigkeit
Kein Mensch ergründen,
Doch will er treu sich allezeit
Mit uns verbünden.

290 *Eingelegte Ruder*

MEINE eingelegten Ruder triefen,
Tropfen fallen langsam in die Tiefen.

Nichts, das mich verdroß! Nichts, das mich freute!
Niederrinnt ein schmerzenloses Heute!

Unter mir — ach, aus dem Licht verschwunden —
Träumen schon die schönern meiner Stunden.

Aus der blauen Tiefe ruft das Gestern:
Sind im Licht noch manche meiner Schwestern?

291 *Auf Goldgrund*

INS Museum bin zu später
Stunde heut' ich noch gegangen,
Wo die Heil'gen, wo die Beter
Auf den goldnen Gründen prangen.

Dann durchs Feld bin ich geschritten
Heißer Abendglut entgegen,
Sah, die heut' das Korn geschnitten,
Garben auf die Wagen legen.

Um die Lasten in den Armen,
Um den Schnitter und die Garbe
Floß der Abendglut, der warmen,
Wunderbare Goldesfarbe.

Auch des Tages letzte Bürde,
Auch der Fleiß der Feierstunde
War umflammt von heil'ger Würde,
Stand auf schimmernd goldnem Grunde.

292 *Abendwolke*

So stille ruht im Hafen
Das tiefe Wasser dort,
Die Ruder sind entschlafen,
Die Schifflein sind im Port.

Nur oben in dem Äther
Der lauen Maiennacht,
Dort segelt noch ein später
Friedfert'ger Ferge sacht.

Die Barke still und dunkel
Fährt hin im Dämmerschein
Und leisem Sterngefunkel
Am Himmel und hinein.

293 *Säerspruch*

BEMESST den Schritt! Bemeßt den Schwung!
Die Erde bleibt noch lange jung!
Dort fällt ein Korn, das stirbt und ruht.
Die Ruh ist süß. Es hat es gut.
Hier eins, das durch die Scholle bricht.
Es hat es gut. Süß ist das Licht.
Und keines fällt aus dieser Welt,
Und jedes fällt, wie's Gott gefällt.

294 *Ewig jung ist nur die Sonne*

HEUTE fanden meine Schritte mein vergeßnes
Jugendtal,
Seine Sohle lag verödet, seine Berge standen kahl.
Meine Bäume, meine Träume, meine buchendunkeln
Höh'n —
Ewig jung ist nur die Sonne, sie allein ist ewig schön.

Drüben dort in schilf'gem Grunde, wo die müde Lache
liegt,
Hat zu meiner Jugendstunde sich lebend'ge Flut gewiegt,
Durch die Heiden, durch die Weiden ging ein wandernd
Herdgetön —
Ewig jung ist nur die Sonne, sie allein ist ewig schön.

295 *Himmelsnähe*

IN meiner Firne feierlichem Kreis
Lagr' ich am schmalen Felsengrate hier,
Aus einem grünerstarrten Meer von Eis
Erhebt die Silberzacke sich vor mir.

Der Schnee, der am Geklüfte hing zerstreut,
In hundert Rinnen rieselt er davon,
Und aus der schwarzen Feuchte schimmert heut'
Der Soldanelle zarte Glocke schon.

Bald nahe tost, bald fern der Wasserfall,
Er stäubt und stürzt, nun rechts, nun links verweht,
Ein tiefes Schweigen und ein steter Schall,
Ein Wind, ein Strom, ein Atem, ein Gebet!

Nur neben mir des Murmeltieres Pfiff,
Nur über mir des Geiers heis'rer Schrei;
Ich bin allein auf meinem Felsenriff,
Und ich empfinde, daß Gott bei mir sei.

296 *Der römische Brunnen*

AUFSTEIGT der Strahl, und fallend gießt
Er voll der Marmorschale Rund,
Die, sich verschleiernd, überfließt
In einer zweiten Schale Grund;
Die zweite gibt, sie wird zu reich,
Der dritten wallend ihre Flut,
Und jede nimmt und gibt zugleich
Und strömt und ruht.

297 *Die gegeißelte Psyche*

WO von alter Schönheit Trümmern
Marmorhell die Säle schimmern,
Windet blaß und lieblich eine
Psyche sich im Marmelsteine.

Unsichtbarem Geißelhiebe
Beugt sie sich in Qual und Liebe,
Auf den zarten Knieen liegend,
Enge sich zusammenschmiegend.

Flehend halb, und halb geduldig,
Trägt sie Schmach und weiß sich schuldig,
Ihre Schmerzensblicke fragen:
Liebst du mich? und kannst mich schlagen?

Soll dich der Olymp begrüßen,
Arme Psyche, mußt du büßen!
Eros, der dich sucht und peinigt,
Will dich selig und gereinigt.

298　　*Der Gesang des Meeres*

WOLKEN, meine Kinder, wandern gehen
Wollt ihr? Fahret wohl! Auf Wiedersehen!
Eure wandellustigen Gestalten
Kann ich nicht in Mutterbanden halten.

Ihr langweilet euch auf meinen Wogen,
Dort die Erde hat euch angezogen:
Küsten, Klippen und des Leuchtturms Feuer!
Ziehet, Kinder! Geht auf Abenteuer!

Segelt, kühne Schiffer, in den Lüften!
Sucht die Gipfel! Ruhet über Klüften!
Brauet Stürme! Blitzet! Liefert Schlachten!
Traget glüh'nden Kampfes Purpurtrachten!

Rauscht im Regen! Murmelt in den Quellen!
Füllt die Brunnen! Rieselt in die Wellen!
Braust in Strömen durch die Lande nieder —
Kommet, meine Kinder, kommet wieder!

299　　*Nicola Pesce*

EIN halbes Jährchen hab' ich nun geschwommen,
Und noch behagt mir dieses kühle Gleiten,
Der Arme lässig Auseinanderbreiten —
Die Fastenspeise mag der Seele frommen!

Halb schlummernd lieg' ich stundenlang, umglommen
Von Wetterleuchten, bis auf allen Seiten
Sich Wogen türmen. Männlich gilt's zu streiten.
Ich freue mich. Stets bin ich durchgekommen.

Was machte mich zum Fisch? Ein Mißverständnis
Mit meinem Weib. Vermehrte Menschenkenntnis.
Mein Wanderdrang und meine Farbenlust.

Die Furcht verlernt' ich über Todestiefen,
Fast bis zum Frieren kühlt' ich mir die Brust —
Ich bleib' ein Fisch und meine Haare triefen!

300 *Stapfen*

IN jungen Jahren war's. Ich brachte dich
Zurück ins Nachbarhaus, wo du zu Gast,
Durch das Gehölz. Der Nebel rieselte,
Du zogst des Reisekleids Kapuze vor
Und blicktest traulich mit verhüllter Stirn.
Naß ward der Pfad. Die Sohlen prägten sich
Dem feuchten Waldesboden deutlich ein,
Die wandernden. Du schrittest auf dem Bord,
Von deiner Reise sprechend. Eine noch,
Die längre, folge drauf, so sagtest du.
Dann scherzten wir, der nahen Trennung klug
Das Angesicht verhüllend, und du schiedst,
Dort wo der First sich über Ulmen hebt.
Ich ging denselben Pfad gemach zurück,
Leis' schwelgend noch in deiner Lieblichkeit,
In deiner wilden Scheu, und wohlgemut
Vertrauend auf ein baldig Wiedersehn.

Vergnüglich schlendernd sah ich auf dem Rain
Den Umriß deiner Sohlen deutlich noch
Dem feuchten Waldesboden eingeprägt,
Die kleinste Spur von dir, die flüchtigste,
Und doch dein Wesen: wandernd, reisehaft,
Schlank, rein, walddunkel, aber o wie süß!
Die Stapfen schritten jetzt entgegen dem
Zurück dieselbe Strecke Wandernden:
Aus deinen Stapfen hobst du dich empor
Vor meinem innern Auge. Deinen Wuchs
Erblickt' ich mit des Busens zartem Bug.
Vorüber gingst du, eine Traumgestalt.
Die Stapfen wurden jetzt undeutlicher,
Vom Regen halb gelöscht, der stärker fiel.
Da überschlich mich eine Traurigkeit:
Fast unter meinem Blick verwischten sich
Die Spuren deines letzten Gangs mit mir.

301 *Lethe*

JÜNGST im Traume sah ich auf den Fluten
Einen Nachen ohne Ruder ziehn,
 Strom und Himmel stand in matten Gluten
Wie bei Tages Nahen oder Fliehn.

Saßen Knaben drin mit Lotoskränzen,
Mädchen beugten über Bord sich schlank,
Kreisend durch die Reihe sah ich glänzen
Eine Schale, draus ein jedes trank.

Jetzt erscholl ein Lied voll süßer Wehmut,
Das die Schar der Kranzgenossen sang —
Ich erkannte deines Nackens Demut,
Deine Stimme, die den Chor durchdrang.

In die Welle taucht' ich. Bis zum Marke
Schaudert' ich, wie seltsam kühl sie war.
Ich erreicht' die leise zieh'nde Barke,
Drängte mich in die geweihte Schar.

Und die Reihe war an dir zu trinken,
Und die volle Schale hobest du,
Sprachst zu mir mit trautem Augenwinken:
„Herz, ich trinke dir Vergessen zu!"

Dir entriß in trotz'gem Liebesdrange
Ich die Schale, warf sie in die Flut,
Sie versank und, siehe, deine Wange
Färbte sich mit einem Schein von Blut.

Flehend küßt' ich dich in wildem Harme,
Die den bleichen Mund mir willig bot,
Da zerrannst du lächelnd mir im Arme,
Und ich wußt' es wieder — du bist tot.

302 *Die tote Liebe*

ENTGEGEN wandeln wir
Dem Dorf im Sonnenkuß,
Fast wie das Jüngerpaar
Nach Emmaus,

Dazwischen leise
Redend schritt
Der Meister, dem sie folgten,
Und der den Tod erlitt.
So wandelt zwischen uns
Im Abendlicht
Unsre tote Liebe,
Die leise spricht.
Sie weiß für das Geheimnis
Ein heimlich Wort,
Sie kennt der Seelen
Allertiefsten Hort.
Sie deutet und erläutert
Uns jedes Ding,
Sie sagt: So ist's gekommen,
Daß ich am Holze hing.
Ihr habet mich verleugnet
Und schlimm verhöhnt,
Ich saß im Purpur,
Blutig, dorngekrönt,
Ich habe Tod erlitten,
Den Tod bezwang ich bald,
Und geh' in eurer Mitten
Als himmlische Gestalt —
Da ward die Weggesellin
Von uns erkannt,
Da hat uns wie den Jüngern
Das Herz gebrannt.

303 *Alle*

Es sprach der Geist: „Sieh auf!" Es war im Traume.
Ich hob den Blick. In lichtem Wolkenraume
Sah ich den Herrn das Brot den Zwölfen brechen
Und ahnungsvolle Liebesworte sprechen.
Weit über ihre Häupter lud die Erde
Er ein mit allumarmender Gebärde.

Es sprach der Geist: „Sieh auf!" Ein Linnen schweben
Sah ich und vielen schon das Mahl gegeben;
Da breiteten sich unter tausend Händen
Die Tische, doch verdämmerten die Enden
In grauen Nebel, drin auf bleichen Stufen
Kummergestalten saßen ungerufen.

Es sprach der Geist: „Sieh auf!" Die Luft umblaute
Ein unermeßlich Mahl, soweit ich schaute;
Da sprangen reich die Brunnen auf des Lebens,
Da streckte keine Schale sich vergebens,
Da lag das ganze Volk auf vollen Garben,
Kein Platz war leer, und keiner durfte darben.

304 *In der Sistina*

In der Sistine dämmerhohem Raum,
Das Bibelbuch in seiner nerv'gen Hand,
Sitzt Michelangelo in wachem Traum,
Umhellt von einer kleinen Ampel Brand.

Laut spricht hinein er in die Mitternacht,
Als lauscht' ein Gast ihm gegenüber hier,
Bald wie mit einer allgewalt'gen Macht,
Bald wieder wie mit seinesgleichen schier:

„Umfaßt, umgrenzt hab' ich dich, ewig Sein,
Mit meinen großen Linien fünfmal dort!
Ich hüllte dich in lichte Mäntel ein
Und gab dir Leib wie dieses Bibelwort.

Mit weh'nden Haaren stürmst du feurigwild
Von Sonnen immer neuen Sonnen zu,
Für deinen Menschen bist in meinem Bild
Entgegenschwebend und barmherzig du!

So schuf ich dich mit meiner nicht'gen Kraft:
Damit ich nicht der größre Künstler sei,
Schaff' mich — ich bin ein Knecht der Leidenschaft —
Nach deinem Bilde schaff' mich rein und frei!

Den ersten Menschen formtest du aus Ton,
Ich werde schon von härterm Stoffe sein;
Da, Meister, brauchst du deinen Hammer schon,
Bildhauer Gott, schlag' zu! Ich bin der Stein."

JOSEPH VIKTOR VON SCHEFFEL

1826—1886

305 *Alt Heidelberg, du feine . . .*

Alt Heidelberg, du feine,
Du Stadt an Ehren reich,
Am Neckar und am Rheine
Kein' andre kommt dir gleich.

Stadt fröhlicher Gesellen,
An Weisheit schwer und Wein,
Klar ziehn des Stromes Wellen,
Blauäuglein blitzen drein.

Und kommt aus lindem Süden
Der Frühling übers Land,
So webt er dir aus Blüten
Ein schimmernd Brautgewand.

Auch mir stehst du geschrieben
Ins Herz gleich einer Braut,
Es klingt wie junges Lieben
Dein Name mir so traut.

Und stechen mich die Dornen,
Und wird mir's drauß zu kahl,
Geb' ich dem Roß die Spornen
Und reit' ins Neckartal.

MARIE VON EBNER-ESCHENBACH

1830—1916

306 *Ein kleines Lied*

EIN kleines Lied! Wie geht's nur an,
Daß man so lieb es haben kann,
 Was liegt darin? Erzähle! —

Es liegt darin ein wenig Klang,
Ein wenig Wohllaut und Gesang,
 Und eine ganze Seele.

FERDINAND VON SAAR

1833—1906

307 *Drahtklänge*

IHR dunklen Drähte, hingezogen
Soweit mein Aug' zur Ferne schweift,
Wie tönt ihr, wenn der Lüfte Wogen
In euch so wie in Saiten greift!

O welch ein seltsam leises Klingen,
Durchzuckt von schrillem Klagelaut,
Als hallte nach, was euren Schwingen
Zu raschem Flug ward anvertraut.

Als zitterten in euch die Schmerzen,
Als zitterte in euch die Lust,
Die ihr aus Millionen Herzen,
Verkündend, tragt von Brust zu Brust.

Und so, ihr wundersamen Saiten,
Wenn euch des Windes Hauch befällt,
Erklingt ihr in die stillen Weiten
Als Äolsharfe dieser Welt!

308 *Nun ist das Korn geschnitten ...*

NUN ist das Korn geschnitten,
Die Felder leuchten fahl,
Ringsum ein tiefes Schweigen
Im heißen Sonnenstrahl.

Verblüht ist und verklungen,
Was duftete und sang,
Nur sanft tönt von den Triften
Der Herdeglockenklang.

Das ist, o Menschenseele,
Des Sommers heil'ger Ernst,
Daß du, noch eh' er scheidet,
Dich still besinnen lernst.

309 *Herbst*

DER du die Wälder färbst,
Sonniger, milder Herbst,
Schöner als Rosenblühn
Dünkt mir dein sanftes Glühn.

Nimmermehr Sturm und Drang,
Nimmermehr Sehnsuchtsklang;
Leise nur atmest du
Tiefer Erfüllung Ruh.

Aber vernehmbar auch
Klaget ein scheuer Hauch,
Der durch die Blätter weht,
Daß es zu Ende geht.

DETLEV VON LILIENCRON

1844—1909

310 *In Erinnerung*

WILDE Rosen überschlugen
Tiefer Wunden rotes Blut.
Windverwehte Klänge trugen
Siegesmarsch und Siegesflut.

Nacht. Entsetzen überspülte
Dorf und Dach in Lärm und Glut.
„Wasser!" Und die Hand zerwühlte
Gras und Staub in Dursteswut.

Morgen. Gräbergraber. Grüfte.
Manch ein letzter Atemzug.
Weither, witternd, durch die Lüfte
Braust und graust ein Geierflug.

311

Wer weiß wo

(Schlacht bei Kolin, 18. Juni 1757)

Auf Blut und Leichen, Schutt und Qualm,
Auf roßzerstampften Sommerhalm
Die Sonne schien.
Es sank die Nacht. Die Schlacht ist aus,
Und mancher kehrte nicht nach Haus
Einst von Kolin.

Ein Junker auch, ein Knabe noch,
Der heut' das erste Pulver roch,
Er mußte dahin.
Wie hoch er auch die Fahne schwang,
Der Tod in seinen Arm ihn zwang,
Er mußte dahin.

Ihm nahe lag ein frommes Buch,
Das stets der Junker bei sich trug,
Am Degenknauf.
Ein Grenadier von Bevern fand
Den kleinen erdbeschmutzten Band
Und hob ihn auf.

Und brachte heim mit schnellem Fuß
Dem Vater diesen letzten Gruß,
Der klang nicht froh.
Dann schrieb hinein die Zitterhand:
„Kolin. Mein Sohn verscharrt im Sand.
Wer weiß wo."

Und der gesungen dieses Lied,
Und der es liest, im Leben zieht
Noch frisch und froh.
Doch einst bin ich und bist auch du
Verscharrt im Sand, zur ewigen Ruh.
Wer weiß wo.

312 *Die Musik kommt*

KLINGLING, bumbum und tschingdada,
 Zieht im Triumph der Perserschah?
Und um die Ecke brausend bricht's
Wie Tubaton des Weltgerichts,
 Voran der Schellenträger.

Brumbrum, das große Bombardon,
Der Beckenschlag, das Helikon,
Die Piccolo, der Zinkenist,
Die Türkentrommel, der Flötist,
 Und dann der Herre Hauptmann.

Der Hauptmann naht mit stolzem Sinn,
Die Schuppenketten unterm Kinn;
Die Schärpe schnürt den schlanken Leib,
Beim Zeus! das ist kein Zeitvertreib!
 Und dann die Herren Leutnants.

Zwei Leutnants, rosenrot und braun,
Die Fahne schützen sie als Zaun;
Die Fahne kommt, den Hut nimm ab,
Der bleiben treu wir bis ans Grab!
 Und dann die Grenadiere.

Der Grenadier im strammen Tritt,
In Schritt und Tritt und Tritt und Schritt,
Das stampft und dröhnt und klappt und flirrt,
Laternenglas und Fenster klirrt.
 Und dann die kleinen Mädchen.

Die Mädchen alle, Kopf an Kopf,
Das Auge blau und blond der Zopf;
Aus Tür und Tor und Hof und Haus
Schaut Mine, Trine, Stine aus.
 Vorbei ist die Musike.

Klingling, tschingtsching und Paukenkrach,
Noch aus der Ferne tönt es schwach,
Ganz leise bumbumbumbum tsching;
Zog da ein bunter Schmetterling,
 Tschingtsching, bum, um die Ecke?

313 *Vergiß die Mühle nicht*

DER Blick aus unserm Fenster
 War eine Wüste nur.
Kein grünes Saatfeld zeigte
Des Lebens frohe Spur.

Kein Haus, kein Baum war sichtbar,
Kein Berg im blauen Duft,
Und keine Blumen mischten
Sich mit der Himmelsluft.

Am End' der öden Strecke,
Weit über Schutt und Sand,
Steht eine kleine Mühle,
Fern, fern am Erdenrand.

Der Flügel kreist geduldig,
Er kreist wohl immerzu,
Des Windes schneller Atem
Läßt selten ihn in Ruh.

Mein Weib und ich, wir haben
Am Fenster oft gelehnt,
Wenn Hand in Hand wir saßen
Und wenn wir uns ersehnt.

Im Frühlicht, vor der Arbeit,
Lag noch der Tag im Tau,
Wir hielten nach der Mühle
Vereint die erste Schau.

Am Abend, eh' der Schlummer
Von neuem uns erquickt,
Wir haben nach der Mühle
Die letzte Sicht geschickt.

Und immer so die Mühle,
Es gab nicht liebern Ort,
Es kam wie Trost und Grüße,
Wie Gruß und Trost von dort.

In einer Winterwoche
War schwer mein Weib erkrankt,
Die schwarze Gräberblume
Hat sich emporgerankt.

Doch eh' der Tod die Decken
Um ihre Sinne schlug,
Hat sie mein Arm umschlossen,
Der sie ans Fenster trug.

Die treuen Augen suchten
Mühsam im Dämmerlicht,
Und ihre Lippen hauchten:
„Vergiß die Mühle nicht."

FRIEDRICH NIETZSCHE
1844—1900

314 *Dem unbekannten Gott*

Noch einmal, eh' ich weiter ziehe
Und meine Blicke vorwärts sende,
Heb' ich vereinsamt meine Hände
Zu Dir empor, zu Dem ich fliehe,
Dem ich in tiefster Herzenstiefe
Altäre feierlich geweiht,
Daß allezeit
Mich Deine Stimme wieder riefe.

Darauf erglüht tief eingeschrieben
Das Wort: dem unbekannten Gotte.
Sein bin ich, ob ich in der Frevler Rotte
Auch bis zur Stunde bin geblieben:
Sein bin ich — und ich fühl' die Schlingen,
Die mich im Kampf darniederziehn
Und, mag ich fliehn,
Mich doch zu Seinem Dienste zwingen.

Ich will Dich kennen, Unbekannter,
Du tief in meine Seele Greifender,
Mein Leben wie ein Sturm Durchschweifender,
Du Unfaßbarer, mir Verwandter!
Ich will Dich kennen, selbst Dir dienen.

315 *Vereinsamt*

DIE Krähen schrei'n
und ziehen schwirren Flugs zur Stadt:
 bald wird es schnei'n, —
wohl dem, der jetzt noch — Heimat hat!

 Nun stehst du starr,
schaust rückwärts, ach, wie lange schon!
 Was bist du Narr
vor Winters in die Welt entflohn?

 Die Welt — ein Tor
zu tausend Wüsten stumm und kalt!
 Wer das verlor,
was du verlorst, macht nirgends Halt.

 Nun stehst du bleich,
zur Winter-Wanderschaft verflucht,
 dem Rauche gleich,
der stets nach kältern Himmeln sucht.

 Flieg', Vogel, schnarr'
dein Lied im Wüstenvogel-Ton! —
 Versteck', du Narr,
dein blutend Herz in Eis und Hohn!

Die Krähen schrei'n
und ziehen schwirren Flugs zur Stadt:
bald wird es schnei'n, —
weh dem, der keine Heimat hat!

316 *Venedig*

AN der Brücke stand
jüngst ich in brauner Nacht.
Fernher kam Gesang:
goldener Tropfen quoll's
über die zitternde Fläche weg.
Gondeln, Lichter, Musik —
trunken schwamm's in die Dämm'rung hinaus ...

Meine Seele, ein Saitenspiel,
sang sich, unsichtbar berührt,
heimlich ein Gondellied dazu,
zitternd vor bunter Seligkeit.
— Hörte jemand ihr zu? ...

317 *Die Sonne sinkt*

I

NICHT lange durstest du noch,
verbranntes Herz!
Verheißung ist in der Luft,
aus unbekannten Mündern bläst michs an,
— die große Kühle kommt ...

Meine Sonne stand heiß über mir im Mittage:
seid mir gegrüßt, daß ihr kommt,
ihr plötzlichen Winde,
ihr kühlen Geister des Nachmittags!

Die Luft geht fremd und rein.
Schielt nicht mit schiefem
Verführerblick
die Nacht mich an? ...
Bleib' stark, mein tapferes Herz!
Frag' nicht: warum? —

II

Tag meines Lebens!
die Sonne sinkt.
Schon steht die glatte
Flut vergüldet.
Warm atmet der Fels:
schlief wohl zu Mittag
das Glück auf ihm seinen Mittagsschlaf?
In grünen Lichtern
spielt Glück noch der braune Abgrund herauf.

Tag meines Lebens!
'gen Abend gehts!
Schon glüht dein Auge
halbgebrochen,
schon quillt deines Taus
Tränengeträufel,
schon läuft still über weiße Meere
deiner Liebe Purpur,
deine letzte zögernde Seligkeit ...

III

Heiterkeit, güldene, komm!
du des Todes
heimlichster, süßester Vorgenuß!
— Lief ich zu rasch meines Wegs?
Jetzt erst, wo der Fuß müde ward,
holt dein Blick mich noch ein,
holt dein *Glück* mich noch ein.

Rings nur Welle und Spiel.
Was je schwer war,
sank in blaue Vergessenheit, —
müßig steht nun mein Kahn.
Sturm und Fahrt — wie verlernt' er das!
Wunsch und Hoffen ertrank,
glatt liegt Seele und Meer.

Siebente Einsamkeit!
Nie empfand ich
näher mir süße Sicherheit,
wärmer der Sonne Blick.
— Glüht nicht das Eis meiner Gipfel noch?
Silbern, leicht, ein Fisch,
schwimmt nun mein Nachen hinaus ...

318 *Die Glockenjungfern*

DIE Glockenjungfern schwingen
Sich hoch vom Turm und singen
Ein Morgenjubellied im Chor.
Kein Engelmund tönt reiner,
Je ferner, desto feiner,
Und niemals fehlt ihr kluges Ohr.

Verknüpft die Schwesternhände
Zur Kette ohne Ende,
Blüht durch das Blau der farbige Kranz.
Auf Schlüsselblumenmatten
Segelt ihr Wolkenschatten
Rainauf, rainab im flüchtigen Tanz.

Frühling und Lerchenlieder —
Sie jauchzen alles nieder,
Siegreich behauptend ihren Ton.
Die Sonne horcht von oben,
Das Echo möcht's erproben,
Versucht's und wiederholt es schon.

Der Wanderer im Staube
Erhebt das heiße Auge,
Lächelt und hemmt den müden Schritt.
Doch längs dem Weg die Wellen,
Die durch das Bächlein schnellen,
Laufen in flinken Sprüngen mit.

Da mahnt vom Turm ein Zeichen
Ein plötzliches Erbleichen,
Und alles heimwärts stürzt und drängt.
O weh, der Jungfern kleinste,
Die Lieblichste, die Feinste
Ist von dem Reigen abgesprengt.

Sie huscht auf leisen Sohlen
Die Schwestern einzuholen,
Den Finger ängstlich an dem Mund.
Jetzt langt sie an mit Zagen —
Ein Taubenflügelschlagen —
Schlüpft ein — und stille wird's im Rund.

Horch! Welch Posaunenschweigen!
Die Lüfte kreisen, steigen
Und lauschen nach dem Turm vereint,
Ob irgendwo ein Röckchen,
Ein Zipfel oder Söckchen
Der Glockenjungfern noch erscheint.

KARL WEITBRECHT

1847—1904

319 *Wenn ich Abschied nehme ...*

Wenn ich Abschied nehme, will ich leise gehn,
Keine Hand mehr drücken, nimmer rückwärts sehn.

In dem lauten Saale denkt mir keiner nach,
Dankt mir keine Seele, was die meine sprach.

Morgendämmrung weht mir draußen um das Haupt,
Und sie kommt, die Sonne, der ich doch geglaubt.

Lärmt bei euren Lampen und vergeßt mich schnell!
Lösche, meine Lampe! — Bald ist alles hell!

GERHART HAUPTMANN

1862—1946

320 *Im Nachtzug*

Es poltert der Zug durch die Mondscheinnacht.
Die Räder dröhnen und rasen.
Still sitz' ich im Polster und halte die Wacht
Unter sieben schnarchenden Nasen.
Die Lampe flackert und zittert und zuckt,
Und der Wagen rasselt und rüttelt und ruckt,
Und weit, wie ins Reich der Gespenster,
Weit blick' ich hinaus in das dämmrige Licht,
Und schemenhaft schau' ich mein blasses Gesicht
Im lampenbeschienenen Fenster.

Da rast es nun hin mit dem brausenden Zug,
An Wiesen und Wäldern vorüber,
Über Mauern, Stakete und Zäune im Flug,
Und trüber blickt es und trüber.
Und jetzo, wahrhaftig, ich täusche mich nicht,
Jetzt rollen über mein Schattengesicht
Zwei schwere und leuchtende Tränen.
Und tief in der Brust mir, da klingt es und singt's,
Und fiebernd das Herz und die Pulse durchdringt's —
Ein wildes, ein brennendes Sehnen.

Ein Sehnen hinaus in das Mondscheinreich,
Das fliegend die Drähte durchschneiden.
Sie tauchen hernieder und steigen zugleich,
Vom Zauber der Nacht mich zu scheiden.
Doch ich blicke hinaus, und das Herz wird mir weit,
Und ich lulle mich ein in die selige Zeit,
Wo nächtlich tanzte am Weiher
Auf Mondlichtstrahlen die Elfenmaid,
Dazu ihr von minniger Wonne und Leid
Der Elfe spielte die Leier.

Der Elfe, er spielte die Leier so schön,
Die Gräslein, sie mußten ihm lauschen.
Der Mühlbach, im Sturze, hielt an und blieb stehn,
Vergessend sein eigenes Rauschen.
Maiblumen und Rotklee weineten Tau,
Und wonnige Schauer durchbebten die Au,
Und Sänger lauschten im Haine;
Sie lauschten und lernten vom Elfen gar viel
Und stimmten ihr duftendes Saitenspiel
So zaubrisch, so rein wie das seine.

Vorüber, vorüber im sausenden Takt.
Kein Zauber nimmt dich gefangen,
Der du schwindelhoch über den Katarakt
Und tief durch die Berge gegangen.
Du rasender Pulsschlag der fiebernden Welt;
Du Dämon, der in den Armen mich hält
Und trägt zu entlegener Ferne!
Ich bliebe so gerne im Mondenschein
Und lauschte so gern vergessen allein
Der Zwiesprach' seliger Sterne!

Rauchmassen umwölken das traumhafte Bild
Und schlingen weißwogende Reigen.
Doch unter mir stampft es und schmettert es wild,
Und unter mir will es nicht schweigen.
Es klingt wie ein Ächzen, es rieselt wie Schweiß,
Als schleppten Kyklopen hin über das Gleis
Den Zug mit ehernen Armen.
Und wie ich noch lausche, beklommen und bang,
Da wird aus dem Tönegewirr ein Gesang
Zum Grauen zugleich und Erbarmen.

„Wir tragen euch hin durch die duftende Nacht,
Mit triefenden Wangen und Brüsten,
Wir haben euch güldene Häuser gemacht,
Indessen wie Geier wir nisten.
Wir schaffen euch Kleider. Wir backen euch Brot.
Ihr schafft uns den grinsenden, winselnden Tod.
Wir wollen die Ketten zerbrechen.
Uns dürstet, uns dürstet nach euerm Gut!
Uns dürstet, uns dürstet nach euerm Blut!
Wir wollen uns retten — uns rächen!

Wohl sind wir ein rauhes, blutdürstend Geschlecht
Mit schwieligen Händen und Herzen.
Doch gebt uns zum Leben, zum Sterben ein Recht
Und nehmt uns die Last unsrer Schmerzen!
Ja, könnten wir atmen, im keuchenden Lauf
Nur einmal erquickend, tief innerlich auf,
So, weil du den Elfen bewundert,
So sängen wir dir, mit Donnergetön,
Das Lied, so finster und doch so schön,
Das Lied von *unserm* Jahrhundert!

Willst lernen, Poetlein, das heilige Lied,
So lausche dem Platzen der Minen,
So meide das schläfrige, tändelnde Ried
Und folge dem Gang der Maschinen;
Beachte den Funken im singenden Draht,
Des Schiffes schwindelnden Wolkenpfad,
Und weiter, o beuge dich nieder
Zum Herzen der Armen, mitleidig und mild,
Und was es dir zitternd und weinend enthüllt,
Ersteh' es in Tönen dir wieder!"

Es poltert der Zug durch die Mondscheinnacht.
Die Räder dröhnen und rasen.
Still sitz' ich im Polster und halte die Wacht
Unter sieben schnarchenden Nasen.
Die Lampe flackert und zittert und zuckt,
Und der Wagen rasselt und rüttelt und ruckt,
Und tief aus dem Chaos der Töne,
Da quillt es, da drängt es, da perlt es empor
Wie Hymnengesänge bezaubernd mein Ohr
In erdenverklärender Schöne.

Und leise auf schwillt es und ebbend verhallt's
Im schmetternden Eisengeklirre.
Und wieder erwacht es, und himmelauf wallt's
Hervor aus dem Tönegewirre.
Und immer von neuem versinkt es und steigt's.
Und endlich verweht's im Tumulte und schweigt's
Und läßt mir ein heißes Begehren,
Das sinneberückende Zaubergetön
Von himmlischen Lenzen auf irdischen Höhn
Zu Ende, zu Ende zu hören.

321 *Die Lüfte grollen schwere Düsternisse ...*

DIE Lüfte grollen schwere Düsternisse.
Voll rauscht die Milch der Berge durch die Schlünde.
Erhab'nes murren dunkle Wolkenmünde,
Und bleich und tropfend duftet die Narzisse.

Ich harre, was ein Leuchten mir verkünde:
Ob tot im Licht, von eines Cherubs Schwinge? —
Verstummen, oder daß ich neu erklinge
Im Jubelchor erfrischter Wiesengründe? —

Da, aus Erstickungs-Nächten frei gerungen,
Beginnt ein Tanz! glanzfiebernd drängt der Himmel
Sich in der Erde kranke Dämmerungen.

Das Ohr erbebt vom Götter-Kampf-Getümmel,
Doch dann, von goldnen Fäusten aufgerissen,
Klafft weit ein Spalt: mich blendet Lichtgewimmel,

Und Freude bricht aus allen Finsternissen.

RICHARD DEHMEL

1863—1920

322 *Drohende Aussicht*

DER Himmel kreist, dir schwankt das Land,
Vom Schnellzug hin und her geschüttelt
Saust Ackerrand um Ackerrand,
Ein Frösteln hat dich wachgerüttelt;
Die Morgensonne kommt.

Mühsam entstiebt dem Nebelzelt
Ein Krähnvolk, herbstlich abgemagert,
Indes sich dick aufs Düngerfeld
Der Frührauch der Fabriken lagert;
Die Morgensonne kommt.

Schwarz schiebt sich durch den grauen Flor
Ein langer Zug von Schlackenbergen,
Schornstein an Schornstein schnellt empor,
Schreckhafte Hüter neben Särgen;
Die Morgensonne kommt.

Vom Horizont her nahn mit Hast
Und einen sich zwei Straßendämme,
Von Apfelbäumen eingefaßt,
Schon blaß beglänzt die knorrigen Stämme;
Die Morgensonne kommt.

Jach folgt zum andern Himmelssaum
Dein Blick den fruchtberaubten Zweigen,
Und plötzlich siehst du Baum an Baum
Sein brandrot glühendes Laub dir zeigen:
Der Tag ist da!

323 *Die stille Stadt*

LIEGT eine Stadt im Tale,
Ein blasser Tag vergeht;
Es wird nicht lange dauern mehr,
Bis weder Mond noch Sterne,
Nur Nacht am Himmel steht.

Von allen Bergen drücken
Nebel auf die Stadt;
Es dringt kein Dach, nicht Hof noch Haus,
Kein Laut aus ihrem Rauch heraus,
Kaum Türme noch und Brücken.

Doch als dem Wandrer graute,
Da ging ein Lichtlein auf im Grund;
Und durch den Rauch und Nebel
Begann ein leiser Lobgesang,
Aus Kindermund.

324 *Morgenandacht*

SEHNSUCHT hat mich früh geweckt;
Wo die alten Eichen rauschen,
Hier am Waldrand hingestreckt
Will ich dich, Natur, belauschen.

Jeder Halm ist wie erwacht;
Grüner scheint das Feld zu leben,
Wenn im kühlen Tau der Nacht
Warm die ersten Strahlen beben.

Wie die Fülle mich beengt!
So viel Großes! so viel Kleines!
Wie es sich zusammendrängt
In ein übermächtig Eines!

Wie der Wind im Hafer surrt,
Tief im Gras die Grillen klingen,
Hoch im Holz die Taube gurrt,
Wie die Blätter alle schwingen.

Wie die Bienen taumelnd sammeln
Und die Käfer lautlos schlüpfen —
O Natur! was soll mein Stammeln,
Seh' ich all das Dich verknüpfen:

Wie es mir ins Innre dringt,
All das Große, all das Kleine,
Wie's mit mir zusammenklingt
In das übermächtig Eine!

325 *Manche Nacht*

WENN die Felder sich verdunkeln,
Fühl' ich, wird mein Auge heller;
Schon versucht ein Stern zu funkeln,
Und die Grillen wispern schneller.

Jeder Laut wird bilderreicher,
Das Gewohnte sonderbarer,
Hinterm Wald der Himmel bleicher,
Jeder Wipfel hebt sich klarer.

Und du merkst es nicht im Schreiten,
Wie das Licht verhundertfältigt
Sich entringt den Dunkelheiten.
Plötzlich stehst du überwältigt.

326 *Die Harfe*

Unruhig steht der hohe Kiefernforst;
Die Wolken wälzen sich von Ost nach Westen.
Lautlos und hastig ziehn die Krähn zu Horst;
Dumpf tönt die Waldung aus den braunen Ästen,
Und dumpfer tönt mein Schritt.

Hier über diese Hügel ging ich schon,
Als ich noch nicht den Sturm der Sehnsucht kannte,
Noch nicht bei euerm urweltlichen Ton
Die Arme hob und ins Erhab'ne spannte,
Ihr Riesenstämme rings.

In großen Zwischenräumen, kaum bewegt,
Erheben sich die graugewordnen Schäfte;
Durch ihre grüngebliebnen Kronen fegt
Die Wucht der lauten und verhaltnen Kräfte
Wie damals.

Und Eine steht, wie eines Erdgotts Hand
In fünf gewaltige Finger hochgespalten;
Die glänzt noch goldbraun bis zum Wurzelstand
Und langt noch höher als die starren alten
Einsamen Stämme.

Durch die fünf Finger geht ein zäher Kampf,
Als wollten sie sich aneinanderzwängen;
Durch ihre Kuppen wühlt und spielt ein Krampf,
Als rissen sie mit Inbrunst an den Strängen
Einer verwunschnen Harfe.

Und von der Harfe kommt ein Himmelston
Und pflanzt sich mächtig fort von Ost nach Westen.
Den kenn' ich tief seit meiner Jugend schon:
Dumpf tönt die Waldung aus den braunen Ästen:
Komm, Sturm, erhöre mich!

Wie hab' ich mich nach einer Hand gesehnt,
Die mächtig ganz in meine würde passen!
Wie hab' ich mir die Finger wund gedehnt!
Die ganze Hand, die konnte niemand fassen!
Da ballt' ich sie zur Faust.

Ich habe mit Inbrünsten jeder Art
Mich zwischen Gott und Tier herumgeschlagen.
Ich steh' und prüfe die bestandne Fahrt:
Nur *eine* Inbrunst läßt sich treu ertragen:
Zur ganzen Welt.

Komm, Sturm der Allmacht, schüttel den starren Forst!
Schüttelst auch mich, du urweltliches Treiben.
In scheuen Haufen ziehn die Krähn zu Horst.
Gib mir die Kraft, einsam zu bleiben,
Welt! —

327 *Nach einem Regen*

SIEH, der Himmel wird blau;
Die Schwalben jagen sich
Wie Fische über den nassen Birken.
Und du willst weinen?

In deiner Seele werden bald
Die blanken Bäume und blauen Vögel
Ein goldnes Bild sein.
Und du weinst?

Mit meinen Augen
Seh' ich in deinen
Zwei kleine Sonnen.
Und du lächelst.

ARNO HOLZ

1863—1929

328 *So einer war auch er!*

LIEGT ein Dörflein mitten im Walde,
Überdeckt vom Sonnenschein,
Und vor dem letzten Haus an der Halde
Sitzt ein steinalt Mütterlein.
 Sie läßt den Faden gleiten
 Und Spinnrad Spinnrad sein
 Und denkt an die alten Zeiten
 Und nickt und schlummert ein.

Heimlich schleicht sich die Mittagstille
Durch das flimmernde grüne Revier.
Alles schläft; selbst Drossel und Grille
Und vorm Pflug der müde Stier.
 Da plötzlich kommt es gezogen
 Blitzend den Wald entlang
 Und vor ihm hergeflogen
 Trommel- und Pfeifenklang.

Und in das Lied vom alten Blücher
Jauchzen die Dörfler: „Sie sind da!"
Und die Mädels schwenken die Tücher
Und die Jungens rufen: „Hurra!"
 Gott schütze die goldenen Saaten,
 Dazu die weite Welt;
 Des Kaisers junge Soldaten
 Ziehn wieder ins grüne Feld!

Sieh, schon schwenken sie um die Halde,
Wo das letzte der Häuschen lacht.
Schon verschwinden die ersten im Walde,
Und das Mütterchen ist erwacht.
 Versunken in tiefes Sinnen,
 Wird ihr das Herz so schwer,
 Und ihre Tränen rinnen:
 „So einer war auch er!"

329 *Rote Rosen*

ROTE Rosen
winden sich um meine düstre Lanze.

Durch weiße Lilienwälder
schnaubt mein Hengst.

Aus grünen Seen,
Schilf im Haar,
tauchen schlanke, schleierlose Jungfraun.

Ich reite wie aus Erz.

Immer,
dicht vor mir
fliegt der Vogel Phönix
und singt.

330 *In einem Garten . . .*

In einem Garten, unter alten Bäumen,
auf
dunkler Moosbank, Hand in Hand,
sinnend, schweigend,
zwiesam,
erwarten wir
die Frühlingsnacht.

Noch
glänzt kein Stern.

Die
Büsche verdämmern.

Plötzlich,
aus einem Fenster,
leise,
getragen, schwellend,
die
tiefen, reinen, perlend feinen,
steigend ringenden,
sehnend schwingenden, selig singenden,
flutenden, glutenden,
goldglitzernden,
silbersanften, silberlichten, silbersüßen
Schmelztöne einer Geige.

Der Goldregen blinkt ... der Flieder duftet,
in
unseren Herzen,
traumhold, traumrot, traumgroß,
geht
der Mond auf!

RICARDA HUCH
1864—1947

331 *Vergangenheit*

WOHIN wandert' ich, des Wegs vergessen?
Staunend seh' ich ragende Zypressen,
Sanft bewegt nach süßer Melodie.
Hier, von keinem Atemzug gehoben,
Schläft ein dunkler Teich, und florumwoben
Dran ein Weib, den Arm gestützt aufs Knie.

Fremde Frau, wie muß ich dich begrüßen?
Wen betrauerst du mit deiner süßen,
Wunderbaren Augen feuchtem Schein?
„Ewig, ewig, seit das Sein voll Wunden
Sich dem grauenvollen Nichts entwunden,
Sitz' ich hier, dem Leben fern, allein.

Unsichtbare Schatten mich umgeben,
Längst erstorbne Töne mich umschweben,
Wandrer; denn ich bin Vergangenheit.
Jenem Gast, den ich zuerst empfangen,
Da der Tag des Lebens aufgegangen,
Folgt ein unabsehbares Geleit.

Horch dem Rauschen dieser Trauerbäume!
Töne sind's verschollner Lebensträume,
Mir verfallen ohne Wiederkehr.
Diese unbewegten Wellen bergen
Ausgelöschtes Licht in schwarzen Särgen,
Und kein Sterblicher erblickt es mehr.

Alles, was sich einst der Sonne freute,
Fällt mir zu, das Morgen wie das Heute,
Und kein Gott beschwört es je zurück.
Sinken muß es in mein ew'ges Schweigen,
Ihm vorüber tanzt der Stunden Reigen
Und verteilt an andre Weh und Glück."

332 *Tod Sämann*

DURCH ein wallend Korngefilde schreitend
Sah ich, wie ein Mann die Ähren mähte;
Aus der freien Linken aber gleitend
Sah ich Körner, die er wieder säte.
Seltsam war ein Schnitter mir erschienen,
Der zugleich das Feld mit Samen segnet;
Da erkannt' ich seine ernsten Mienen:
Sieh, es war der Tod, dem ich begegnet.

333 *Erinnerung*

EINMAL vor manchem Jahre
War ich ein Baum am Bergesrand,
Und meine Birkenhaare
Kämmte der Mond mit weißer Hand.

Hoch überm Abgrund hing ich
Windbewegt auf schroffem Stein,
Tanzende Wolken fing ich
Mir als vergänglich Spielzeug ein.

Fühlte nichts im Gemüte
Weder von Wonne noch von Leid,
Rauschte, verwelkte, blühte,
In meinem Schatten schlief die Zeit.

RUDOLF BINDING

1867—1938

334 *Ritt über das Schlachtfeld*

WIE von erstorbenem Sterne
Haucht es mich traurig an.
Langsam entweichende Ferne
Zieht mir schwerfüßig voran.

Nicht Tier, nicht Mensch. Kein Geschöpflein.
Drahtgewölk hängt überm Sand,
Rost und Brache. Kein Tröpflein
Freude rinnt durch das Land.

Stumm reite ich und erschaure
Und weiß nicht, wie's mag geschehn,
Daß über alle die Trauer
Die Jahreszeiten gehn.

412

335 *Orpheus*

PANTHER schmeicheln sich zu seinen Füßen,
Winde nahen in unendlich süßen
Wehen seiner Stirn.

Adler fächeln liebend seine Wangen.
Berge zittern leis'. Ihn zu empfangen
Glühet jeder Firn.

Menschen stehen wie erlöste Büßer,
Und der Weltenmelodien süßer
Einklang rauscht im Baum.

Die sich lieben sehn sich an in Tränen,
Und in einem ungeheuren Sehnen
Endlos schwingt der Raum.

MAX DAUTHENDEY
1867—1918

336 *Drinnen im Strauß*

DER Abendhimmel leuchtet wie ein Blumenstrauß,
Wie rosige Wicken und rosa Klee sehen die Wolken
aus.
Den Strauß umschließen die grünen Bäume und Wiesen,
Und leicht schwebt über der goldenen Helle
Des Mondes Sichel wie eine silberne Libelle.
Die Menschen aber gehen versunken tief drinnen im
Strauß,
Wie die Käfer trunken und finden nicht mehr heraus.

337 *Der Tag legt endlich die Krone ab ...*

DER Tag legt endlich die Krone ab,
Groß und mächtig wächst jeder Baum,
Sehnsucht tritt an der Wipfel Saum,
Und Seufzer fallen von Wolken herab.
Die Blätter hängen wie Stein bei Stein,
Nachtwinde schläfern die Erde ein.
Wem ein Seufzer fiel in den Schoß,
Den lassen die Tränen nicht mehr allein,
Den läßt die Dunkelheit nicht mehr los.
Dem wandern die Füße rastlos fort,
Sein Mund spricht manches begrabene Wort,
Die Nacht hängt als Schleppe an seinem Kleid,
Bis ihn ein Herz von dem Seufzer befreit.

338 *In den Spiegeln da beschauen ...*

IN den Spiegeln da beschauen
Sich zwei Äuglein, die sich freuen.
Mitten in den treuen Augen
Möcht' ich's Bild dort scharf und klein,
Tief in den Pupillen sein.

339 *Komm heim!*

KOMM heim, komm heim, ich kann's nicht erwarten,
Schon schließt der Abend die Blumen im Garten,
Schon wird der Boden zu Füßen mir rot;
Die letzte Flamme der Sonne verloht.
Die Bäume erschrecken, der Wind geht nach Haus,
Meine Gedanken strecken sich nach dir aus.

340 *Des Abends die Schwalben . . .*

DES Abends die Schwalben am Himmel hinschießen,
Sie müssen zur Nachtzeit den Mond aufschließen,
Sie eilen hinauf ans kalkweiße Tor
Und heben den pfeifenden Riegel empor.
Da kommen Verliebten die Träume heraus,
Die Schwalben tragen sie ihnen ins Haus.
Das Mondtor steht offen die ganze Nacht,
Bis jeder Traum sein Glück gemacht.

STEFAN GEORGE
1868—1933

341 *Mühle lass die arme still . . .*

MÜHLE lass die arme still
Da die heide ruhen will.
Teiche auf den tauwind harren ·
Ihrer pflegen lichte lanzen
Und die kleinen bäume starren
Wie getünchte ginsterpflanzen.

Weisse kinder schleifen leis
Überm see auf blindem eis
Nach dem segentag · sie kehren
Heim zum dorf in stillgebeten ·
DIE beim fernen gott der lehren ·
DIE schon bei dem naherflehten.

Kam ein pfiff am grund entlang?
Alle lampen flackern bang.
War es nicht als ob es riefe?
Es empfingen ihre bräute
Schwarze knaben aus der tiefe . .
Glocke läute Glocke läute!

342 *Die Spange*

ICH wollte sie aus kühlem eisen
Und wie ein glatter fester streif ·
Doch war im schacht auf allen gleisen
So kein metall zum gusse reif.

Nun aber soll sie also sein:
Wie eine grosse fremde dolde
Geformt aus feuerrotem golde
Und reichem blitzendem gestein.

343 *Vogelschau*

WEISSE schwalben sah ich fliegen ·
Schwalben schnee- und silberweiss ·
Sah sie sich im winde wiegen ·
In dem winde hell und heiss.

Bunte häher sah ich hüpfen ·
Papagei und kolibri
Durch die wunder-bäume schlüpfen
In dem wald der Tusferi.

Grosse raben sah ich flattern •
Dohlen schwarz und dunkelgrau
Nah am grunde über nattern
Im verzauberten gehau.

Schwalben seh ich wieder fliegen •
Schnee- und silberweisse schar •
Wie sie sich im winde wiegen
In dem winde kalt und klar!

344 *Der Herr der Insel*

DIE fischer überliefern dass im süden
Auf einer insel reich an zimmt und öl
Und edlen steinen die im sande glitzern
Ein vogel war der wenn am boden fussend
Mit seinem schnabel hoher stämme krone
Zerpflücken konnte • wenn er seine flügel
Gefärbt wie mit dem saft der Tyrer-schnecke
Zu schwerem niedrem flug erhoben: habe
Er einer dunklen wolke gleichgesehn.
Des tages sei er im gehölz verschwunden •
Des abends aber an den strand gekommen •
Im kühlen windeshauch von salz und tang
Die süsse stimme hebend dass delfine
Die freunde des gesanges näher schwammen
Im meer voll goldner federn goldner funken.
So habe er seit urbeginn gelebt •
Gescheiterte nur hätten ihn erblickt •
Denn als zum erstenmal die weissen segel
Der menschen sich mit günstigem geleit
Dem eiland zugedreht sei er zum hügel

Die ganze teure stätte zu beschaun gestiegen ·
Verbreitet habe er die grossen schwingen
Verscheidend in gedämpften schmerzeslauten.

345 *Komm in den totgesagten park ...*

K OMM in den totgesagten park und schau:
Der schimmer ferner lächelnder gestade ·
Der reinen wolken unverhofftes blau
Erhellt die weiher und die bunten pfade.

Dort nimm das tiefe gelb · das weiche grau
Von birken und von buchs · der wind ist lau
Die späten rosen welkten noch nicht ganz ·
Erlese küsse sie und flicht den kranz ·

Vergiss auch diese letzten astern nicht ·
Den purpur um die ranken wilder reben
Und auch was übrig blieb von grünem leben
Verwinde leicht im herbstlichen gesicht.

346 *Wir schreiten auf und ab ...*

W IR schreiten auf und ab im reichen flitter
Des buchenganges beinah bis zum tore
Und sehen aussen in dem feld vom gitter
Den mandelbaum zum zweitenmal im flore.

Wir suchen nach den schattenfreien bänken
Dort wo uns niemals fremde stimmen scheuchten
In träumen unsre arme sich verschränken ·
Wir laben uns am langen milden leuchten.

Wir fühlen dankbar wie zu leisem brausen
Von wipfeln strahlenspuren auf uns tropfen
Und blicken nur und horchen wenn in pausen
Die reifen früchte an den boden klopfen.

347 Es lacht in dem steigenden jahr ...

Es lacht in dem steigenden jahr dir
Der duft aus dem garten noch leis.
Flicht in dem flatternden haar dir
Eppich und ehrenpreis.

Die wehende saat ist wie gold noch ·
Vielleicht nicht so hoch mehr und reich ·
Rosen begrüssen dich hold noch ·
Ward auch ihr glanz etwas bleich.

Verschweigen wir was uns verwehrt ist ·
Geloben wir glücklich zu sein ·
Wenn auch nicht mehr uns beschert ist
Als noch ein rundgang zu zwein.

348 *Der Freund der Fluren*

Kurz vor dem frührot sieht man in den fähren
Ihn schreiten · in der hand die blanke hippe
Und wägend greifen in die vollen ähren
Die gelben körner prüfend mit der lippe.

Dann sieht man zwischen reben ihn mit basten
Die losen binden an die starken schäfte
Die harten grünen herlinge betasten
Und brechen einer ranke überkräfte.

Er schüttelt dann ob er dem wetter trutze
Den jungen baum und misst der wolken schieben
Er gibt dem liebling einen pfahl zum schutze
Und lächelt ihm dem erste früchte trieben.

Er schöpft und giesst mit einem kürbisnapfe
Er beugt sich oft die quecken auszuharken
Und üppig blühen unter seinem stapfe
Und reifend schwellen um ihn die gemarken.

349 *Das Wort*

WUNDER von ferne oder traum
Bracht ich an meines landes saum

Und harrte bis die graue norn
Den namen fand in ihrem born —

Drauf konnt ichs greifen dicht und stark
Nun blüht und glänzt es durch die mark . . .

Einst langt ich an nach guter fahrt
Mit einem kleinod reich und zart

Sie suchte lang und gab mir kund:
‹So schläft hier nichts auf tiefem grund›

Worauf es meiner hand entrann
Und nie mein land den schatz gewann . . .

So lernt ich traurig den verzicht:
Kein ding sei wo das wort gebricht.

ELSE LASKER-SCHÜLER
1869—1945

350 *Ein alter Tibetteppich*

DEINE Seele, die die meine liebet,
Ist verwirkt mit ihr im Teppichtibet.

Strahl in Strahl, verliebte Farben,
Sterne, die sich himmellang umwarben.
Unsere Füße ruhen auf der Kostbarkeit
Maschentausendabertausendweit.

Süßer Lamasohn auf Moschuspflanzenthron
Wie lange küßt dein Mund den meinen wohl
Und Wang' die Wange buntgeknüpfte Zeiten schon?

351 *Weltende*

ES ist ein Weinen in der Welt,
Als ob der liebe Gott gestorben wär,
Und der bleierne Schatten, der niederfällt,
Lastet grabesschwer.

Komm, wir wollen uns näher verbergen . . .
Das Leben liegt in aller Herzen
Wie in Särgen.

Du! wir wollen uns tief küssen —
Es pocht eine Sehnsucht an die Welt,
An der wir sterben müssen.

352 *Meine Mutter*

WAR sie der große Engel,
Der neben mir ging?

Oder liegt meine Mutter begraben
Unter dem Himmel von Rauch —
Nie blüht es blau über ihrem Tode.

Wenn meine Augen doch hell schienen
Und ihr Licht brächten.

Wäre mein Lächeln nicht versunken im Antlitz,
Ich würde es über ihr Grab hängen.

Aber ich weiß einen Stern,
Auf dem immer Tag ist;
Den will ich über ihre Erde tragen.

Ich werde jetzt immer ganz allein sein
Wie der große Engel,
Der neben mir ging.

353 *Mein blaues Klavier*

ICH habe zu Hause ein blaues Klavier
Und kenne doch keine Note.

Es steht im Dunkel der Kellertür,
Seitdem die Welt verrohte.

Es spielen Sternenhände vier
— Die Mondfrau sang im Boote —
Nun tanzen die Ratten im Geklirr.

Zerbrochen ist die Klaviatür . . .
Ich beweine die blaue Tote.

Ach liebe Engel öffnet mir
— Ich aß vom bitteren Brote —
Mir lebend schon die Himmelstür —
Auch wider dem Verbote.

CHRISTIAN MORGENSTERN

1871—1914

354 *Der Lattenzaun*

Es war einmal ein Lattenzaun,
mit Zwischenraum, hindurchzuschaun.

Ein Architekt, der dieses sah,
stand eines Abends plötzlich da —

und nahm den Zwischenraum heraus
und baute draus ein großes Haus.

Der Zaun indessen stand ganz dumm,
mit Latten ohne was herum,

ein Anblick gräßlich und gemein.
Drum zog ihn der Senat auch ein.

Der Architekt jedoch entfloh
nach Afri – od – Ameriko.

355 *Der Seufzer*

EIN Seufzer lief Schlittschuh auf nächtlichem Eis
und träumte von Liebe und Freude.
Es war an dem Stadtwall, und schneeweiß
glänzten die Stadtwallgebäude.

Der Seufzer dacht an ein Maidelein
und blieb erglühend stehen.
Da schmolz die Eisbahn unter ihm ein —
und er sank — und ward nimmer gesehen.

356 *Das aesthetische Wiesel*

EIN Wiesel
saß auf einem Kiesel
inmitten Bachgeriesel.

Wißt ihr,
weshalb?

Das Mondkalb
verriet es mir
im Stillen:

Das raffinier-
te Tier
tats um des Reimes willen.

357 *Vice versa*

Ein Hase sitzt auf einer Wiese,
des Glaubens, niemand sähe diese.

Doch, im Besitze eines Zeißes,
betrachtet voll gehaltnen Fleißes

vom vis-à-vis gelegnen Berg
ein Mensch den kleinen Löffelzwerg.

Ihn aber blickt hinwiederum
ein Gott von fern an, mild und stumm.

358 *Das Mondschaf*

Das Mondschaf steht auf weiter Flur.
Es harrt und harrt der großen Schur.
Das Mondschaf.

Das Mondschaf rupft sich einen Halm
und geht dann heim auf seine Alm.
Das Mondschaf.

Das Mondschaf spricht zu sich im Traum:
„Ich bin des Weltalls dunkler Raum."
Das Mondschaf.

Das Mondschaf liegt am Morgen tot.
Sein Leib ist weiß, die Sonn' ist rot.
Das Mondschaf.

HUGO VON HOFMANNSTHAL

359 *Vorfrühling*

Es läuft der Frühlingswind
Durch kahle Alleen,
Seltsame Dinge sind
In seinem Wehn.

Er hat sich gewiegt,
Wo Weinen war,
Und hat sich geschmiegt
In zerrüttetes Haar.

Er schüttelte nieder
Akazienblüten
Und kühlte die Glieder,
Die atmend glühten.

Lippen im Lachen
Hat er berührt,
Die weichen und wachen
Fluren durchspürt.

Er glitt durch die Flöte
Als schluchzender Schrei,
An dämmernder Röte
Flog er vorbei.

Er flog mit Schweigen
Durch flüsternde Zimmer
Und löschte im Neigen
Der Ampel Schimmer.

Es läuft der Frühlingswind
Durch kahle Alleen,
Seltsame Dinge sind
In seinem Wehn.

Durch die glatten
Kahlen Alleen
Treibt sein Wehn
Blasse Schatten

Und den Duft,
Den er gebracht,
Von wo er gekommen
Seit gestern Nacht.

360 *Die Beiden*

SIE trug den Becher in der Hand
— Ihr Kinn und Mund glich seinem Rand —
So leicht und sicher war ihr Gang,
Kein Tropfen aus dem Becher sprang.

So leicht und fest war seine Hand:
Er saß auf einem jungen Pferde,
Und mit nachlässiger Gebärde
Erzwang er, daß es zitternd stand.

Jedoch, wenn er aus ihrer Hand
Den leichten Becher nehmen sollte,
So war es beiden allzu schwer:
Denn beide bebten sie so sehr,
Daß keine Hand die andre fand
Und dunkler Wein am Boden rollte.

361 *Manche freilich . . .*

MANCHE freilich müssen drunten sterben,
Wo die schweren Ruder der Schiffe streifen,
Andre wohnen bei dem Steuer droben,
Kennen Vogelflug und die Länder der Sterne.

Manche liegen immer mit schweren Gliedern
Bei den Wurzeln des verworrenen Lebens,
Andern sind die Stühle gerichtet
Bei den Sibyllen, den Königinnen,
Und da sitzen sie wie zu Hause,
Leichten Hauptes und leichter Hände.

Doch ein Schatten fällt von jenen Leben
In die anderen Leben hinüber,
Und die leichten sind an die schweren
Wie an Luft und Erde gebunden:

Ganz vergessener Völker Müdigkeiten
Kann ich nicht abtun von meinen Lidern,
Noch weghalten von der erschrockenen Seele
Stummes Niederfallen ferner Sterne.

Viele Geschicke weben neben dem meinen,
Durcheinander spielt sie alle das Dasein,
Und mein Teil ist mehr als dieses Lebens
Schlanke Flamme oder schmale Leier.

362 *Ballade des äußeren Lebens*

UND Kinder wachsen auf mit tiefen Augen,
Die von nichts wissen, wachsen auf und sterben,
Und alle Menschen gehen ihre Wege.

Und süße Früchte werden aus den herben
Und fallen nachts wie tote Vögel nieder
Und liegen wenig Tage und verderben.

Und immer weht der Wind, und immer wieder
Vernehmen wir und reden viele Worte
Und spüren Lust und Müdigkeit der Glieder.

Und Straßen laufen durch das Gras, und Orte
Sind da und dort, voll Fackeln, Bäumen, Teichen,
Und drohende, und totenhaft verdorrte ...

Wozu sind diese aufgebaut? und gleichen
Einander nie? und sind unzählig viele?
Was wechselt Lachen, Weinen und Erbleichen?

Was frommt das alles uns und diese Spiele,
Die wir doch groß und ewig einsam sind
Und wandernd nimmer suchen irgend Ziele?

Was frommts, dergleichen viel gesehen haben?
Und dennoch sagt der viel, der „Abend" sagt,
Ein Wort, daraus Tiefsinn und Trauer rinnt

Wie schwerer Honig aus den hohlen Waben.

363 From *Terzinen*

I

Über Vergänglichkeit

NOCH spür' ich ihren Atem auf den Wangen:
Wie kann das sein, daß diese nahen Tage
Fort sind, für immer fort, und ganz vergangen?

Dies ist ein Ding, das keiner voll aussinnt,
Und viel zu grauenvoll, als daß man klage:
Daß alles gleitet und vorüberrinnt

Und daß mein eignes Ich, durch nichts gehemmt,
Herüberglitt aus einem kleinen Kind
Mir wie ein Hund unheimlich stumm und fremd.

Dann: daß ich auch vor hundert Jahren war
Und meine Ahnen, die im Totenhemd,
Mit mir verwandt sind wie mein eignes Haar,

So eins mit mir als wie mein eignes Haar.

III

WIR sind aus solchem Zeug, wie das zu Träumen,
Und Träume schlagen so die Augen auf
Wie kleine Kinder unter Kirschenbäumen,

Aus deren Krone den blaßgoldnen Lauf
Der Vollmond anhebt durch die große Nacht.
... Nicht anders tauchen unsre Träume auf,

Sind da und leben wie ein Kind, das lacht,
Nicht minder groß im Auf- und Niederschweben
Als Vollmond, aus Baumkronen aufgewacht.

Das Innerste ist offen ihrem Weben,
Wie Geisterhände in versperrtem Raum
Sind sie in uns und haben immer Leben.

Und drei sind Eins: ein Mensch, ein Ding, ein Traum.

364 *Weltgeheimnis*

DER tiefe Brunnen weiß es wohl,
Einst waren alle tief und stumm,
Und alle wußten drum.

Wie Zauberworte, nachgelallt
Und nicht begriffen in den Grund,
So geht es jetzt von Mund zu Mund.

Der tiefe Brunnen weiß es wohl;
In den gebückt, begriff's ein Mann,
Begriff es und verlor es dann.

Und redet' irr und sang ein Lied —
Auf dessen dunklen Spiegel bückt
Sich einst ein Kind und wird entrückt.

Und wächst und weiß nichts von sich selbst
Und wird ein Weib, das einer liebt
Und — wunderbar wie Liebe gibt!

Wie Liebe tiefe Kunde gibt! —
Da wird an Dinge, dumpf geahnt,
In ihren Küssen tief gemahnt ...

In unsern Worten liegt es drin,
So tritt des Bettlers Fuß den Kies,
Der eines Edelsteins Verlies.

Der tiefe Brunnen weiß es wohl,
Einst aber wußten alle drum,
Nun zuckt im Kreis ein Traum herum.

BÖRRIES VON MÜNCHHAUSEN
1874—1945

365 *Lebensweg*

ICH bin durchs Leben auf dich zugegangen,
So fest und klar, wie übers grüne Land
Die Taube flog, die lange eingefangen
Und doch den Weg zur süßen Heimat fand.

Und denke ich an Sturm und Streit und Streben,
An meiner Jugend Wandern dort und hier,
So ist mir oft: es war mein ganzes Leben
Ein stiller, unbeirrter Weg zu dir.

366 *Weißer Flieder*

NASS war der Tag — die schwarzen Schnecken
krochen —
Doch als die Nacht schlich durch die Gärten her,
Da war der weiße Flieder aufgebrochen,
Und über alle Mauern hing er schwer.

Und über alle Mauern tropften leise
Von bleichen Trauben Perlen groß und klar,
Und war ein Duften rings, durch das die Weise
Der Nachtigall wie Gold geflochten war.

RICHARD VON SCHAUKAL

1874—1942

367 *Nachthimmel*

STERNE flimmern durch die Himmel weit,
Dunkelblau verbreitet sich Unendlichkeit.

Aus der nachtverhüllten Erde ragen
Schwarze Bäume, die die Stille tragen.

Und du selbst, du fühlst dich dir entgleiten,
Eine Welle nur der Ewigkeiten.

368 *An den Herrn*

DU, in den wir münden,
Du, aus dem wir erwacht:
Wer, wer darf Dich verkünden,
Der Du Dich selbst erdacht!

Der Du über den Zeiten
Thronst in Unendlichkeit:
Über die Meere gleiten
Schatten von Deinem Kleid.

433

Tage und Nächte schleichen
Unten an seinem Saum.
Erblühen und Verbleichen
Gabst Du uns als Traum.

RAINER MARIA RILKE

1875—1926

369 *Herbsttag*

Herr: es ist Zeit. Der Sommer war sehr groß.
Leg deinen Schatten auf die Sonnenuhren,
und auf den Fluren laß die Winde los.

Befiehl den letzten Früchten voll zu sein;
gib ihnen noch zwei südlichere Tage,
dränge sie zur Vollendung hin und jage
die letzte Süße in den schweren Wein.

Wer jetzt kein Haus hat, baut sich keines mehr.
Wer jetzt allein ist, wird es lange bleiben,
wird wachen, lesen, lange Briefe schreiben
und wird in den Alleen hin und her
unruhig wandern, wenn die Blätter treiben.

370 *Ernste Stunde*

Wer jetzt weint irgendwo in der Welt,
 ohne Grund weint in der Welt,
 weint über mich.

Wer jetzt lacht irgendwo in der Nacht,
 ohne Grund lacht in der Nacht,
 lacht mich aus.

Wer jetzt geht irgendwo in der Welt,
 ohne Grund geht in der Welt,
 geht zu mir.

Wer jetzt stirbt irgendwo in der Welt,
 ohne Grund stirbt in der Welt,
 sieht mich an.

From *Die Parke*

Aber Schalen sind . . .

371

ABER Schalen sind, drin der Najaden
Spiegelbilder, die sie nicht mehr baden,
wie ertrunken liegen, sehr verzerrt;
die Alleen sind durch Balustraden
in der Ferne wie versperrt.

Immer geht ein feuchter Blätterfall
durch die Luft hinunter wie auf Stufen,
jeder Vogelruf ist wie verrufen,
wie vergiftet jede Nachtigall.

Selbst der Frühling ist da nicht mehr gebend,
diese Büsche glauben nicht an ihn;
ungern duftet trübe, überlebend
abgestandener Jasmin

alt und mit Zerfallendem vermischt.
Mit dir weiter rückt ein Bündel Mücken,
so als würde hinter deinem Rücken
alles gleich vernichtet und verwischt.

372 *Was wirst du tun, Gott, wenn ich sterbe . . .*

WAS wirst du tun, Gott, wenn ich sterbe?
Ich bin dein Krug (wenn ich zerscherbe?)
Ich bin dein Trank (wenn ich verderbe?)
Bin dein Gewand und dein Gewerbe,
mit mir verlierst du deinen Sinn.

Nach mir hast du kein Haus, darin
dich Worte, nah und warm, begrüßen.
Es fällt von deinen müden Füßen
die Samtsandale, die ich bin.
Dein großer Mantel läßt dich los.
Dein Blick, den ich mit meiner Wange
warm, wie mit einem Pfühl, empfange,
wird kommen, wird mich suchen, lange —
und legt beim Sonnenuntergange
sich fremden Steinen in den Schoß.

Was wirst du tun, Gott? Ich bin bange.

373 *Jetzt reifen schon die roten Berberitzen . . .*

JETZT reifen schon die roten Berberitzen,
alternde Astern atmen schwach im Beet.
Wer jetzt nicht reich ist, da der Sommer geht,
wird immer warten und sich nie besitzen.

Wer jetzt nicht seine Augen schließen kann,
gewiß, daß eine Fülle von Gesichten
in ihm nur wartet, bis die Nacht begann,
um sich in seinem Dunkel aufzurichten: —
der ist vergangen wie ein alter Mann.

Dem kommt nichts mehr, dem stößt kein Tag mehr zu,
und alles lügt ihn an, was ihm geschieht;
auch du, mein Gott. Und wie ein Stein bist du,
welcher ihn täglich in die Tiefe zieht.

374 *Der Panther*

(*Im Jardin des Plantes, Paris*)

SEIN Blick ist vom Vorübergehn der Stäbe
so müd geworden, daß er nichts mehr hält.
Ihm ist, als ob es tausend Stäbe gäbe
und hinter tausend Stäben keine Welt.

Der weiche Gang geschmeidig starker Schritte,
der sich im allerkleinsten Kreise dreht,
ist wie ein Tanz von Kraft um eine Mitte,
in der betäubt ein großer Wille steht.

Nur manchmal schiebt der Vorhang der Pupille
sich lautlos auf —. Dann geht ein Bild hinein,
geht durch der Glieder angespannte Stille —
und hört im Herzen auf zu sein.

375 *Der Schwan*

Diese Mühsal, durch noch Ungetanes
schwer und wie gebunden hinzugehn,
gleicht dem ungeschaffnen Gang des Schwanes.

Und das Sterben, dieses Nichtmehrfassen
jenes Grunds, auf dem wir täglich stehn,
seinem ängstlichen Sich-Niederlassen —:

in die Wasser, die ihn sanft empfangen
und die sich, wie glücklich und vergangen,
unter ihm zurückziehn, Flut um Flut;
während er unendlich still und sicher
immer mündiger und königlicher
und gelassener zu ziehn geruht.

376 *Ausgesetzt auf den Bergen des Herzens . . .*

Ausgesetzt auf den Bergen des Herzens. Siehe, wie
klein dort,
siehe: die letzte Ortschaft der Worte, und höher,
aber wie klein auch, noch ein letztes
Gehöft von Gefühl. Erkennst du's? —

Ausgesetzt auf den Bergen des Herzens. Steingrund
unter den Händen. Hier blüht wohl
einiges auf; aus stummem Absturz
blüht ein unwissendes Kraut singend hervor.
Aber der Wissende? Ach, der zu wissen begann,
und schweigt nun, ausgesetzt auf den Bergen des Herzens.
Da geht wohl, heilen Bewußtseins,
manches umher, manches gesicherte Bergtier,
wechselt und weilt. Und der große geborgene Vogel
kreist um der Gipfel reine Verweigerung. — Aber
ungeborgen, hier auf den Bergen des Herzens — —

377 *Es winkt zu Fühlung . . .*

Es winkt zu Fühlung fast aus allen Dingen,
aus jeder Wendung weht es her: Gedenk!
Ein Tag, an dem wir fremd vorübergingen,
entschließt im künftigen sich zum Geschenk.

Wer rechnet unseren Ertrag? Wer trennt
uns von den alten, den vergangenen Jahren?
Was haben wir von Anbeginn erfahren,
als daß sich eins im anderen erkennt?

Als daß an uns Gleichgültiges erwarmt?
O Haus, o Wiesenhang, o Abendlicht,
auf einmal bringst du's beinah zum Gesicht
und stehst an uns, umarmend und umarmt.

Durch alle Wesen reicht der *eine* Raum:
Weltinnenraum. Die Vögel fliegen still
durch uns hindurch. O, der ich wachsen will,
ich seh hinaus, und *in* mir wächst der Baum.

Ich sorge mich, und in mir steht das Haus.
Ich hüte mich, und in mir ist die Hut.
Geliebter, der ich wurde: an mir ruht
der schönen Schöpfung Bild und weint sich aus.

378 From *Sonette an Orpheus*

I

EIN Gott vermags. Wie aber, sag mir, soll
ein Mann ihm folgen durch die schmale Leier?
Sein Sinn ist Zwiespalt. An der Kreuzung zweier
Herzwege steht kein Tempel für Apoll.

Gesang, wie du ihn lehrst, ist nicht Begehr,
nicht Werbung um ein endlich noch Erreichtes;
Gesang ist Dasein. Für den Gott ein Leichtes.
Wann aber *sind* wir? Und wann wendet *er*

an unser Sein die Erde und die Sterne?
Dies *ists* nicht, Jüngling, daß du liebst, wenn auch
die Stimme dann den Mund dir aufstößt, — lerne

vergessen, daß du aufsangst. Das verrinnt.
In Wahrheit singen, ist ein andrer Hauch.
Ein Hauch um nichts. Ein Wehn im Gott. Ein Wind.

II

WANDELT sich rasch auch die Welt
wie Wolkengestalten,
alles Vollendete fällt
heim zum Uralten.

Über dem Wandel und Gang,
weiter und freier,
währt noch dein Vor-Gesang,
Gott mit der Leier.

Nicht sind die Leiden erkannt,
nicht ist die Liebe gelernt,
und was im Tod uns entfernt,

ist nicht entschleiert.
Einzig das Lied überm Land
heiligt und feiert.

III

STILLER Freund der vielen Fernen, fühle,
wie dein Atem noch den Raum vermehrt.
Im Gebälk der finstern Glockenstühle
laß dich läuten. Das, was an dir zehrt,

wird ein Starkes über dieser Nahrung.
Geh in der Verwandlung aus und ein.
Was ist deine leidendste Erfahrung?
Ist dir Trinken bitter, werde Wein.

Sei in dieser Nacht aus Übermaß
Zauberkraft am Kreuzweg deiner Sinne,
ihrer seltsamen Begegnung Sinn.

Und wenn dich das Irdische vergaß,
zu der stillen Erde sag: Ich rinne.
Zu dem raschen Wasser sprich: Ich bin.

THEODOR DÄUBLER

1876—1934

379 *Im Frühjahr*

MIT holden Silberknospen wundern sich die großen
 Bäume,
Daß alles wieder lau und blau und Friede wird.
Doch schützen sich mit zartem Harz die Knospensäume,
Wenn sich der Tauhauch allzufrüh verirrt.

Erschwollen sind die Knospen, Tau und Harz erquollen!
Die Veilchen neckt, versteckt der Blätter Schattenblau.
Die Primeln kichern über ihre braunen Schollen.
Zitronenfalter golden durch die gelbe Au.

Die Berge sind so blaß, als ob das Land sie träumte.
Ihr Gipfeln scheint nicht mehr von dieser Welt zu sein.
Der grüne Fluß, der junge Frühlingsrasen säumte,
Wird wildes Gold und überschäumt den Blütenhain.

380 *Die Buche*

DIE Buche sagt: Mein Walten bleibt das Laub.
 Ich bin kein Baum mit sprechenden Gedanken,
Mein Ausdruck wird ein Ästeüberranken,
Ich bin das Laub, die Krone überm Staub.

Dem warmen Aufruf mag ich rasch vertraun,
Ich fang' im Frühling selig an zu reden,
Ich wende mich in schlichter Art an jeden.
Du staunst, denn ich beginne rostigbraun!

Mein Waldgehaben zeigt sich sommerfroh.
Ich will, daß Nebel sich um Äste legen,
Ich mag das Naß, ich selber bin der Regen.
Die Hitze stirbt: ich grüne lichterloh!

Die Winterspflicht erfüll' ich ernst und grau.
Doch schütt ich erst den Herbst aus meinem Wesen.
Er ist noch niemals ohne mich gewesen.
Da werd' ich Teppich, sammetrote Au.

HANS CAROSSA
1878—1956

381 *Der Blinde*

Sonne sticht in den Sommerhain,
Menschen wandeln auf lauem Sand.
Aber draußen, vor den Bäumen,
Auf der hellen, heißen Straße,
Steht der Blinde mit der Orgel,
Singt sein dunkles Lied ins Licht ...

Der Wind schweigt in den Birkenkronen,
Die lustigen Spechte vergessen zu hämmern, —
Nur die Menschen, nur die Menschen
Wollen nicht weilen, können nicht lauschen,
Haben sich so viel zu sagen,
Nicken sich zu, gehen vorüber,
Und der Blinde singt ins Licht ...

Aber ein Mädchen mit nackten Füßen,
Blasses Mädchen in grauem Kleide,
Wagt sich hinaus in die heiße Straße,
Wirft einen Büschel wilde Blumen,
Blaue Glocken, dunkle, kühle,
Auf den staubigen Orgelkasten,
Und der Blinde singt ins Licht ...

AGNES MIEGEL

1879—1964

382 *Agnes Bernauerin*

S IE sangen am Herd, als die Flamme schied:
„Es ist eine Ros' entsprungen."
Sie sprachen zu ihr, als verklungen das Lied:
„Was hast du nicht mitgesungen?

Was bist du so blaß, Agnes Bernauerin,
Was starrst du so vor dich nieder?"
Sie sprach wie schlafend vor sich hin
Und schloß ihre schweren Lider:

„Mir träumte in der Andreasnacht,
Ich sei an die Donau gegangen,
Der Himmel glomm in blutiger Pracht,
Und die roten Wellen sangen. —

Sie trugen mir zu in schaukelndem Tanz
Eine Krone, sternbeschienen,
Und wie ich sie hob, war's ein Sterbekranz
Von welkenden Rosmarinen." —

383 *Herbst*

DIE Stirn' bekränzt mit roten Berberitzen
Steht nun der Herbst am Stoppelfeld,
In klarer Luft die weißen Fäden blitzen,
In Gold und Purpur glüht die Welt.

Ich seh' hinaus und hör' den Herbstwind sausen,
Vor meinem Fenster nickt der wilde Wein,
Von fernen Ostseewellen kommt ein Brausen
Und singt die letzten Rosen ein.

Ein reifer roter Apfel fällt zur Erde,
Ein später Falter sich darüber wiegt —
Ich fühle, wie ich still und ruhig werde,
Und dieses Jahres Gram verfliegt.

PAUL ZECH
1881—1946

384 *Fabrikstraße tags*

NICHTS als Mauern. Ohne Gras und Glas
zieht die Straße den gescheckten Gurt
der Fassaden. Keine Bahnspur surrt.
Immer glänzt das Pflaster wassernaß.

Streift ein Mensch dich, trifft sein Blick dich kalt
bis ins Mark; die harten Schritte haun
Feuer aus dem turmhoch steilen Zaun,
noch sein kurzes Atmen wolkt geballt.

Keine Zuchthauszelle klemmt
so in Eis das Denken, wie dies Gehn
zwischen Mauern, die nur sich besehn.

Trägst du Purpur oder Büßerhemd —:
immer drückt mit riesigem Gewicht
Gottes Bannfluch: *uhrenlose Schicht.*

*385 Die Häuser haben Augen
aufgetan ...*

Aͫ Abend stehn die Dinge nicht mehr blind
und mauerhart in dem Vorüberspülen
gehetzter Stunden; Wind bringt von den Mühlen
gekühlten Tau und geisterhaftes Blau.

Die Häuser haben Augen aufgetan,
Stern unter Sternen ist die Erde wieder,
die Brücken tauchen in das Flußbett nieder
und schwimmen in der Tiefe Kahn an Kahn.

Gestalten wachsen groß aus jedem Strauch,
die Wipfel wehen fort wie träger Rauch
und Täler werfen Berge ab, die lange drückten.

Die Menschen aber staunen mit entrückten
Gesichtern in der Sterne Silberschwall
und sind wie Früchte reif und süß zum Fall.

WILHELM LEHMANN

1882—

386 *Oberon*

Durch den warmen Lehm geschnitten
Zieht der Weg. Inmitten
Wachsen Lolch und Bibernell.
Oberon ist ihn geritten,
Heuschreckschnell.

Oberon ist längst die Sagenzeit hinabgeglitten.
Nur ein Klirren
Wie von goldnen Reitgeschirren
Bleibt,
Wenn der Wind die Haferkörner reibt.

387 *Ahnung im Januar*

Münchhausens Horn ist aufgetaut,
Zerbrochene Gefangenschaft!
Erstarrter Ton wird leise laut,
In Holz und Stengel treibt der Saft.

Dem Anruf als ein Widerhall,
Aus Lehmesklumpen, eisig, kahl,
Steigt Ammernleib, ein Federball,
Schon viele Male, erstes Mal.

Ob Juniluft den Stier umblaut,
Den Winterstall ein Wald durchlaubt?
Ist es Europa, die ihn kraut?
Leicht richtet er das schwere Haupt.

447

So warmen Fußes, Sommergeist,
Daß unter dir das Eis zerreißt —
Verheißung, und schon brenne ich,
Erfüllung, wie ertrag ich dich?

388 *Pavane*

DER Wärme wehrt die Gerste sich mit Grannen-
 fächerschlag.
Fühlt schon der Tage dunkelsten der allerhellste Tag?

Von Daunen, weißer Vogelbrust entzupften, über-
 schwebt,
Die lange Weile habe ich als kurze durchgelebt.

Hier unten wallt das Weidegras und wallt bis zu den
 Knien.
Gutsleute kommen, ausgeschwärmt, die Rübensaat
 verziehn.

Kopftücherhell und jackenbunt schreiten sie langsam vor.
Ein träger Wind wirft ihr Gespräch, wie's ihm gefällt,
 ins Ohr.

„Im Kino heute spielt ein Stück ‚Der Zauberer Merlin‘.
Ob das was ist? Ich glaube nicht. Wer von euch geht
 denn hin?“

Sie rücken fort, von Weißdornruch benommene Pavane.
Sie selbst beschwor der Zauberer, Geschenk für Viviane.

389 *Canto Sereno*

HAST du jetzt das Leben ausgeübt
Und sprichst heiter mit der schlimmen Welt?

„Sähst du lieber mich betrübt?"

Sag uns, was dir an der Welt gefällt
Und du mehr als nichts erreicht.

„Wäre nicht das Hiersein schwer, wär' es nicht leicht.
Schwalbe kehrt, in blauem Frack, mit weißer Brust.
Seraph, wiegt sie sich in Erdenlust."

Das Entsetzliche in Wohlgestalt:
Eine kurze Weile warm, dann kalt.

„Nicht zu kurz. Vivaldi hört es widerhallen
Und den Zwang der Verse läßt es sich gefallen."

ERNST STADLER

1883—1914

390 *Der Spruch*

IN einem alten Buche stieß ich auf ein Wort,
Das traf mich wie ein Schlag und brennt durch meine
 Tage fort:
Und wenn ich mich an trübe Lust vergebe,
Schein, Lug und Spiel zu mir anstatt des Wesens hebe,

Wenn ich gefällig mich mit raschem Sinn belüge,
Als wäre Dunkles klar, als wenn nicht Leben tausend
 wild verschloßne Tore trüge,
Und Worte wiederspreche, deren Weite ich nie aus-
 gefühlt,
Und Dinge fasse, deren Sein mich niemals aufgewühlt,
Wenn mich willkommner Traum mit Sammethänden
 streicht,
Und Tag und Wirklichkeit von mir entweicht,
Der Welt entfremdet, fremd dem tiefsten Ich —
Dann steht das Wort mir auf: Mensch, werde wesentlich!

391 *Fahrt über die Kölner Rheinbrücke bei Nacht*

DER Schnellzug tastet sich und stößt die Dunkelheit
entlang.
Kein Stern will vor. Die ganze Welt ist nur ein enger,
 nachtumschienter Minengang,
Darein zuweilen Förderstellen blauen Lichtes jähe
 Horizonte reißen: Feuerkreis
Von Kugellampen, Dächern, Schloten, dampfend,
 strömend ... nur sekundenweis ...
Und wieder alles schwarz. Als führen wir ins Eingeweid'
 der Nacht zur Schicht.
Nun taumeln Lichter her ... verirrt, trostlos vereinsamt
 ... mehr ... und sammeln sich ... und werden dicht.
Gerippe grauer Häuserfronten liegen bloß, im Zwielicht
 bleichend, tot — etwas muß kommen ... o, ich
 fühl' es schwer
Im Hirn. Eine Beklemmung singt im Blut. Dann dröhnt
 der Boden plötzlich wie ein Meer:

Wir fliegen, aufgehoben, königlich durch nachtentrißne
　　Luft, hoch übern Strom. O Biegung der Millionen
　　Lichter, stumme Wacht,
Vor deren blitzender Parade schwer die Wasser abwärts
　　rollen. Endloses Spalier, zum Gruß gestellt bei
　　Nacht!
Wie Fackeln stürmend! Freudiges! Salut von Schiffen
　　über blauer See! Bestirntes Fest!
Wimmelnd, mit hellen Augen hingedrängt! Bis wo die
　　Stadt mit letzten Häusern ihren Gast entläßt.
Und dann die langen Einsamkeiten. Nackte Ufer. Stille.
　　Nacht. Besinnung. Einkehr. Kommunion. Und Glut
　　und Drang
Zum Letzten, Segnenden. Zum Zeugungsfest. Zur
　　Wollust. Zum Gebet. Zum Meer. Zum Untergang.

JAKOB VAN HODDIS

1884—1942

392　　*Weltende*

DEM Bürger fliegt vom spitzen Kopf der Hut,
In allen Lüften hallt es wie Geschrei.
Dachdecker stürzen ab und gehn entzwei,
Und an den Küsten — liest man — steigt die Flut.

Der Sturm ist da, die wilden Meere hupfen
An Land, um dicke Dämme zu zerdrücken.
Die meisten Menschen haben einen Schnupfen.
Die Eisenbahnen fallen von den Brücken.

OSKAR LOERKE

1884—1941

393 *Ein Gemach*

ER starb. Ist seine Seele nun die Nelke
Und bringt sich mir zurück als Wohlgeruch?
Der Strauß, der welke,
Streut sein Herz auf blaues Tuch.

Sehnsucht, die ihm im Herzen gehaust,
Hat sich zu hohem Segler geballt.
Von innen verdunkelnd, ist die Schiffsgestalt
Mitten durch mein Herz gebraust.

Er ist im Hafen. Ich bemerke
Teer und faulen Tang und Kien,
Im fließenden West aus Rubin
Schwarze Takelwerke.

394 *Ohne falsche Zeugen*

DAS Mondlicht räumt den Alltag aus.
Es knackt im Holz:
Ein alter Wald geht durch das Haus.

In seine Einsamkeit entzückt,
Bin ich es noch,
Der seinen Stuhl zum Tische rückt?

Die Eiche zeigt ihr Astgeweih,
Mein Rosenglas
Setzt unter ihm sein Totes bei.

452

Um diesen Blätterfall vermehrt,
Erglänzt das Licht
Des Leuchtens, das kein Blick versehrt.

Von keines Zeugen Ohr bezeugt,
Schwebt aus dem Wald
Ein Klingen, das den Kopf mir beugt.

Erkennst du uns? Schön lebt es fort,
Wir hören gut,
Kein falscher Bürge trübt dein Wort.

395 *Sommernachts über Land*

VON Rüstern schauert die hängende
Ernte der Traurigkeit:
Schon steigt aus Wurzeln die drängende,
Die untere Ewigkeit.

Aus Brunnen krümmt sich der tastende
Verwesende Nebel und klimmt.
Aus Löchern kommt das fastende
Grauen und nimmt und nimmt.

Hat der Horizont seine klagenden
Harfen zum Klagen gebracht?
Die Erde hat, ach, die tragenden
Schollen zu Wolken gemacht.

Die Nähe voll bitter steigender
Schluchzer wird ungewiß.
Der Himmel steht wie ein schweigender
Berg der Kümmernis.

Der Kümmernisberg steht gläsern still,
Vor alle Ziele gestellt.
Und wer in süßere Meilen nun will,
Dem steht er vor der Welt.

GOTTFRIED BENN

1886—1956

396 *Nur zwei Dinge*

Durch so viel Formen geschritten,
durch Ich und Wir und Du,
doch alles blieb erlitten
durch die ewige Frage: wozu?

Das ist eine Kinderfrage.
Dir wurde erst spät bewußt,
es gibt nur eines: Ertrage
— ob Sinn, ob Sucht, ob Sage —
dein fernbestimmtes: Du mußt.

Ob Rosen, ob Schnee, ob Meere,
was alles erblühte, verblich,
es gibt nur zwei Dinge: die Leere
und das gezeichnete Ich.

397 *Aus Fernen, aus Reichen*

Was dann nach jener Stunde
 sein wird, wenn dies geschah,
weiß niemand, keine Kunde
kam je von da,
von den erstickten Schlünden
von dem gebrochenen Licht,
wird es sich neu entzünden,
ich meine nicht.

Doch sehe ich ein Zeichen:
über das Schattenland
aus Fernen, aus Reichen
eine große, schöne Hand,
die wird mich nicht berühren,
das läßt der Raum nicht zu:
doch werde ich sie spüren,
und das bist du.

Und du wirst niedergleiten
am Strand, am Meer,
aus Fernen, aus Weiten:
„— erlöst auch er;"
ich kannte deine Blicke
und in des tiefsten Schoß
sammelst du unsere Glücke,
den Traum, das Los.

Ein Tag ist zu Ende,
die Reifen fortgebracht,
dann spielen noch zwei Hände
das Lied der Nacht,
vom Zimmer, wo die Tasten
den dunklen Laut verwehn,
sieht man das Meer und die Masten
hoch nach Norden gehn.

Wenn die Nacht wird weichen,
wenn der Tag begann,
trägst du Zeichen,
die niemand deuten kann,
geheime Male
von fernen Stunden krank
und leerst die Schale
aus der ich vor dir trank.

GEORG HEYM

1887—1912

398 *Der Hunger*

ER fuhr in einen Hund, dem groß er sperrt
Das rote Maul. Die blaue Zunge wirft
Sich lang heraus. Er wälzt im Staub. Er schlürft
Verwelktes Gras, das er dem Sand entzerrt.

Sein leerer Schlund ist wie ein großes Tor,
Drin Feuer sickert, langsam, tropfenweis,
Das ihm den Bauch verbrennt. Dann wäscht mit Eis
Ihm eine Hand das heiße Speiserohr.

Er wankt durch Dampf. Die Sonne ist ein Fleck,
Ein rotes Ofentor. Ein grüner Halbmond führt
Vor seinen Augen Tänze. Er ist weg.

Ein schwarzes Loch gähnt, draus die Kälte stiert.
Er fällt hinab und fühlt noch, wie der Schreck
Mit Eisenfäusten seine Gurgel schnürt.

399 *Der Krieg*

Aufgestanden ist er, welcher lange schlief,
Aufgestanden unten aus Gewölben tief.
In der Dämmrung steht er, groß und unbekannt,
Und den Mond zerdrückt er in der schwarzen Hand.

In den Abendlärm der Städte fällt es weit
Frost und Schatten einer fremden Dunkelheit.
Und der Märkte runder Wirbel stockt zu Eis.
Es wird still. Sie sehn sich um. Und keiner weiß.

In den Gassen faßt es ihre Schulter leicht.
Eine Frage. Keine Antwort. Ein Gesicht erbleicht.
In der Ferne zittert ein Geläute dünn,
Und die Bärte zittern um ihr spitzes Kinn.

Auf den Bergen hebt er schon zu tanzen an,
Und er schreit: Ihr Krieger alle, auf und an!
Und es schallet, wenn das schwarze Haupt er schwenkt,
Drum von tausend Schädeln laute Kette hängt.

Einem Turm gleich tritt er aus die letzte Glut,
Wo der Tag flieht, sind die Ströme schon voll Blut.
Zahllos sind die Leichen schon im Schilf gestreckt,
Von des Todes starken Vögeln weiß bedeckt.

In die Nacht er jagt das Feuer querfeldein,
Einen roten Hund mit wilder Mäuler Schrein.
Aus dem Dunkel springt der Nächte schwarze Welt,
Von Vulkanen furchtbar ist ihr Rand erhellt.

Und mit tausend hohen Zipfelmützen weit
Sind die finstren Ebnen flackend überstreut,
Und was unten auf den Straßen wimmelnd flieht,
Stößt er in die Feuerwälder, wo die Flamme brausend
 zieht.

Und die Flammen fressen brennend Wald um Wald,
Gelbe Fledermäuse, zackig in das Laub gekrallt,
Seine Stange haut er wie ein Köhlerknecht
In die Bäume, daß das Feuer brause recht.

Eine große Stadt versank in gelbem Rauch,
Warf sich lautlos in des Abgrunds Bauch.
Aber riesig über glühnden Trümmern steht,
Der in wilde Himmel dreimal seine Fackel dreht

Über sturmzerfetzter Wolken Widerschein,
In des toten Dunkels kalten Wüstenein,
Daß er mit dem Brande weit die Nacht verdorr,
Pech und Feuer träufet unten auf Gomorrh.

400 *Der Gott der Stadt*

Auf einem Häuserblocke sitzt er breit.
Die Winde lagern schwarz um seine Stirn.
Er schaut voll Wut, wo fern in Einsamkeit
Die letzten Häuser in das Land verirrn.

Vom Abend glänzt der rote Bauch dem Baal.
Die großen Städte knieen um ihn her.
Der Kirchenglocken ungeheure Zahl
Wogt auf zu ihm aus schwarzer Türme Meer.

Wie Korybanten-Tanz dröhnt die Musik
Der Millionen durch die Straßen laut.
Der Schlote Rauch, die Wolken der Fabrik
Ziehn auf zu ihm, wie Duft von Weihrauch blaut.

Das Wetter schwält in seinen Augenbrauen.
Der dunkle Abend wird in Nacht betäubt.
Die Stürme flattern, die wie Geier schauen
Von seinem Haupthaar, das im Zorne sträubt.

Er streckt ins Dunkel seine Fleischerfaust.
Er schüttelt sie. Ein Meer von Feuer jagt
Durch eine Straße. Und der Glutqualm braust
Und frißt sie auf, bis spät der Morgen tagt.

GEORG TRAKL
1887—1914

401 *Verfall*

AM Abend, wenn die Glocken Frieden läuten,
Folg' ich der Vögel wundervollen Flügen,
Die lang geschart, gleich frommen Pilgerzügen,
Entschwinden in den herbstlich klaren Weiten.

Hinwandelnd durch den dämmervollen Garten
Träum' ich nach ihren helleren Geschicken
Und fühl' der Stunden Weiser kaum mehr rücken.
So folg' ich über Wolken ihren Fahrten.

Da macht ein Hauch mich von Verfall erzittern.
Die Amsel klagt in den entlaubten Zweigen.
Es schwankt der rote Wein an rostigen Gittern,

Indes wie blasser Kinder Todesreigen
Um dunkle Brunnenränder, die verwittern,
Im Wind sich fröstelnd blaue Astern neigen.

402 *Trübsinn*

WELTUNGLÜCK geistert durch den Nachmittag.
Baracken fliehn durch Gärtchen braun und wüst.
Lichtschnuppen gaukeln um verbrannten Mist,
Zwei Schläfer schwanken heimwärts, grau und vag.

Auf der verdorrten Wiese läuft ein Kind
Und spielt mit seinen Augen schwarz und glatt.
Das Gold tropft von den Büschen trüb und matt.
Ein alter Mann dreht traurig sich im Wind.

Am Abend wieder über meinem Haupt
Saturn lenkt stumm ein elendes Geschick.
Ein Baum, ein Hund tritt hinter sich zurück
Und schwarz schwankt Gottes Himmel und entlaubt.

Ein Fischlein gleitet schnell hinab den Bach;
Und leise rührt des toten Freundes Hand
Und glättet liebend Stirne und Gewand.
Ein Licht ruft Schatten in den Zimmern wach.

403 *Ein Winterabend*

Wenn der Schnee ans Fenster fällt,
Lang die Abendglocke läutet,
Vielen ist der Tisch bereitet
Und das Haus ist wohlbestellt.

Mancher auf der Wanderschaft
Kommt ans Tor auf dunklen Pfaden.
Golden blüht der Baum der Gnaden
Aus der Erde kühlem Saft.

Wanderer tritt still herein;
Schmerz versteinerte die Schwelle.
Da erglänzt in reiner Helle
Auf dem Tische Brot und Wein.

404　　　　　*De Profundis*

Es ist ein Stoppelfeld, in das ein schwarzer Regen fällt.
Es ist ein brauner Baum, der einsam dasteht.
Es ist ein Zischelwind, der leere Hütten umkreist —
Wie traurig dieser Abend.

Am Weiler vorbei
Sammelt die sanfte Waise noch spärliche Ähren ein.
Ihre Augen weiden rund und goldig in der Dämmerung
Und ihr Schoß harrt des himmlischen Bräutigams.

Bei der Heimkehr
Fanden die Hirten den süßen Leib
Verwest im Dornenbusch.

Ein Schatten bin ich ferne finsteren Dörfern.
Gottes Schweigen
Trank ich aus dem Brunnen des Hains.

Auf meine Stirne tritt kaltes Metall.
Spinnen suchen mein Herz.
Es ist ein Licht, das in meinem Mund erlöscht.

Nachts fand ich mich auf einer Heide,
Starrend von Unrat und Staub der Sterne.
Im Haselgebüsch
Klangen wieder kristallne Engel.

405 *Der Herbst des Einsamen*

DER dunkle Herbst kehrt ein voll Frucht und Fülle,
Vergilbter Glanz von schönen Sommertagen.
Ein reines Blau tritt aus verfallener Hülle;
Der Flug der Vögel tönt von alten Sagen.
Gekeltert ist der Wein, die milde Stille
Erfüllt von leiser Antwort dunkler Fragen.

Und hier und dort ein Kreuz auf ödem Hügel;
Im roten Wald verliert sich eine Herde.
Die Wolke wandert übern Weiherspiegel;
Es ruht des Landmanns ruhige Gebärde.
Sehr leise rührt des Abends blauer Flügel
Ein Dach von dürrem Stroh, die schwarze Erde.

Bald nisten Sterne in des Müden Brauen;
In kühle Stuben kehrt ein still Bescheiden
Und Engel treten leise aus den blauen
Augen der Liebenden, die sanfter leiden.
Es rauscht das Rohr; anfällt ein knöchern Grauen,
Wenn schwarz der Tau tropft von den kahlen Weiden.

406 *Grodek*

AM Abend tönen die herbstlichen Wälder
Von tödlichen Waffen, die goldnen Ebenen
Und blauen Seen, darüber die Sonne
Düstrer hinrollt; umfängt die Nacht
Sterbende Krieger, die wilde Klage
Ihrer zerbrochenen Münder.

Doch stille sammelt im Weidengrund
Rotes Gewölk, darin ein zürnender Gott wohnt,
Das vergoßne Blut sich, mondne Kühle;
Alle Straßen münden in schwarze Verwesung.
Unter goldnem Gezweig der Nacht und Sternen
Es schwankt der Schwester Schatten durch den schwei-
 genden Hain,
Zu grüßen die Geister der Helden, die blutenden Häupter;
Und leise tönen im Rohr die dunkeln Flöten des Herbstes.
O stolzere Trauer! ihr ehernen Altäre,
Die heiße Flamme des Geistes nährt heute ein gewaltiger
 Schmerz,
Die ungebornen Enkel.

HANS ARP
1887—1966

407 *Dem Ausgang zu*

die nachtvögel tragen brennende laternen **im gebälk**
 ihrer augen.
sie lenken zarte gespenster und fahren auf zartadrigen
 wagen.
das schwarze schaukelpferd ist vor den berg gespannt.
die toten tragen sägen und stämme zur mole herbei.
aus den kröpfen der vögel stürzen die ernten auf die
 tennen aus eisen.
die engel landen in körben aus luft.
die fische ergreifen den wanderstab und rollen in sternen
 dem ausgang zu.

408 *Schwarze Eier*

die flüsse springen wie böcke in ihr zelt. es ist silbern von
 silbernen wellen umsäumt.

peitschen knallen und aus den bergen kommen die
 schlechtgescheitelten schatten der hirten.

schwarze eier und narrenschellen stürzen von den
 bäumen.

gewitter pauken und trommeln bespringen die ohren des
 esels.

flügel streifen blumen.

quellen regen sich in den augen der eber.

FRANZ WERFEL

1890—1945

409 *Nachtregen*

DES Regens Gleichmut! Totes Rauschen!
Je mehr du willst, je mehr du horchst,
Je weniger wirst du erlauschen.

Gespannt bist du dir unvergessen.
Sinnlos die Regenöde lallt.
Du wirst von Gott kein Wort erpressen.

Gib's auf zu gieren und zu haschen!
Dem Wartenden wird kein Gesang,
Das Große will dich überraschen.

410 *Als mich dein Wandeln an den Tod verzückte*

ALS mich dein Dasein tränenwärts entrückte
Und ich durch dich ins Unermeßne schwärmte,
Erlebten diesen Tag nicht Abgehärmte,
Mühselig Millionen Unterdrückte?

Als mich dein Wandeln an den Tod verzückte,
War um uns Arbeit und die Erde lärmte,
Und Leere gab es, gottlos Unerwärmte,
Es lebten und es starben Niebeglückte!

Da ich von dir geschwellt war zum Entschweben,
So viele waren, die im Dumpfen stampften,
An Pulten schrumpften und vor Kesseln dampften.

Ihr Keuchenden auf Straßen und auf Flüssen!!
Gibt es ein Gleichgewicht in Welt und Leben,
Wie werd' ich diese Schuld bezahlen müssen!?

YVAN GOLL

1891—1950

411 *Der Wassersturz*

WASSER und Mensch,
Ihr seid die ewige Bewegung!
Ihr seid der Trieb von allen Trieben: ihr seid der Geist!
Da steht kein Felsen starr und keine Gottheit hoch:
Vor eurem Strahl zersplittern die Blöcke Granit,
Vor eurer Stimme birst das Schweigen des Todes.

O Wasserfall, du Perlentänzer,
Aus deinem steilen, einzigen Wasserstamm
Blühst du Millionen Wasserzweige an die Erde!
Der giftigen Nessel am Straßengraben gibst du dich hin,
Du treibst den grünen Springbrunnen der Palmen
 empor;
Vergißmeinnicht fröstelt in deinem Tau,
Und der fette Ölbaum saugt dich mit kupfernen Pumpen
 auf.
Du bist der unendliche Geliebte der Erde!

So will ich, dein unsterblicher Geliebter,
Über die Menschheit strömen und überströmen:
Hinunter, hinunter aus der Einsamkeit
Schäumend von Liebe niederschmelzen,
(An den Gipfeln ermaß ich die Tiefe der Täler)
Zurück zur Menschheit will ich mich ergießen,
Zu den dunklen Schluchten der Besiegten und Geknech-
 teten,
Zu den grauen Wüsten der Streber und Unfruchtbaren,
Zu den endlosen Ebenen der Armen und der Tölpel,
Zu den rauchigen Häfen der Vertriebenen und Ge-
 zwungenen —
Hinab, hinab, dem ewigen Trieb muß ich gehorchen,
Wer sich verschenkt, bereichert sich am meisten.
Ich will mit sprudelndem Mund und lachenden Augen
Die große Liebe dieser Nacht vergeuden,
Mich geben und geben, da ich weiß:
Unversiegbar sind die Gletscher der Erde,
Unversiegbar sind die Quellen des Herzens!

412 *Der Staubbaum*

E IN Staubbaum wächst
Ein Staubwald überall wo wir gegangen
Und diese Staubhand weh! rühr sie nicht an!

Rings um uns steigen Türme des Vergessens
Türme die nach innen fallen
Aber noch bestrahlt von deinem orangenen Licht!
Ein Staubvogel fliegt auf

Die Sage unsrer Liebe laß ich in Quarz verwahren
Das Gold unsrer Träume in einer Wüste vergraben
Der Staubwald wird immer dunkler
Weh! Rühr diese Staubrose nicht an!

WERNER BERGENGRUEN
1892—1963

413 *Die letzte Epiphanie*

I CH hatte dies Land in mein Herz genommen.
Ich habe ihm Boten um Boten gesandt.
In vielen Gestalten bin ich gekommen.
Ihr aber habt mich in keiner erkannt.

Ich klopfte bei Nacht, ein bleicher Hebräer,
ein Flüchtling, gejagt, mit zerrissenen Schuhn.
Ihr riefet dem Schergen, ihr winktet dem Späher
und meintet noch Gott einen Dienst zu tun.

Ich kam als zitternde geistgeschwächte
Greisin mit stummem Angstgeschrei.
Ihr aber spracht vom Zukunftsgeschlechte
und nur meine Asche gabt ihr frei.

Verwaister Knabe auf östlichen Flächen,
ich fiel euch zu Füßen und flehte um Brot.
Ihr aber scheutet ein künftiges Rächen,
ihr zucktet die Achseln und gabt mir den Tod.

Ich kam als Gefangner, als Tagelöhner,
verschleppt und verkauft, von der Peitsche zerfetzt.
Ihr wandtet den Blick von dem struppigen Fröner.
Nun komm ich als Richter. Erkennt ihr mich jetzt?

GERRIT ENGELKE
1892—1918

414 *Ich will hinaus!*

ICH weiß, daß Berge auf mich warten,
Draußen — weit —
Und Wald und Winterfeld und Wiesengarten
Voll Gotteinsamkeit —

Weiß, daß für mich ein Wind durch Wälder dringt,
So lange schon —
Daß Schnee fällt, daß der Mond nachtleise singt
Den Ewig-Ton —

Fühle, daß nachts Wolken schwellen,
Bäume,
Daß Ebenen, Gebirge wellen
In meine Träume —

Die Winterberge, meine Berge tönen —
Wälder sind verschneit —
Ich will hinaus, mit euch mich zu versöhnen!
Ich will heraus aus dieser Zeit,

Hinweg von Märkten, Zimmern, Treppenstufen,
Straßenbraus —
Die Waldberge, die Waldberge rufen,
Locken mich hinaus!

Bald hab' ich diese Straßenwochen,
Bald diesen Stadtbann aufgebrochen
Und ziehe hin, wo Ströme durch die Ewig-Erde pochen,
Ziehe selig in die Welt!

JOSEF WEINHEBER

1892—1945

Der Baum

415

VOR meinem Fenster steht ein Baum.
Es ist ein Baum und keiner doch.
Hofmauern rauben ihm den Raum.
Sein Himmel ist ein Zellenloch.

Im Frühjahr treibt er greis und blaß
— er blühte nie — sein Laubwerk aus.
Dann starren Augen, groß vom Haß,
auf dieses Fest im Hinterhaus.

Kommt Sonne, ging sie eben fort.
Kommt Wind, so heißt er Stank und Stein.
Wird Sommer, war der Herbst schon dort.
Wird Herbst, fiel längst der Winter ein.

Um seinen Stamm kein Reigensang.
In seinem Schatten keine Rast!
Die Ratten rascheln nächtelang
und knabbern an dem Lederbast.

Ist nicht ein Baum, mit Wurzeln fest,
mit praller Frucht und runder Kron',
mit biegsam kräftigem Geäst
des Lebens bester, schönster Sohn?

Hat jemand Heimat so wie er?
So jemand zeugende Gewalt?
So Mutterkraft, so Weisheit schwer,
so ahnensichre Wohlgestalt?

Dagegen dieser! Schande, Schmach!
Er ist ein Baum und keiner doch.
Er trauert seinem Leben nach,
Gefangener im Zellenloch.

Gebt Raum, ihr Mauern! Himmel, brich
herab auf ihn und mach ihn frei!
Er blühte nie! Er martert mich!
Er ist mein Herz! Mein Lebensschrei!

JOSEF WEINHEBER

416　　　　*Böse Verzauberung*

Es ist in einem fremden Land.
Es ist in einem fremden Haus.
Am Tisch ein welker Blumenstrauß.
Und leiser Regen fällt.

Hier war ich einmal, eh' ich war.
Und dann vergaß ich Berg und Baum.
Nur manchmal grüßt dies Land im Traum.
Da ist der Turm und winkt.

Ich weiß nicht, was in dieser Frist
noch mein ist. Es verwirrt sich so.
Als ich noch gut war, war ich froh.
Der böse Regen fällt.

Ich kann nicht denken. Mir ist bang.
Es ist in einem fremden Haus.
Die Sprache sagt es auch nicht aus.
Es fällt wie in ein Grab . .

GERTRUD KOLMAR

1894—1943 (?)

417　　　　*Die Lumpensammlerin*

Die stillen Dinge heißen tot
Und fühllos, im Verderb beständig;
Das schwitzt kein Geld, das ißt kein Brot
Und wird mir gerne doch lebendig
Und seufzt und weint und redet Not.

Wer aus der braunen Flasche trank,
Was hat er ihr den Hals zerschmissen?
Der Hut fiel leicht und welk vom Schrank;
Da liegt sein Kopf, ihm abgerissen,
Da liegt sein Rand, zerknüllt und krank.

Da hinkt ein wassersüchtig Faß,
Die Dauben wie vermorschte Zähne,
Ein Kindertier, beschmutzt und blaß,
Geschlitzt den Leib, durchfetzt die Mähne,
Und blind: kein Aug mehr, buntes Glas.

Der Schlüssel ruft die Mutter Spind,
Ein ausgelatschter Schuh den Bruder,
Und Lappen brüsten sich vorm Wind
Mit roten Tänzen, arme Luder,
Die längst verbraucht und häßlich sind.

Sanft wälzt der große Schatten sich
Vor meinen Fuß mit Sack und Karre,
Wächst dicht und grau: und wirft, wenn ich
Den heißen Stock einst stütz und starre,
Auch mich zu unserm Müll. Auch mich.

418 *Trauerspiel*

D ER Tiger schreitet seine Tagereise
Viel Meilen fort.
Zuweilen gegen Abend nimmt er Speise
Am fremden Ort.

Die Eisenstäbe: alles, was dahinter
Vergeht und säumt,
Ist Schrei und Stich und frostig fahler Winter
Und nur geträumt.

Er gleitet heim: und mußte längst verlernen,
Wie Heimat sprach.
Der Käfig stutzt und wittert sein Entfernen
Und hetzt ihm nach.

Er flackert heller aus dem blinden Schmerze,
Den er nicht nennt,
Nur eine goldne rußgestreifte Kerze,
Die glitzernd sich zu Tode brennt.

BERTOLT BRECHT
1898—1956

419 *Die Nachtlager*

ICH höre, daß in New York
An der Ecke der 26. Straße und des Broadway
Während der Wintermonate jeden Abend ein Mann steht
Und den Obdachlosen, die sich ansammeln
Durch Bitten an Vorübergehende ein Nachtlager ver-
schafft.

Die Welt wird dadurch nicht anders
Die Beziehungen zwischen den Menschen bessern sich
 nicht
Das Zeitalter der Ausbeutung wird dadurch nicht ver-
 kürzt
Aber einige Männer haben ein Nachtlager
Der Wind wird von ihnen eine Nacht lang abgehalten
Der ihnen zugedachte Schnee fällt auf die Straße.

Leg das Buch nicht nieder, der du das liesest, Mensch.

Einige Menschen haben ein Nachtlager
Der Wind wird von ihnen eine Nacht lang abgehalten
Der ihnen zugedachte Schnee fällt auf die Straße
Aber die Welt wird dadurch nicht anders
Die Beziehungen zwischen den Menschen bessern sich
 dadurch nicht
Das Zeitalter der Ausbeutung wird dadurch nicht ver-
 kürzt.

420 *Gedanken über die Dauer des Exils*

I

SCHLAGE keinen Nagel in die Wand
Wirf den Rock auf den Stuhl!
Warum vorsorgen für vier Tage?
Du kehrst morgen zurück.

Laß den kleinen Baum ohne Wasser!
Wozu noch einen Baum pflanzen?
Bevor er so hoch wie eine Stufe ist
Gehst du froh weg von hier.

Zieh die Mütze ins Gesicht, wenn Leute vorbeigehn!
Wozu in einer fremden Grammatik blättern?
Die Nachricht, die dich heimruft
Ist in bekannter Sprache geschrieben.

So wie der Kalk vom Gebälk blättert
(Tue nichts dagegen!)
Wird der Zaun der Gewalt zermorschen
Der an der Grenze aufgerichtet ist
Gegen die Gerechtigkeit.

II

Sieh den Nagel in der Wand, den du eingeschlagen
hast:
Wann, glaubst du, wirst du zurückkehren?
Willst du wissen, was du im Innersten glaubst?
Tag um Tag
Arbeitest du an der Befreiung
Sitzend in der Kammer schreibst du.
Willst du wissen, was du von deiner Arbeit hältst?
Sieh den kleinen Kastanienbaum im Eck des Hofes
Zu dem du die Kanne voll Wasser schlepptest!

421 *An meine Landsleute*

IHR, die ihr überlebtet in gestorbenen Städten
Habt doch nun endlich mit euch selbst Erbarmen!
Zieht nun in neue Kriege nicht, ihr Armen
Als ob die alten nicht gelanget hätten:
Ich bitt euch, habet mit euch selbst Erbarmen!

Ihr Männer, greift zur Kelle, nicht zum Messer!
Ihr säßet unter Dächern schließlich jetzt,
Hättet ihr auf das Messer nicht gesetzt,
Und unter Dächern sitzt es sich doch besser.
Ich bitt euch, greift zur Kelle, nicht zum Messer!

Ihr Kinder, daß sie euch mit Krieg verschonen,
Müßt ihr um Einsicht eure Eltern bitten.
Sagt laut, ihr wollt nicht in Ruinen wohnen
Und nicht das leiden, was sie selber litten:
Ihr Kinder, daß sie euch mit Krieg verschonen!

Ihr Mütter, da es euch anheimgegeben,
Den Krieg zu dulden oder nicht zu dulden
Ich bitt euch, lasset eure Kinder leben!
Daß sie euch die Geburt und nicht den Tod dann
 schulden:
Ihr Mütter, lasset eure Kinder leben!

422 *Böser Morgen*

DIE Silberpappel, eine ortsbekannte Schönheit
Heut eine alte Vettel. Der See
Eine Lache Abwaschwasser, nicht rühren!
Die Fuchsien unter dem Löwenmaul billig und eitel.
Warum?
Heut nacht im Traum sah ich Finger, auf mich deutend
Wie auf einen Aussätzigen. Sie waren zerarbeitet und
Sie waren gebrochen.

Unwissende! schrie ich
Schuldbewußt.

423 *Der Radwechsel*

ICH sitze am Straßenhang.
Der Fahrer wechselt das Rad.
Ich bin nicht gern, wo ich herkomme.
Ich bin nicht gern, wo ich hinfahre.
Warum sehe ich den Radwechsel
Mit Ungeduld?

424 *Eisen*

IM Traum heute nacht
Sah ich einen großen Sturm.
Ins Baugerüst griff er
Den Bauschragen riß er
Den eisernen, abwärts.
Doch was da aus Holz war
Bog sich und blieb.

SELECT BIBLIOGRAPHY

Beissner, F., *Geschichte der deutschen Elegie*, Berlin, 1941.

Bruinier, J. W., *Das deutsche Volkslied* (*Aus Natur und Geisteswelt*, vol. vii), Leipzig and Berlin, 1927.

Burger, H. O., ed., *Gedicht und Gedanke*, Halle, 1942.

Closs, A., *The Genius of the German Lyric*, London, 1962.

—— *Die freien Rhythmen in der deutschen Lyrik*, Berne, 1947.

—— *Die neuere deutsche Lyrik* in *Deutsche Philologie im Aufriß*, ed. W. Stammler, vol. ii, Berlin, 1954.

Ermatinger, E., *Die deutsche Lyrik seit Herder*, 3 vols., Leipzig and Berlin, 1925.

Götze, A., *Das deutsche Volkslied*, Leipzig, 1928.

R. Haller, *Geschichte der deutschen Lyrik vom Ausgang des Mittelalters bis zu Goethes Tod*, Munich, 1967.

Heselhaus, C., *Deutsche Lyrik der Moderne*, Düsseldorf, 1961.

Hirschenauer, R., and Weber, A., ed., *Wege zum Gedicht*, Munich and Zurich, 1956.

Kayser, W., *Geschichte der deutschen Ballade*, Berlin, 1936.

—— *Das sprachliche Kunstwerk*, Berne, 1954.

Killy, W., *Wandlungen des lyrischen Bildes*, Göttingen, 1956.

Klein, J., *Geschichte der deutschen Lyrik*, Wiesbaden, 1957.

Mönch, W., *Das Sonett, Gestalt und Geschichte*, Heidelberg, 1955.

Müller, Günther, *Geschichte des deutschen Liedes, vom Zeitalter des Barock bis zur Gegenwart*, Munich, 1925.

Pfeiffer, J., *Wege zur Dichtung*, Heidelberg, 1953.

—— *Zwischen Dichtung und Philosophie*, Bremen, 1947.

Staiger, E., *Die Zeit als Einbildungskraft des Dichters*, Zurich and Leipzig, 1939.

BIBLIOGRAPHY

VIËTOR, K., *Geschichte der deutschen Ode*, Munich, 1923.

WELTI, H., *Geschichte des Sonettes in der deutschen Dichtung*, Leipzig, 1884.

WIESE, B. VON, ed., *Die deutsche Lyrik, Form und Geschichte*, 2 vols., Düsseldorf, 1959.

WITKOP, P., *Die deutschen Lyriker von Luther bis Nietzsche*, 2 vols., Berlin and Leipzig, 1925.

NOTES

1. This poem from the twelfth century, purporting to be written by a woman, occurs in a collection of model letters by Werinher von Tegernsee.

DER VON KÜRENBERG is the first lyric poet known by name in German literature. He was probably an Austrian aristocrat by birth. His poems represent the earliest stage of *Minnesang*.

2. 8 geliep—'lovers'.

DIETMAR VON AIST. The poems are attributed to one poet, who was a member of the Austrian nobility. Like the poetry of Kürenberg, they do not show traces of Provençal influence.

3. For a commentary see H. de Boor in *Die deutsche Lyrik*, ed. B. von Wiese, vol. i, pp. 30 ff., and H. Brinkmann in *Gedicht und Gedanke*, ed. H. O. Burger, pp. 29 ff.
 2 aber—'again'.
 6 fremdet—'keeps away from'.

4. This is probably the oldest extant dawn-song in German.
 1 friedel ziere—'handsome lover'.
 2 schiere—'soon'.
 4 zwî—'branch'.
 6 wâfen—'alarm'.

5. 2 warte—'looked out'.
 13 f. 'Alas, why don't they let me have my lover? I have not desired one of theirs.'

FRIEDRICH VON HAUSEN is one of the first writers of courtly lyric poetry. He was a close associate of the Emperor Frederick I. He died in Asia Minor during the Third Crusade.

6. 1 under wîlen—'occasionally'.
 2 ob—'if'.

5 swære—'sorrow'.
8 gebære—'behaviour'.
10 wan—'because'.
30 drîstunt—'thrice'.
39 für—'more than'.

HEINRICH VON MORUNGEN. A native of Thuringia, he was in the service of the Markgraf Dietrich von Meißen. He is said to have undertaken a journey to the Holy Land between 1197 and 1202. He is generally regarded as the first really great writer of *Minnesang* poetry. See the edition of his poems by C. von Kraus, Munich, 1950.

7. 1 elben—'elves'. entsên—'bewitched'.
 4 vên—'hate'.
 5 zunstaten stên—'destroy'.
 9 hêrer—'more powerful'.
 17 fremden—'aloofness'.

 12 ff. 'I have grown tired of it, so that I would rather be burnt alive in deepest hell than continue serving her to no purpose.'

8. 11 versaz—'withstood'.

9. 1 iemer mê—'never again'.
 10 betagen—'await the day'.
 11 engê—'come to an end'.
 15 jungest—'recently'.

WOLFRAM VON ESCHENBACH is best known as the author of the epic poem *Parzival*. He spent some time at the court of the Landgraf Hermann von Thüringen. See the edition of his poems by Karl Lachmann, revised by E. Hartl, Berlin, 1952.

10. 1 klâwen—'claws'.
 3 grâwen—'become grey'. tägelîch—'day-like'.
 5 erwenden—'deprive'.
 6 verliez—'admitted'.
 11 'You bring tidings which do not please me.'
 15 getar—'dare'.
 17 'Nonetheless, he must indeed go without tarrying.'

18 gib im urloup—'bid him farewell'.

28 ninder—'nowhere'.

35 durh den—'for the sake of him who'.

36 dwanc—'pressed'.

37 'The knight was mindful of his courage.'

38 wenden—'distract'.

39 f. 'The reward of love sealed their parting with kisses and more besides, in ever closer embrace.'

WALTHER VON DER VOGELWEIDE was born in Austria and began his career at the court of Vienna where he stayed from about 1190 to 1198. From 1198 till 1201 he was attached to the court of Philip of Swabia. He then returned to Vienna and later became a follower first of Otto IV and subsequently of Frederick II from whom he obtained a fief. He also spent some time with the Landgraf Hermann von Thüringen and the Markgraf Dietrich von Meißen. The most representative lyric poet of the German Middle Ages, he contributed in equal measure to the development of *Minnesang*, political, and gnomic verse. See the edition of his poetry by Karl Lachmann, revised by H. Kuhn, Berlin, 1965.

11. 2 dahte bein mit beine—'crossed my legs'.

6 ange—'anxiously'.

7 zer welte—'on earth'.

11 varnde guot—'movable property'.

14 übergulde—'of greater value'.

18 mêre—'ever again'.

21 sâze—'ambush'.

24 geleite—'protection, escort'.

12. See F. Neumann in *Gedicht und Gedanke*, pp. 11 ff.

4 daz ist gar ein wint—'that is a mere nothing'.

5 miete—'reward'.

7 'Perhaps I shall tell you what will please you.'

11 behagen—'be pleasing'.

15 gefüege—'well behaved'.

30 gelâz—'bearing'.

31 sem mir got—'so help me God'.

13. 19 zehant—'forthwith'.
 39 eiden—'adjure'.

14. See F. Neumann in *Die deutsche Lyrik*, vol. i, pp. 56 ff.
 7 verwîzent mir—'reprimand me'.
 9 versinnent sich—'realize'.
 14 gâch—'in a hurry'.
 19 vertragen—'endure'.
 24 glesîn—'made of glass'.

15. See F. Neumann, ibid., pp. 71 ff.

16. 24 gebende—'headdress'.
 25 dörperliche wât—'rustic clothes'.
 44 sigenünfte—'triumph'.
 45 nôtic—'penurious'.

KONRAD VON WÜRZBURG lived mainly in Strasbourg and in Basle where he died. See the edition of his poetry by E. Schröder, Berlin, 1959.

17. 1 tou—'dew'. mit vollen—'in plenty'.
 2 tuft—'frost'.
 3 bollen—'buds'.
 4 cluft—'unfolding'.
 6 erklenken—'resound'.
 11 bescheiden—'sensible'.
 12 verschulden—'earn'.
 15 mit sinne—'deliberately'.
 19 mit genuht—'plentifully'.

OSWALD VON WOLKENSTEIN belonged to an influential noble family from Southern Tyrol. He travelled widely in Europe, North Africa, and the Middle East.

18. See the edition by K. K. Klein, Tübingen, 1962, pp. 306 f.
 2 kür—'choice'.
 4 mensur—'proportion'.
 5 an tadel—'perfectly'.

6 'The form has been cast without blemish.'
10 krumliert—'curled'.
11 pra—'brows'.
13 vell blaich—'fair skin'. prinnen—'crimson'.
14 'the forehead crammed full of intelligence'.
16 der es schon wurcht an smerzen—'who wrought it beautifully and painlessly'.
22 pulchrieren—'equal in beauty'.
23 behalt si das spil—'she remains victorious'.
24 tar si—'she dares'. ernsten und scherzen—'to be serious and gay'.

MARTIN LUTHER was born and died at Eisleben. He studied at Erfurt and was ordained in 1507. Except for his journey to Rome in 1510 he lived in Wittenberg from 1508 onwards. He wrote his hymns in 1523 and 1524. See G. Baesecke, *Luther als Dichter* (1935.)

19. After the 46th Psalm *Deus noster refugium et virtus*.
 9, 25 nicht—'nothing'.
 30 Plan—'field of battle'.

20. This poem forms the preface to a treatise by the composer H. J. Walter, *Lob und Preis der löblichen Kunst Musica*, Wittenberg, 1538.
 1 für—'above'.
 2 'niemand' is in the dative case.
 9 anleit—'oppresses'.
 11 'everybody also freely acknowledges'.

25. See K. O. Conrady in *Die deutsche Lyrik*, vol. i, pp. 99 ff.
 8 Veiel—'violet'.

29. 6 weset (= verweset)—'perish'.

GEORG RUDOLF WECKHERLIN was born in Stuttgart and studied law in Tübingen. From 1604 he travelled in Germany, France, and England. In 1610 he became secretary to the Duke of Württemberg and in 1620 secretary to the Imperial Palatinate Chancellery in London where he died.

He wrote some poems in English. His *Oden und Gesänge* appeared in 1618 and 1619, and his *Geistliche und weltliche Gedichte* in 1641. See the edition of his poems by H. Fischer, Tübingen, 1894-1907. See also L. W. Forster, *G. R. Weckherlin. Zur Kenntnis seines Lebens in England* (1944).

FRIEDRICH VON SPEE was born at Kaiserswerth, near Düsseldorf, and educated at a Jesuit school in Cologne and at the University of Speyer. After being ordained in 1622, he taught at Speyer, Worms, and Mainz and later, as professor, in Paderborn, Cologne, and Trier. He was an outspoken critic of witch trials (*Cautio Criminalis*, 1631). His collected poems appeared under the title *Trutznachtigall oder geistlichs-poetisch Lust-Wäldlein* in 1649. See the edition by G. O. Arlt, Halle, 1936, and selections edited by R. Schneider (1947). See also works by T. van Stockum (1949), and E. Rosenfeld (1958).

MARTIN OPITZ was born in Bunzlau (Silesia) and studied law and philosophy at Frankfurt a. d. Oder and Heidelberg. After living for some time in Holland he entered the service of Burggraf Hannibal von Dohna. His fame rests mainly on his activities as a reformer of German language and poetry. He wrote the libretto for the first German opera, H. Schütz's *Dafne*. See the edition of Opitz's *Teutsche Poemata* of 1624 by G. Witkowski (1902) and works by F. Gundolf (1923) and H. Max (1931).

36. Based on Ronsard's ode *J'ay l'esprit tout ennuyé* . . .
 30 kränken—'annoy'.
 32 letzen—'refresh'.

37. See the commentary by H. Cysarz in *Die deutsche Lyrik*, vol. i, pp. 118 ff.

SIMON DACH was born in Memel and went to the University of Königsberg where he became Professor of Poetry in 1639. He is the chief representative of the Königsberg circle of poets. Much of his poetic work is written in dialect, including his best known poem *Anke von Tharau* which is,

however, not entirely original. See the edition of his poetry by W. Ziesemer, 4 vols., Halle, 1936–8.

JOHANN RIST was born at Ottensen in Holstein and studied in Rostock. He became pastor in Wedel on the Elbe where he died. His numerous poems appeared as *Musa Teutonica* in 1634 and *Himmlische Lieder* in 1642. His *Geistliche Poetische Schriften* were published in three volumes between 1657 and 1659. See the edition by K. Goedeke and E. Götze, Leipzig, 1885.

GEORGE PHILIPP HARSDÖRFFER was born in Nuremberg, and after studying in Strasbourg, travelled in Italy, France, Holland, and England. He is the author of the notorious *Poetischer Trichter* (3 vols. 1647–53) in which he set forth the proposition 'die deutsche Dicht- und Reimkunst in sechs Stunden einzugießen'.

PAUL GERHARDT was born at Gräfenhainichen in Saxony and studied theology in Wittenberg. In 1657 he became deacon of St. Nicolai in Berlin, but was suspended in 1666 because of a difference with the Elector on religious issues. His main poetic work lay in the composition of hymns for services in Protestant churches and many are still in use today. His *Geistliche Andachten* appeared in 1666–7. See the editions of the poems by J. F. Bachmann (1877), and the selection by E. von Cranach-Sichart (1957). See also works on him by T. B. Hewitt (1918), F. Seebaß (1951), and K. Ihlenfeld (1957).

PAUL FLEMING was born at Hartenstein in the Erzgebirge. He studied rhetoric and poetics and then medicine in Leipzig and in Leyden. From 1633 to 1639 he travelled on diplomatic missions in Russia and Persia. He died in Hamburg where he had intended to practise medicine. His posthumous collections of poetry are: *Poetischer Gedichten Prodromus* (1641), *Teutsche Poemata* (1642), and *Geist- und Weltliche Poemata* (1651). See J. M. Lappenberg's edition of the poems,

Tübingen, 1863–5. See also H. Pyritz, *P. Flemings deutsche Liebeslyrik* (1932).

44. 10 steht allem für—'presides over all'.

45. See J. Pfeiffer in *Die deutsche Lyrik*, vol. i, pp. 131 ff.
 5 erkoren—'predestined'.

ANDREAS GRYPHIUS was born at Glogau in Silesia. He travelled in Holland, France, and Italy from 1638 to 1647. Besides being the leading dramatist and the most considerable poet of the German Baroque era, he was a notable linguist, mathematician, and astronomer. His *Sonn- und Feiertags-Sonette* appeared in 1639 and his *Deutsche Gedichte* in 1657. See the editions of his poems by H. Palm and F. W. Wentzlaff-Eggebert (1961) and the selection by H. M. Enzensberger (1962). See also V. Mannheimer, *Die Lyrik des Andreas Gryphius*, Berlin, 1904, F. Gundolf, *Andreas Gryphius*, Heidelberg, 1927, and J. Pfeiffer, *Andreas Gryphius als Lyriker* in *Zwischen Dichtung und Philosophie*, Bremen, 1947, pp. 30 ff.

47. See E. Trunz in *Die deutsche Lyrik*, vol. i, pp. 139 ff., and H. Cysarz in *Gedicht und Gedanke*, pp. 72 ff.

JOHANN KLAJ was born at Meißen in Saxony and studied theology in Wittenberg. He lived first in Nuremberg, where he became a leading member of the circle of poets, and then, as pastor, in Kitzingen where he died. He published *Pegnesisches Schäfergedicht* in 1644, *Fortsetzung der Pegnitzschäferey* in 1645, *Andachtslieder* in 1646, and *Freudengedichte* in 1650.

50. 11 bereit (=bereits)—'already'.

51. 7 Schmerlen—'loaches' *or* 'groundlings'.
 8 leichen—'spawn'.
 11 Haberrohr—'shepherd's pipe'.

CHRISTIAN HOFMANN VON HOFMANNSWALDAU was born in Breslau and was educated in Danzig, where he met Opitz. He studied in Leyden and later travelled in England,

France, and Italy. He became the head of the so-called Second Silesian School which produced the equivalent of Marinism in Germany. He published *Deutsche Übersetzungen und Gedichte* in 1673. A selection of his work was edited by Benjamin Neukirch (1695–1727). See also the selections edited by F. P. Greve (1907) and by J. Hübner (1962), and works by J. Ettlinger (1891) and R. Ibel (1928).

ANGELUS SILESIUS (Johann Scheffler) was born in Breslau and studied medicine in Strasbourg, Leyden, and Padua. He was converted to Catholicism in 1653 when he took the name Angelus Silesius. In 1661 he was ordained and in 1671 retired to a monastery in Breslau. He became widely known in all parts of Germany for his mystic epigrams and his hymns. They were collected under the title *Geistreiche Sinn- und Schlußreime* (1657) and the renowned *Cherubinischer Wandersmann* (1674). See the editions of his poetry by G. Ellinger, 2 vols., Berlin, 1924, and by J. H. Held, Munich, 1949–52. See also works by G. Ellinger (1927), E. Spoerri (1947), and H. Althaus (1956).

HANS JAKOB CHRISTOFFEL VON GRIMMELSHAUSEN was born at Gelnhausen in Hessen and took part in the Thirty Years War as a musketeer. From 1643 to 1648 he acted as secretary to Colonel von Schauenburg and from 1650 to 1664 occupied administrative posts. In 1665 he became an innkeeper. The poem *Komm' Trost der Nacht, o Nachtigall* is taken from the novel *Der abenteuerliche Simplicissimus* (1669).

55. 26 betören—'drive away'.

DANIEL CASPAR VON LOHENSTEIN was born at Nimptsch in Silesia and studied law in Leipzig and Tübingen. He travelled in Holland, Switzerland, and Austria. He ranks with Hofmannswaldau as a leading member of the Second Silesian School. His collected poems appeared in 1680 under the title *Trauer- und Lustgedichte*. See H. Müller, *Studien über die Lyrik Lohensteins* (1921).

BARTHOLD HEINRICH BROCKES was born in Hamburg where he lived all his life except for the time he spent at the universities of Halle and Leyden, on travels in Italy, France, and England, and on diplomatic missions to Austria and Denmark. His main work is the series of poems entitled *Irdisches Vergnügen in Gott* (1721–48) which reflects the new moral and religious outlook of the age. He was strongly influenced by Thomson and Pope, some of whose writings he translated. See works on him by A. Brandl (1878) and K. Lohmeyer (1935).

GOTTFRIED ARNOLD was born at Annaberg and was educated there and in Jena. He studied theology and philosophy at Wittenberg from 1685 to 1688. After occupying teaching posts in Dresden and in Quedlinburg and the professorship of history at Giessen University (1697–8), he resumed his theological studies and acted in different ecclesiastical capacities, after 1707 in Perleberg, where he died. His main work is the influential *Unparteiische Kirchen-und Ketzerhistorie* (1699–1715), but he also composed religious poetry which was widely read. See his *Geistliche Lieder*, edited A. Knapp (1845), and a selection edited by E. Seeberg (1934). See also works on Arnold by W. von Schröder (1917) and E. Seeberg (1923).

JOHANN CHRISTIAN GÜNTHER was born at Striegau in Silesia and studied medicine in Frankfurt a. d. Oder and in Wittenberg. He was disowned by his father for riotous behaviour and lived in great poverty in Breslau, Dresden, Leipzig, and Jena, where he died. Goethe asserted in *Dichtung und Wahrheit* that his poetry was adversely affected by his dissolute life, but he is now generally held to have been a pioneer in the expression of personal experience, not least when writing on religious subjects. A collection of his German and Latin poems was published in four volumes between 1724 and 1735. See also the edition of his complete works by W. Krämer, Stuttgart, and Leipzig, 1930–7, and the same author's life of the poet, Godesberg, 1950, as well as works by F. Delbono (1959) and H. Dahlke (1960).

59. See K. O. Conrady in *Die deutsche Lyrik*, vol. i, pp. 152 ff.

FRIEDRICH VON HAGEDORN was born in Hamburg where he lived most of his life. He studied law at Jena for only one year, and from 1729 to 1731 acted as private secretary to the Danish ambassador in London. Returning to Hamburg he became secretary to an English trading company and married the daughter of an Englishman. He was greatly influenced by contemporary English poets such as Pope, Prior, and Gay, and became a prominent representative of the 'anacreontic' trend in eighteenth-century German poetry. His first collection of verse bears the title *Versuch einiger Gedichte oder erlesene Proben poetischer Nebenstunden* (1729), followed by *Versuch in poetischen Fabeln und Erzählungen* (1738), *Sammlung neuer Oden und Lieder* (1742), *Moralische Gedichte* (1753). See the selection in Kürschner's *Deutsche Nationalliteratur*, vol. xlv, and the edition by A. Sauer, Heilbronn, 1883, and works by K. Epting (1929) and G. Stix (1961).

CHRISTIAN FÜRCHTEGOTT GELLERT was born at Hainichen in the Erzgebirge. He was educated at Meißen and studied literature, philosophy, and theology at the University of Leipzig, where he became a professor of poetry and rhetoric in 1751. His fables and moral tales, collected editions of which appeared from 1746 to 1748, enjoyed great popularity even outside Germany. Some of the poems from his *Geistliche Oden und Lieder* (1757) were included in Lutheran hymn-books. See the edition of his works by J. L. Klee (1867), and selections by A. Schullerus (1892) and F. Behrend (1910). See also K. May, *Das Weltbild in Gellerts Dichtung*, Frankfurt am Main, 1928, and F. Helber, *Der Stil Gellerts* (1938).

66. See the commentary by J. Pfeiffer in *Die deutsche Lyrik*, pp. 165 ff.

JOHANN WILHELM LUDWIG GLEIM was born at Ermsleben, near Halberstadt, and studied law and philosophy at the University of Halle. He met and befriended nearly every

major and minor German poet of his time and became the acknowledged head of the 'Anacreontic School'. Most of his numerous volumes of poetry lack distinction but express the temper of the age. The best known collections are *Versuch in scherzhaften Liedern* (1744), *Lieder nach dem Anakreon* (1766), *Oden nach dem Horaz* (1769), *Preußische Kriegslieder in den Feldzügen 1756 und 1757, von einem Grenadier* (1758). See the collected works edited by W. Körte (1811–13), and works by K. Becker (1919) and K. Baer (1924).

JOHANN PETER UZ was born at Ansbach. He studied law in Halle and Leipzig and rose to high legal positions. His early poetry was attacked as frivolous by the young Wieland but he was highly praised by Pope Clement XIV in 1770, some of his poems having been translated into French. He translated the poems of Anacreon and Horace into German. His *Lyrische Gedichte* were published in 1749 and were followed by *Lyrische und andere Gedichte* (1755). His collected works appeared in 1768 (revised version). See the edition by A. Sauer, Stuttgart, 1890, and the work by E. Petzet (1930).

FRIEDRICH GOTTLIEB KLOPSTOCK was born at Quedlinburg and educated at the Gymnasium there and at Schulpforta. He went to the universities of Jena and Leipzig, and after a brief sojourn in Zurich went to Copenhagen in 1751. From 1770 onwards he lived mainly in Hamburg on a pension he received from King Frederick V of Denmark. He is the author of the epic *Der Messias* which he composed between the years 1748 and 1773, and of several religious and patriotic dramas. With his odes and elegies, first collected in 1771, he wielded an enormous influence on the new generation of poets. These poems assisted in bringing about a revival of lyric poetry in Germany. In his later odes he passed from religious exaltation to condemnation of the events of the French Revolution. See the editions of the odes by F. Muncker and J. Pawel, 2 vols., Stuttgart, 1889, and selections edited by A. Schleiden (1962). See also F. Muncker, *F. G. Klopstock, Geschichte seines Lebens und*

seiner Schriften, Stuttgart, 1900, K. Kindt, *Klopstock*, Berlin, 1948, and works by K. L. Schneider (1960) and G. Kaiser (1962).

72. Klopstock wrote this poem for his bride Meta Moller in 1753.

74. For commentaries on the poem see R. Ulshöfer in *Die deutsche Lyrik*, vol. i, pp. 168 ff., and P. Böckmann in *Gedicht und Gedanke*, pp. 89 ff.

MATTHIAS CLAUDIUS was born at Reinfeld, near Lübeck, and educated in Plön. He studied theology and law at Jena University. After short periods of stay in Copenhagen and Hamburg he settled in Wandsbeck as pastor. He took over the editorship of the periodical *Wandsbecker Bote* in 1770 until he went to Darmstadt in 1775. He returned to Wandsbeck two years later and died there. His collected works appeared under the title *Asmus, Omnia sua secum portans oder Sämtliche Werke des Wandsbecker Boten* (1775–1812). See the edition of his work by U. Roedl (1960), and J. Pfeiffer, *Matthias Claudius*, Bremen, 1947, and works by W. Stammler (1915) and U. Roedl (1950).

77. This poem was clearly influenced by Gerhardt's *Abendlied* (no. 42). See J. Pfeiffer in *Die deutsche Lyrik*, vol. i, pp. 185 ff.

JOHANN GOTTFRIED HERDER was born at Mohrungen in East Prussia and studied medicine, theology, and philosophy in Königsberg where Kant was teaching. He taught at a school in Riga from 1764 until 1769, when he undertook a voyage to Nantes. He met Lessing in Hamburg, Claudius at Darmstadt, and Goethe in Strasbourg in 1770. After holding an ecclesiastical post at Bückeburg from 1771 to 1776 he transferred to Weimar, where he lived until his death. His major work lies in other fields, but his interest in poetry, particularly in the folk-song and the ballad, was continuous and he exerted a powerful influence on generations of German poets in these genres. His poems were edited by J. G. Müller (1836) and K. G. Gerold (1953).

See the critical biographies by R. Haym (1880–5) and E. Kühnemann (1927) and works by A. Gillies (1953) and R. T. Clark (1955).

79. After a Danish ballad. The word 'Erlkönig' is a mistranslation of the Danish word *ellerkonge* which means 'king of the elves'. See also Goethe's poem *Erlkönig* (no. 111).

GOTTFRIED AUGUST BÜRGER was born at Molmerswende near Halberstadt and studied theology and law at Halle and Göttingen. In 1789 he became professor at the latter University. He is the real initiator of eighteenth-century German balladry, although he owed much to Percy's *Reliques* and to Herder's essay on Ossian of 1772. Best known as the author of *Lenore*, he also wrote moral and burlesque poems in ballad form (such as *Das Lied vom braven Mann* and *Die Weiber von Weinsberg*) and a number of sonnets. His unhappy love affair with his wife's sister ('Molly') and his third, equally unsuccessful, marriage revealed his inward sense of insecurity and his suffering which he expressed with little restraint and thereby incurred Schiller's censure in a review of his collected poems in 1791. See the edition of his poems by E. Consentius (1914). See also the monograph by W. von Wurzbach (1900).

81. The poem has many resemblances with the Scottish ballad *Sweet William's Ghost* which Bürger found in Percy's *Reliques*. Bürger increases the immediate impact of his ballad by placing the action at the end of the Seven Years War. The battle of Prague occurred in 1757 and the war ended in 1763. The poem was translated by Walter Scott in 1796 and by D. G. Rossetti in 1844. See A. Schöne in *Die deutsche Lyrik*, vol. i, pp. 190 ff.

LUDWIG HÖLTY was born at Mariensee, near Hanover, and studied theology at Göttingen from 1769 to 1775. He was the most gifted member of the group of young poets called the 'Göttinger Hain'. He died of consumption at the age of 28. His early poetry adheres to the conventions of the time,

but later he succeeded in finding the beginnings of a new style. The elegy became his chosen form towards the end of his life. His collected poems appeared in 1783 and were edited, with many arbitrary changes, by Stolberg and Voß in 1783. See the editions by K. Halm, Leipzig, 1869, and W. Michael, Weimar, 1914–18.

JOHANN WOLFGANG VON GOETHE was born in Frankfurt am Main. He studied law at Leipzig and Strasbourg universities (Leipzig, 1765–8, Strasbourg, 1770–1). After a short stay in Wetzlar he lived in Frankfurt (1772–5) and in Weimar from November 1775 until his death, with the exception of his journeys, the most important being the first Italian journey (1786–8) and the journey along the Rhine (1815). The periods of his most intense creative activity as lyric poet were those in Leipzig, Strasbourg, and Frankfurt, the early years in Weimar, and again, after returning from Italy, the 'Balladenjahr' (1797) in collaboration with Schiller, the years 1814–19 which saw the composition of *Westöstlicher Divan*, and the ensuing years during which he wrote some of his greatest poetry. The most recent editions of the poems are in the *Hamburger Ausgabe*, ed. E. Trunz, Hamburg, 1948–60, and the *Gedenkausgabe*, ed. E. Beutler, Zurich, 1948–60. On the poetry see the relevant sections in the following works: Friedrich Gundolf, *Goethe*, Berlin, 1925, Barker Fairley, *Goethe as revealed in his poetry*, London, 1932, and *A study of Goethe*, Oxford, 1947, K. Viëtor, *Goethe*, Berne, 1949, E. Staiger, *Goethe*, 3 vols., Zurich, 1957–9. See also J. Boyd, *Notes to Goethe's poems*, 2 vols., Oxford, 1944–9.

89. The second version, published in 1789. The first version was written in 1771.

90. Cf. Goethe's remark in *Dichtung und Wahrheit*, Book II: 'Gemalte Bänder waren damals eben erst Mode geworden; ich malte ihr [Friderike Brion] gleich ein paar Stücke und sendete sie mit einem kleinen Gedicht.' This is the second version of the poem (1789), the first dating from 1771.

91. On this poem see G. Storz in *Wege zum Gedicht*, pp. 119 ff.

93. From *Faust, Part I*, ll. 2758 ff.

96. On this poem see G. Storz in *Wege zum Gedicht*, pp. 119 ff., C. Lugowski in *Gedicht und Gedanke*, pp. 102 ff., and K. O. Conrady in *Die deutsche Lyrik*, vol. i, pp. 227 ff.

97. On this poem see K. O. Conrady, ibid., pp. 214 ff.

103–4. From *Wilhelm Meisters Lehrjahre*.

105. From *Iphigenie auf Tauris*, Act IV, Scene 5. On this Song see Günther Müller in *Die deutsche Lyrik*, vol. i, pp. 237 ff.

108. See M. Scherer in *Wege zum Gedicht*, pp. 130 ff.

112. See A. Weber, ibid., pp. 136 ff.

113. See W. Grenzmann, ibid., pp. 139 ff.

117. See E. Staiger, *Die Zeit als Einbildungskraft des Dichters*, Zurich and Leipzig, 1939, pp. 101 ff.

118. See W. Killy, *Wandlungen des lyrischen Bildes*, pp. 17 ff.

FRIEDRICH LEOPOLD GRAF ZU STOLBERG was born at Schloß Bramstedt in Holstein and studied law in Halle and Göttingen from 1770 to 1776. He became a member of the 'Göttinger Hain'. In 1775 he made a journey to Switzerland with Goethe. In 1777 he entered the diplomatic service and from 1789 to 1791 acted as Danish ambassador in Berlin. In 1782 he married Agnes von Witzleben, the 'Agnes' of his poetry. She died in 1789. In 1790 he married Sophie von Redern. He outlived his youthful revolutionary mood and in his later years came under the influence of Fürstin Gallitzin and her circle in Münster. He was converted to Catholicism in 1800, an event which caused a considerable stir at the time. His collected poems appeared in 20 vols. in 1820–5, together with those of his brother Christian. See the selection by O. Hellinghaus (1921), and the works by J. Janssen (1910) and E. Holtz (1924).

132. Written in Hamburg in July 1782 on his honeymoon with his first wife, Agnes von Witzleben.

FRIEDRICH VON SCHILLER was born at Marbach in Swabia and educated at Ludwigsburg and in Stuttgart at the Karls-schule where he studied law and medicine (1773–80). After brief periods of stay in Mannheim, having fled there from Stuttgart, and in Dresden, where he was befriended by C. G. Körner, he was appointed professor of history at Jena University in 1789. In 1799 he joined Goethe in Weimar, where he died. On his poetry see the relevant sections in H. B. Garland, *Schiller*, London, 1949, W. Witte, *Schiller*, Oxford, 1949, M. Gerhard, *Schiller*, Berne, 1950, and B. von Wiese, *Schiller*, Stuttgart, 1959. See also the edition of the poems by G. Fricke and H. G. Göpfert, Munich, 1958–60.

134. Part of this poem forms the text for the choral move-ment of Beethoven's Ninth Symphony. The poem was written in Dresden in 1785. Lines 6 f. ran as follows in the original version (Schiller made the alteration for the collected edition of his poetry in 1800):

> Was der Mode Schwert geteilt,
> Bettler werden Fürstenbrüder ...

135. The poem was written in **1795**. The version here printed is the one Schiller made for the 1800 edition.

138. The first version, entitled *Elegie,* was published in 1795. The present version dates from 1800.

85 Cybele is the goddess who tamed the most savage of animals.

91 A reference to Book VI of the *Iliad.*

96–98 Schiller's translation of Cicero's version of Simonides' epitaph for the heroes of Thermopylae.

107 Mulciber = Vulcan.

120 Amalthea = Zeus' nurse.

139–72 These lines refer to the French Revolution.

139. 'Das Mädchen' represents poetry.

140. This ballad, written between 5 and 14 June 1797, goes back to a tale reported, among others, by Athanasius Kircher in Book 2, Chapter 15 of his *Mundus subterraneus*, Amsterdam, 1665. The story was known to Goethe who may have passed it on to Schiller. The hero of the original tale was a diver called Nicolaus Pesce who perished at the second attempt to dive into Charybdis at the behest of King Frederick II of Sicily.

141. The source of this ballad, written between 1 and 19 June 1797, is to be found in the *Essais historiques sur Paris* by Saintfoix, which contains the following passage:

'Un jour que Francois Ier s'amusoit à regarder un combat de ses lions, une Dame ayant laissé tomber son gant dit à De Lorges: "Si vous voulez que je croye que vous m'aimez autant que vous me le jurez tous les jours, allez ramasser mon gant." De Lorges descend, ramasse le gant au milieu de ces terribles animaux, remonte, le jette au nez de la Dame, et depuis, malgré toutes les avances et les agaceries qu'elle lui faisoit, ne voulut jamais la voir.'

Schiller changed the last line but two of his poem into: 'Und der Ritter sich tief verbeugend spricht' at the request of Frau von Stein, but later restored the original. Cf. Browning's *The Glove*: 'And full in the face of the owner Flung the glove.' Cf. also Leigh Hunt's *The Glove and the Lions*.

142. Schiller planned to write the poem in the late eighties but did not complete it until 1799. He studied the process of bell-casting at a foundry near Rudolstadt and also consulted an encyclopaedia by Krünitz. The motto, states Krünitz, is the inscription on the great bell of the Cathedral of Schaffhausen.

143. On this poem (published in 1800) see H. Glaser in *Wege zum Gedicht*, pp. 154 ff.

 3–4 A reference to Orpheus and Eurydice.

 5–7 The references are to Adonis and Achilles.

NOTES

FRIEDRICH VON MATTHISSON was born at Hohendode-
leben, near Magdeburg. His forbears were of Swedish
descent. After studying at the University of Halle and
travelling in Switzerland, France, and Italy, he took up a
post as Chief Librarian in Stuttgart. See his poems edited by
G. Bölsung, Tübingen, 1912–13, and works by W. Krebs
(1912) and A. Heers (1913).

JOHANN GAUDENZ VON SALIS-SEEWIS was born near
Malans in Switzerland and became an officer in the Swiss
army. He knew Mirabeau, Lafayette and other personalities
of the Revolutionary period. Later he became prominent in
Swiss politics. He avoided all reference to political matters in
his poetry. His collected poems were edited by F. Matthisson
in 1793. See also the edition by E. Korrodi (1937), and works
by E. Jenal (1924) and A. E. Cherbuliez (1935).

145. See J. Pfeiffer in *Die deutsche Lyrik*, vol. i, pp. 211 ff.

FRIEDRICH HÖLDERLIN was born at Lauffen on the
Neckar, and educated at theological seminaries in Denken-
dorf and Maulbronn from 1784 to 1788 and at the Tübinger
Stift from 1788 to 1793. Here he was a contemporary of
Hegel and Schelling. In December 1793 he went to Walters-
hausen near Weimar to act as tutor to the son of Schiller's
friend Charlotte von Kalb. From 1796 to 1798 he was tutor
to the son of the Frankfurt banker Gontard, whose wife
Susette is the Diotima of his poetry. After sojourns in Stutt-
gart, Hauptwyl in Switzerland, and Bordeaux, he returned
to his home town, Nürtingen, in a state of incipient madness
in July 1802. He continued writing poetry and translating
Sophocles until his health completely broke down in 1806.
He spent the rest of his life in Tübingen. His works have
been edited by Norbert von Hellingrath and others, 6 vols.,
Munich and Berlin, 1913–23, and by F. Beißner, Stuttgart,
1943–5. See also W. Böhm, *Friedrich Hölderlin* (1928–30),
P. Bertaux, *Hölderlin*, Paris, 1936, P. Böckmann, *Hölderlin
und seine Götter*, Munich, 1935, R. Peacock, *Hölderlin*,
London, 1938, K. Viëtor, *Die Lyrik Hölderlins*, Frankfurt
am Main, 1922, W. Hof, *Hölderlins Stil*, Meisenheim, 1965.

150. See E. Staiger in *Gedicht und Gedanke*, pp. 169 ff.

152. The second version of the poem *Dem Sonnengott*. See C. Heselhaus in *Die deutsche Lyrik*, vol. i, pp. 369 ff.

155. See P. Böckmann, ibid., pp. 394 ff.

156. See O. Olzien in *Gedicht und Gedanke*, pp. 176 ff.

NOVALIS (Friedrich Leopold von Hardenberg) was born at Oberwiesenstedt in East Prussia, the son of a mining director in whose footsteps he later followed. From 1790 to 1794 he studied law and philosophy at Jena, Wittenberg, and Leipzig, and from 1797 to 1799 mining technology at Freiberg. A major influence on his life and poetry was his love for Sophie von Kühn who died at the age of fifteen in 1797. His *Hymnen an die Nacht* (1800) and *Geistliche Lieder* (1802) are among the most characteristic products of German Romantic poetry. See the editions of his works by P. Kluckhohn and R. Samuel, Leipzig, 1960– , and by C. Seelig, (1945–7). See also W. Dilthey in *Das Erlebnis und die Dichtung* (1924) and E. Hederer, *Novalis* (1951), and works by H. Ritter (1930) and H. Kamla (1945) on the *Hymnen*.

159. See H. J. Schrimpf in *Die deutsche Lyrik*, vol. i, pp. 414 ff.

FRIEDRICH SCHLEGEL was born in Hanover and studied law, classical philology, and philosophy at Göttingen and Leipzig universities from 1790 to 1794. From 1796 onwards he spent much of his life in Jena and Berlin which became centres of the first school of German Romanticism. He held a teaching post in Jena in 1801 and spent the years 1802–4 in Paris. After his conversion to Catholicism in 1808 he went to Vienna where he became a secretary to the Imperial Chancellery. From 1815 to 1818 he was with the Austrian legation at the Bundestag in Frankfurt. He is best known for his critical writings and as the author of the novel *Lucinde* (1799). Some of his poetry deserves more attention than it has hitherto received. His *Gedichte* appeared in 1809. See the critical edition by E. Behler, München and Paderborn, 1958– . See also works on him by K. Enders (1913) and O. Mann (1932).

LUDWIG TIECK was born in Berlin and studied history, literature, and philology at the universities of Halle, Göttingen, and Erlangen between the years 1792 and 1795. In 1797 he was apprenticed to the publisher Nicolai in Berlin and in 1799 went to Jena where he met the Schlegel brothers, Novalis, and Fichte. He travelled in Italy from 1804 to 1805. In 1817 he went to London and continued the Shakespeare studies he had begun at Göttingen. In 1825 he accepted a post at the theatre in Dresden. From 1841 onwards he lived in Berlin where he died. His collected poems appeared in final form in 1841. See his works edited by H. Kasack and A. Mohrhenn (1943). See also E. H. Zeydel, *Ludwig Tieck, the German Romanticist*, Princeton, 1935, R. Minder, *Ludwig Tieck*, Paris, 1936, and works by M. Thalmann (1955 and 1960).

CLEMENS BRENTANO was born at Ehrenbreitstein. His mother was Goethe's friend, Maximiliane von Laroche. He studied at the universities of Halle and Jena from 1798 to 1800. He married the poetess Sophie Mereau in 1803 and after her death in 1806, Auguste Busmann. From 1804 to 1808 he was in Heidelberg with Achim von Arnim. In 1817 he returned to his Catholic faith, and from 1819 to 1824 he recorded the visions of the nun Anna Katharina Emmerick. After a period of restless wandering, he settled in Munich in 1833. He died in Aschaffenburg. His most ambitious poetic work is his *Romanzen vom Rosenkranz*, but he is better known as the compiler, with Achim von Arnim, of the collection of folk-songs *Des Knaben Wunderhorn* (1806–8). See his works edited by H. Amelung and K. Viëtor, 4 vols., Frankfurt am Main, 1923. See also Ina Seidel, *Clemens Brentano* (1944) and works by W. Pfeiffer-Belli (1947) and H. M. Enzensberger (1961).

165. See W. Killy, *Wandlungen des lyrischen Bildes*, pp. 63 ff.

166. See C. Hohoff and A. de Haas in *Wege zum Gedicht*, pp. 199 ff.

NOTES

ADALBERT VON CHAMISSO (Louis Charles Adelaide de Chamisso) was born in the Château Boncourt in Champagne. His family fled from France to Belgium and Holland in 1790 and in 1796 settled in Berlin where Adalbert became a page to Queen Louise. He served in the Prussian army and on obtaining his dismissal in 1806 began to devote himself entirely to literature and science. He stayed with Mme de Staël in France and in Switzerland from 1811 to 1812. He took part in a voyage round the world (1815–18) and in 1819 was appointed Curator of the Botanical Gardens in Berlin. He is best known as the author of *Peter Schlemihls wundersame Geschichte* (1814). His collected poems were published in 1831. See works on him by K. Fulda (1881) and R. Riegel (1934).

168. The castle was destroyed in 1790.

JUSTINUS KERNER was born at Ludwigsburg. From 1804 to 1808 he studied science and medicine in Tübingen. He took a special interest in occult phenomena and somnambulism which led him to write *Die Seherin von Prevorst* (1829). Collections of his poems appeared in 1826 and 1847. See the editions by J. Gaismaier (1905) and R. Pissin (1914). See also works by J. Richert (1909) and F. Heinzmann (1918).

LUDWIG UHLAND was born in Tübingen where he studied law and philology from 1801 to 1808. He continued his studies in Paris in 1810 and 1811. After practising as a lawyer he became a professor of German literature in Tübingen in 1829. From 1819 to 1839 he was a member of the 'Landtag' of Württemberg. In 1848 he went as a Liberal delegate to the Frankfurt National Convention: His collected poems began to appear in 1815. See the edition by E. Schmidt (1898) and works by H. Haag (1907) and H. Schneider (1920).

175. Uhland found the story in Ritson's *Fairy Tales* of 1831, but changed it radically. The story went that a cup is preserved in Eden Hall near Penrith bearing the following inscription:

> If this glass will break or fall,
> Farewell the Luck of Eden Hall.

JOSEPH VON EICHENDORFF was born in Schloß Lubo-
witz in Silesia. He studied law at the universities of Breslau
(1804–5), Halle (1805–6), Heidelberg (1807–8), Berlin
(1809), and Vienna (1810). He was on active service during
the war (1813–15) and from 1816 onwards held several civil-
service posts, finally in Berlin. His collected poems appeared
in 1837. See editions by W. Rasch (1955) and G. Baumann
(1957–60), and works by H. Brandenburg (1922), R. Schneider
(1940). See also the miscellany *Eichendoff heute*, ed. P. Stöcklein
(1960).

FRIEDRICH RÜCKERT was born in Schweinfurt and from
1805 to 1808 studied law in Würzburg and in Heidelberg.
He then took up Oriental languages and literature under
Hammer-Purgstall in Vienna and became professor of
philology in Erlangen in 1826 and in Berlin in 1841. He was
a noted translator from the Arabic. His original poetry,
including *Kindertotenlieder*, some of which were set to
music by Mahler, were edited by H. Rückert (1834–8). See
also selections by O. Loerke, Berlin, 1925, and J. Pfeiffer,
Hamburg, 1953, and works by F. Muncker (1890) and
G. Voigt (1891).

190. See J. Pfeiffer in *Die deutsche Lyrik*, vol. ii, pp. 115 ff.

THEODOR KÖRNER, the son of Schiller's friend C. G.
Körner, was born in Dresden. He studied at Leipzig and
Berlin universities. He joined the army and died on the field
of battle. His collected poems were published by his father
under the title *Leier und Schwert* (1814). See works on him by
W. Peschel and E. Wildenow (1898), and L. Burmeister
(1909).

WILHELM MÜLLER was born in Dessau. He studied
philology in Berlin from 1812 to 1816 and became a teacher
in his birthplace. He is best known as the author of poems
set to music by Schubert, *Die schöne Müllerin* and *Die
Winterreise*. He championed the cause of the Greek war of
liberation and published *Lieder der Griechen*, 1821–4. See

the edition of his poetry by T. Hatfield (1906), and works on him by Z. Flamini (1908) and H. Lohre (1927).

AUGUST GRAF VON PLATEN-HALLERMÜNDE was born at Ansbach in Bavaria. After serving in the army he studied philosophy and science at Würzburg and Erlangen from 1819 to 1826. He travelled widely and lived in Italy from 1826 onwards. He died in Syracuse. Beginning with the composition of songs, romances, and ballads which were published in 1821, he went on to write *Ghaselen*, collections of which appeared in 1821, 1822, and 1823, sonnets (especially the *Sonette aus Venedig* of 1825) and then increasingly devoted himself to such classical forms as epigrams, odes, eclogues, idylls, and hymns. See his works edited by M. Koch and E. Petzet (1910). See R. Schlösser, *August Graf von Platen*, Munich, 1910–13, and works by H. L. Stoltenberg (1929) and V. Jirát (1932).

196. Emperor Charles V abdicated in 1556 and spent the rest of his life in the Spanish monastery San Geronimo de Yuste.

197. Alarich died in Cosenza in A.D. 410 after plundering Rome. He is said to have been buried in the river Busento. Platen visited Cosenza in 1835.

199. I. 2 Refers to the churches San Giorgio Maggiore and Il Redentore which were built by Palladio (1518–80).

III. 14 This is the Riva degli Schiavoni.

IV. 5 The reference is to the four bronze horses the Doge Dandolo brought from Constantinople to Venice in 1204 and which were taken to Paris by Napoleon in 1797. They were restored to their place at St. Mark's in 1815. See *Childe Harold*, iv. 12, 13.

V. 11 Paolo Veronese painted pictures of Venice for the Palace.

V. 13 Refers to the Scala dei Giganti with its gigantic statues of Mars and Neptune.

201. See B. von Wiese in *Die deutsche Lyrik*, vol. ii, pp. 118 ff.

202. 4 Pindar is said to have died during the performance of a tragedy.

ANNETTE VON DROSTE-HÜLSHOFF was born in Schloß Hülshoff near Münster (Westphalia). Here and at Rüschhaus she spent an uneventful life except for her association with Levin Schücking and her visits to Meersburg on Lake Constance from 1841 to 1844 and after 1846. Collections of her poetry appeared in 1838, 1844, and 1860. In 1818 she began a cycle of poems on the days of the Christian Calendar which was published posthumously under the title *Das geistliche Jahr* in 1852. See editions of her works by K. Schulte-Kemminghausen (1925–1930) and C. Heselhaus (1963). See also books on her by E. Staiger, Zurich, 1933, C. Heselhaus, Halle, 1958, and L. Mare, London, 1965.

205. 11 Phaläne—'butterfly'.

209. From *Das geistliche Jahr*. See C. Heselhaus in *Die deutsche Lyrik*, vol. ii, pp. 159 ff.

HEINRICH HEINE was born in Düsseldorf and studied at the universities of Bonn, Göttingen, and Berlin from 1819 to 1825. He travelled to England in 1827 and to Italy in 1828. From 1831 he lived in Paris, at first as correspondent of an Augsburg journal. He only visited Germany twice before he died in 'exile'. The following are the volumes of his collected poems: *Gedichte* (1822), *Buch der Lieder* (1827), *Neue Gedichte* (1844), *Romanzero* (1851), *Letzte Gedichte* (1869). See the editions of his works by E. Elster, Leipzig, 1925, O. Walzel (1910–20), and H. Kaufmann, Berlin, 1961–4, and works on him by Barker Fairley, Oxford, 1954, L. Marcuse (1951), E. M. Butler, London, 1956, S. S. Prawer, London, 1960 and Cambridge, 1961, and W. Rose, Oxford, 1962.

212, 218. See U. Jespersen in *Die deutsche Lyrik*, vol. ii, pp. 134 ff., 128 ff.

224. This poem was first published in the journal *Vorwärts* in 1844.

NIKOLAUS VON LENAU (Nikolaus Franz Niembsch, Edler von Strehlenau) was born at Csatád in Hungary and studied philosophy, law, and medicine in Vienna, Preßburg, and Heidelberg. He was prone to serious fits of mental derangement but tried to find relief from his affliction by travelling in Europe and the United States in 1832-3. He became insane in 1844. Although his poetry represents a characteristic form of Romanticism in its expression of melancholy, tempestuousness, and despair, it is far from lacking in design and control. His collected poems appeared in 1832 and 1838; his works have been edited by E. Castle, Leipzig, 1910-23 and by H. Engelhard, Stuttgart, 1959. See also works on him by A. X. Schurz (1855), E. Greven (1910), H. Bischoff (1920-1), V. Errante (1935) and W. Martens (1957).

232, 233, 235. See H. Färber in *Wege zum Gedicht*, pp. 228 ff.

241. See W. Rasch in *Die deutsche Lyrik*, vol. ii, pp. 150 ff.

ANTON VON ZUCCALMAGLIO was born at Waldbröl in Westphalia. He studied law at Heidelberg and became a university teacher in Russia and in Germany. He was primarily a musician and folklorist, but was also the author of some poems which were long thought to be genuine folksongs.

243. As Max Friedländer has shown in *Jahrbuch der Musik-Bibliothek Peters*, 1918, this poem, which Heine considered to be 'ein wirkliches Volkslied', was written by Zuccalmaglio and first published in the journal *Rheinische Flora* in 1825.

EDUARD MÖRIKE was born at Ludwigsburg in Swabia and studied theology in the Tübinger Stift from 1822 to 1826. In 1834 he became vicar in Cleversulzbach where he stayed until 1843. In 1851 he took up the position of teacher of of literature in the Katharinenstift in Stuttgart. From 1866 he spent his days in retirement. His poems appeared in collected editions in 1838 and 1848. See the editions of his works by H. Maync, Leipzig, 1914, and H. G. Göpfert,

Munich, 1958, and of selections by K. Maurer, London, 1947, and W. von Niebelschutz, Düsseldorf, 1949. See also H. Maync, *Eduard Mörike* (1927), Benno von Wiese, *Eduard Mörike*, Tübingen, 1950, H. Meyer, *Eduard Mörike*, Stuttgart, 1950, and L. Mare, *Mörike*, London, 1957.

244. See W. Schneider in *Gedicht und Gedanke*, pp. 244 ff., and W. Grenzmann in *Wege zum Gedicht*, pp. 233 ff. On the origin of the poem and its connections with *Nachts* (*no.* 246) and with *Maler Nolten*, see A. Beck in *Euphorion*, xlvi, 1952, pp. 370 ff., and W. Killy, *Wandlungen des lyrischen Bildes*, pp. 87 ff.

249. Milesint—a name invented by the poet.

253. Translated by George Meredith with the title *Beauty Rohtraut*.

254. See W. F. Taraba in *Die deutsche Lyrik*, vol. ii, pp. 91 ff.

256. See G. Storz, ibid., pp. 79 ff.

FRIEDRICH HEBBEL was born at Wesselburen in Schleswig-Holstein. After a childhood spent in penury he went to Hamburg in 1835 and from 1836 to 1839 studied law, history, and philosophy at Heidelberg and Munich. He received a scholarship from King Christian VIII of Denmark and travelled to Paris, Rome, and Naples. In 1845 he settled in Vienna where he died. His poetry is less important than his dramatic work, but in its mature form it possesses an individual quality. He began under the influence of Schiller and Uhland and at first wrote mainly romances and ballads. A marked development took place between the years 1842 and 1848, the dates of publication of his collected poems. See the editions R. M. Werner (revised by B. von Wiese, Leipzig, 1941) and by G. Fricke, Munich, 1952. See also works by E. Kuh (1912), L. Brun (1922) and E. Purdie, *F. Hebbel, a study of his life and work*, London, 1932.

257. See W. Liepe in *Die deutsche Lyrik*, vol. ii, pp. 182 ff.

NOTES

EMANUEL GEIBEL was born in Lübeck and studied classical philology and theology at Berlin and Bonn universities. From 1838 to 1840 he lived in Greece as tutor in the home of the Russian ambassador. In 1852 he was invited to Munich by Maximilian II. Here he became head of the circle of poets called 'Krokodil'. In 1868 he returned to Lübeck. He was one of the most widely read poets of the century. His collected poems of 1840 reached the 100th edition in 1884. See the edition by W. Stammler (1920), and works on him by C. Leimbach (1894) and A. Kohut (1915).

THEODOR STORM was born in Husum in Schleswig, which was at that time Danish territory. From 1837 to 1842 he studied law at the universities of Kiel and Berlin and then practised as an advocate in Husum from 1843 until 1852 when the Danish authorities expelled him for his pro-German sympathies. He went to Potsdam where he made contact with the members of the literary groups then flourishing in Berlin. In 1856 he was transferred to Heiligenstadt in Saxony and in 1864 returned to Husum which had become German territory. His native melancholy deepened into pessimism in his later years after the death of his first wife Constanze in 1865. His early poems were published jointly with those of the brothers Theodor and Tycho Mommsen under the title *Liederbuch dreier Freunde* (1843). See his collected works edited by A. Köster, Leipzig, 1919–20, and P. Goldammer, Berlin, 1960. See also F. Stuckert, *Th. Storm. Sein Leben und seine Welt*, Bremen, 1955, and works by J. A. Alfero (1924) and E. D. Wooley (1942).

271. See P. Spycher in *Die deutsche Lyrik*, vol. ii, pp. 191 ff.
 15 Kätner—'cottager'.
 18 Kälberrohr—*Anthriscus silvestris*.

272. The town is Husum, Storm's birthplace.

275. See P. Merker in *Gedicht und Gedanke*, pp. 274 ff.

GOTTFRIED KELLER was a native of Zurich where he spent nearly the whole of his life, except for the time when he studied art in Munich (1840–2) and philosophy and literature in Heidelberg (1848–50), and lived in Berlin (1850–5). Like Storm and Fontane he is primarily a writer of novels and short stories, but his contribution to German poetry in the age of Realism is not negligible, particularly in descriptive and reflective poetry dealing with time and the seasons. His earlier poems, first collected in 1846, express the difficulties he encountered as a young man with less restraint than the collection of *Neuere Gedichte* (1851) in which his growing command of his medium is in much greater evidence. See his works edited by J. Fränkel and C. Helbing, Berne, 1926–49 and by C. Heselhaus, Munich, 1956–7. See also H. Boeschenstein, *Gottfried Keller*, Berne, 1947, and E. Ermatinger, *Gottfried Kellers Leben*, Zurich, 1950, and works by G. Lukács (1947) and A. Hauser (1959).

283. See E. Staiger, *Die Zeit als Einbildungskraft des Dichters*, pp. 147 ff., and W. Höllerer in *Die deutsche Lyrik*, vol. ii, pp. 201 ff.

THEODOR FONTANE was born at Neuruppin and died in Berlin. As a young man he worked in a pharmacy first in Leipzig and then in Berlin. Here he joined the literary circle known as 'Tunnel über der Spree' and began as a writer of ballads, three collections of which appeared between 1850 and 1861. His novels, however, are his principal work. He lived for some years in London as a journalist and wrote travel sketches on England and Scotland. See the accounts of his life and work by C. Wandrey, Munich, 1919, K. Hayens, London, 1920, and H. Fricke (1960).

CONRAD FERDINAND MEYER was born in Zurich, a member of the city's patriciate. Throughout his life his physical strength and mental health were precarious. He spent a year in a home near Neufchâtel. After studying law he travelled in France, Germany, and Italy from 1857 to 1860. In 1875 he married and retired to Kilchberg near Zurich. His collected verse appeared in 1882 and 1892. See

the collections of his works edited by H. Zeller and A. Zäch, Berne, 1958– , and by H. Engelhard, Stuttgart, 1960. See also W. Brecht, *C. F. Meyer und das Kunstwerk seiner Gedichtsammlung* (1918), H. Henel, *The Poetry of C. F. Meyer*, Madison, 1954, and by the same author, *C. F. Meyer, Gedichte. Wege ihrer Vollendung*, Tübingen, 1962.

297. On a piece of sculpture in the Vatican.

299. See the note on Schiller's poem *Der Taucher* (no. 140).

300, 301. See H. Henel in *Das deutsche Gedicht*, vol. ii, pp. 217 ff.

302. See E. Staiger, *Meisterwerke deutscher Sprache*, Zurich, 1948, pp. 204 ff.

JOSEPH VIKTOR VON SCHEFFEL was born in Karlsruhe and studied law in Heidelberg, Munich, and Berlin between the years 1843 and 1847. For a time he enjoyed considerable popularity, particularly as the author of *Der Trompeter von Säckingen*. His works have been edited by F. Panzer, Leipzig and Wien, 1925. See J. Proelß, *Scheffels Leben und Dichten* (1887).

MARIE VON EBNER-ESCHENBACH was born Gräfin Dubsky in Schloß Zdislavic, Moravia. As a young girl she earned the esteem of Grillparzer. Her best works are her short stories and her *Aphorismen* (1880). See her collected works edited by E. Groß (1961). See also J. Mühlberger, *Marie von Ebner-Eschenbach* (1930), and works by A. Bettelheim (1900 and 1920) and E. M. O'Connell, London, 1928.

FERDINAND VON SAAR was born in Vienna. He served as an officer in the Austrian army from 1854 to 1859 and resigned his commission in order to devote himself to literature. He suffered from an incurable illness and committed suicide. A collection of his poems appeared in 1882. In 1893 he published his best work, *Wiener Elegien*. See the edition of his collected works by O. Nöldeke, Munich, 1955, and K. Pfitzner, *F. von Saars Lyrik* (1930).

DETLEV VON LILIENCRON was born in Kiel, the son of a German customs official and an American general's daughter. After serving as an officer in the Prussian army and taking part in the Franco-German war, he left the army and went to America, but soon returned to Germany and began his literary career with the publication of *Adjutantenritte* in 1883. See his collected writings edited by Richard Dehmel, Berlin, 1911–12, and works on him by O. J. Bierbaum (1910), H. Spiero (1913), and J. Elema, Amsterdam, 1937.

311. At the battle of Kolin in Bohemia the Austrians defeated the army of Frederick the Great during the Seven Years War. See F. Martini in *Die deutsche Lyrik*, vol. ii, pp. 446 ff.

312. See H. Schmidt in *Wege zum Gedicht*, pp. 261 ff.

FRIEDRICH NIETZSCHE was born at Röcken in Saxony and educated at Schulpforta. He studied theology and classical philology at the universities of Bonn and Leipzig. From 1869 to 1879 he occupied the chair of philology at Basle. His *Gedichte und Sprüche* appeared in 1898. See his collected works, *Musarionausgabe*, Munich, 1920–9, and *Gedichte und Sprüche*, Leipzig, 1927. See also J. Klein, *Die Dichtung Nietzsches*, Munich, 1936, and W. F. Taraba, *Nietzsche als Dichter* (1959).

314. Written in 1863 when Nietzsche left school.

315. See F. N. Mennemeier in *Die deutsche Lyrik*, vol. ii, pp. 245 ff.

CARL SPITTELER was born at Liestal, near Basle, and studied law and theology at Basle, Zurich, and Heidelberg. From 1871 to 1879 he lived as a teacher in Russia and Finland and thereafter in Berne and Neuveville. His most ambitious work is the mythological epic *Der olympische Frühling* (1900–6). He received the Nobel prize in 1919. His collections of poetry include *Schmetterlinge* (1889) and *Glockenieder* (1906). See the edition of his works by G. Bohnenblust, W. Altwegg, and R. Faesi, 1945–58, and W. Stauffacher, *Spittelers Lyrik* (1950).

318. From *Glockenlieder.*

KARL WEITBRECHT was born at Neuhengstett in Württemberg. He was educated at the Tübinger Stift and became successively a pastor, a teacher, and finally professor of aesthetics and rhetoric in Stuttgart. His collected poems appeared in 1903.

GERHART HAUPTMANN was born in Ober-Salzbrunn in Silesia. He studied art from 1880 to 1882 in Breslau and from 1882 to 1883 history and science at the Jena and Berlin universities. He travelled in Italy, Greece, and America. He received the Nobel prize in 1912. His dramas are his principal contribution to German literature. His poetry is his least representative work, the last collection, *Neue Gedichte*, appearing in 1946. See the collected works edited by Hans Egon Haß (1962–). See also H. F. Garten, *G. Hauptmann*, Cambridge, 1954, and K. L. Tank, *G. Hauptmann*, Hamburg, 1959.

RICHARD DEHMEL was born at Wendisch-Hermsdorf in the Spreewald and studied philosophy and science in Berlin and Leipzig. He was employed by an insurance company until he retired in 1895. In 1902 he went to live in Blankenese, near Hamburg, where he died. His most characteristic volumes of poetry are *Aber die Liebe* (1893), *Weib und Welt* (1896), and *Schöne wilde Welt* (1913). See R. Schaukal, *R. Dehmels Lyrik* (1907), J. Bab, *Richard Dehmel, Geschichte eines Lebenswerkes* (1926), and works by H. Schlochower (1928) and P. von Hagen (1932).

ARNO HOLZ was born at Rastenburg in East Prussia. As a young man he went to Berlin and there began his literary career. He was the leading theorist of the Naturalist school in poetry as well as drama. See his *Revolution der Lyrik* (1899) where he advocates a 'natural' rhythm opposed to traditional metre and verse forms. Essentially an experimentalist, his most important poetry is to be found in his collections *Das Buch der Zeit* (1886) and *Phantasus* (1898–9).

His collected works have been edited by W. Emrich and Anita Holz, Berlin, 1961–4. See K. Turley, *Arno Holz* (1935), and works by W. Milch (1933), A. Döblin (1951), and H. Motekat (1953).

RICARDA HUCH was born in Brunswick and studied philosophy and history in Zurich. She taught in Zurich and Bremen and later lived in Italy. Her *Gesammelte Gedichte* were published in 1929. The last volume, entitled *Herbstfeuer*, appeared in 1944. See G. Bäumer, *Ricarda Huch* (1954), and the biography by M. Baum, *Leuchtende Spur* (1950).

RUDOLF BINDING was born in Basle and died at Starnberg, near Munich. He studied medicine and then served as a cavalry officer. See his *Gesammelte Werke*, ed. R. Bach (1954), D. Stolz, *Binding und seine Lyrik* (1942), and M. S. Moseley, *Words and imagery in Binding's poetry* (1942).

MAX DAUTHENDEY was born in Würzburg. He was a painter as well as a poet. He travelled extensively in the Far East and died in Java. His collected works appeared in six volumes in 1925 and a selection of his poems in 1930. See works on him by H. G. Wendt (1936) and H. Gerstner (1958).

STEFAN GEORGE was born at Büdesheim, near Bingen, on the Rhine. He was educated in Bingen and in Darmstadt, and went to the universities of Paris, Berlin, Munich, and Vienna studying philosophy, literature, and art. In Paris he became a follower of Mallarmé. On his return to Germany in 1889 he started a new trend in German poetry. The doctrines of his unique system were stated in the journal *Blätter für die Kunst* (1892–1919). See the complete edition of his works, Berlin, 1927–34, and the edition in 2 vols., Munich and Düsseldorf, 1958. See also F. Gundolf, *Stefan George*, Berlin, 1930, F. Wolters, *Stefan George und die Blätter für die Kunst* (1930), E. Morwitz, *Die Dichtung Stefan Georges*, Berlin, 1934, C. David, *Stefan George. Son œuvre poétique* (1952), and works by E. K. Bennett (1954), K. Hildebrandt (1960), M. Pensa (1961) and M. Gerhard (1962).

341–2. From *Pilgerfahrten*.

343. From *Algabal*.

344. From *Das Buch der Hirten- und Preisgedichte*.

345–6. From *Das Jahr der Seele*. See W. Loock in *Wege zum Gedicht*, pp. 266 f., and P. G. Klußmann in *Die deutsche Lyrik*, vol. ii, pp. 268 ff.

347. From *Traurige Tänze*.

348. From *Der Teppich das Lebens*. See P. G. Klußmann, op. cit., pp. 277 ff.

 1 fähre—'furrow between vines'.

 2 hippe—'sickle *or* pruning bill'.

 7 herling—'unripe grape'.

 14 die quecken auszuharken—'to dig up weeds with a hoe'.

349. From *Das neue Reich*. See P. G. Klußmann, op. cit., pp. 284 ff.

ELSE LASKER-SCHÜLER was born in Elberfeld in 1869 (not, as she herself asserted, in 1876), the daughter of the architect Schüler. After her divorce from Dr. Lasker she lived an unsettled and bohemian life during which she was associated with most of the leading German writers of the day. In 1933 she fled to Switzerland and then went to Jerusalem where she died in great poverty. See her *Gedichte*, ed. F. Kemp, Munich, 1959, and *Dichtungen und Dokumente*, edited by E. Ginsberg, Munich, 1951. See also works by W. Kraft (1951) and K. Schumann (1960).

CHRISTIAN MORGENSTERN was born in Munich and studied philosophy, law, and the history of art in Breslau and Berlin. He travelled widely in Europe. His poetry shows the influence of Nietzsche and of Rudolf Steiner. This is most evident in the philosophical content of such volumes as *Ich und die Welt* (1898), *Melancholie* (1906), and *Einkehr*

(1910). Some of the same motifs are present in the burlesque *Galgenlieder* (1905), *Palmström* (1910), *Palma Kunkel* (1916), and *Der Ginganz* (1919). These grotesque poems are his real contribution to German literature. See the selection from his poetry, Munich, 1960. See also W. Kayser, *Das Groteske*, Oldenburg, 1957, pp. 162 ff., A. Mack, *Christian Morgensterns Welt und Werk* (1930), and works by M. Bauer (1954) and F. Hiebel (1957).

HUGO VON HOFMANNSTHAL was born in Vienna. He went to the university there in 1892 and studied law, philosophy, and literature. At one time he planned to become a university teacher, having written a dissertation on Victor Hugo. He travelled frequently to France and Italy and made Venice his favourite resort. After his marriage in 1901 he settled at Rodaun, near Vienna, where he produced the greater part of his literary work. He wrote little poetry after the age of twenty-five, but his lyric genius found expression in other literary genres. See the *Gesammelte Werke*, ed. H. Steiner, Stockholm and Frankfurt am Main, 1945–60, and *Gedichte und lyrische Dramen*, Frankfurt am Main, 1952. See also W. Perl, *Das lyrische Jugendwerk Hofmannsthals* (1936), K. J. Naef, *Hugo von Hofmannsthals Wesen und Werk*, Zurich, 1938, H. Hammelmann, *Hofmannsthal*, London, 1957, R. Alewyn, *Versuch über Hofmannsthal*, Göttingen, 1958, E. Hederer, *Hugo von Hofmannsthal*, Frankfurt am Main, 1960.

362. See W. Franke in *Wege zum Gedicht*, pp. 273 ff., F. N. Mennemeier in *Die deutsche Lyrik*, vol. ii, pp. 303 ff., and C. Heselhaus, *Deutsche Lyrik der Moderne*, pp. 81 ff.

363. See C. Heselhaus, ibid., pp. 75 ff.

364. See C. Heselhaus, ibid., pp. 90 ff.

BÖRRIES VON MÜNCHHAUSEN was born at Hildesheim, a descendant of the famous 'Lügenbaron'. He studied law, science, and philosophy in the Heidelberg, Berlin, Munich,

and Göttingen universities. He lived mainly on his estate, but also travelled widely, for some time in the company of circus people and gypsies. He was a prolific writer of ballads and of shorter lyric poems. See his collected works (1950–3) and works on him by C. Enders (1914) and H. Spiero (1927).

RICHARD VON SCHAUKAL was born at Brünn in Austria. He studied law at Vienna and became a civil servant. He resigned his post in 1918. Collections of his poetry appeared in 1908 and 1918, and selections in 1924 and 1943. See J. Nadler, *Schaukals lyrisches Werk* (1932) and K. Mayer, *R. von Schaukals Weltanschauung* (1960).

RAINER MARIA RILKE was born in Prague where he was educated at the military schools of St. Pölten and Mährisch-Weißkirchen between the years 1886 and 1891. From 1895 to 1898 he studied art and literature at the universities of Prague, Munich, and Berlin. Throughout his life he travelled widely. These journeys mark the stages of his literary career. In 1897 he met Lou Andreas-Salomé and, two years later, travelled with her and her husband to Russia, where he was received by Tolstoy. The Russian experience led to the composition of *Stundenbuch*, Rilke's first distinctive poetic work. In 1901 he married the sculptress Clara Westhoff and lived in the artists' colony at Worpswede until he went to Paris in 1902. He acted as Rodin's secretary during the years 1905 and 1906. He travelled in Italy, Egypt, and Spain between 1909 and 1913, but Paris remained his real home until just before the outbreak of the First World War, which he spent in Munich apart from an interval of conscription by the Austrian authorities. After the war he went to Switzerland, where he completed *Duineser Elegien* and wrote *Sonette an Orpheus* in 1922. See the collected poems issued in 1953. See also works in English by the following: E. M. Butler (1941), N. Wydenbruck (1949), E. C. Mason (1963), H. E. Holthusen (1952), H. W. Belmore (1954), F. Wood (1958), and N. Fuerst (1958). See also the translations of Rilke's poems by J. B. Leishman.

373. See A. Weber in *Wege zum Gedicht*, pp. 279 ff.

376. See H. Schwerte, ibid., pp. 297 ff., and E. Buddeberg in *Die deutsche Lyrik*, vol. ii, pp. 351 ff.

378. I–III. From *Sonette an Orpheus*.

THEODOR DÄUBLER was born in Trieste of German parents. After living in Vienna, where his interest in German poetry and in music was aroused, he began a life of extensive travelling and indefatigable literary activity. In 1898 he was in Naples and started on his major work, the 'lyric epic' *Das Nordlicht*, which he completed in 1910 in Florence. In the meantime he went to Paris in 1903 and there studied painting. At the beginning of the War he lived in Dresden and from 1916 to 1919 in Berlin. From 1921 until 1926 he travelled in Greece, Asia Minor, and Egypt. Then he went to Scandinavia, England, France, the Balkans, and finally to Italy, where he contracted tuberculosis. From this illness he died in St. Blasien in the Black Forest. See his *Dichtungen und Schriften*, ed. F. Kemp, Munich, 1956. See also H. Ulbricht, *Theodor Däubler. Eine Einführung in sein Werk*, Wiesbaden, 1951.

379. From *Der sternhelle Weg* (1915).

380. From *Das Nordlicht* (1910).

HANS CAROSSA was born at Tölz in Bavaria. He studied medicine in Munich, Würzburg, and Leipzig, and practised first in Passau and later in Nuremberg and Munich. His best-known work is his autobiographical *Eine Kindheit* (1922). See the collected editions of his works of 1962. See also works on him by A. Langen (1956) and L. Rohner (1957).

381. From *Gedichte* (1910).

AGNES MIEGEL was born in Königsberg. For a time she attended Clifton High School and then travelled in Italy and France. She wrote many ballads on subjects from English as well as German history. See her *Gesammelte Werke*, Düsseldorf, 1952–5. See also P. Fechter, *Agnes Miegel* (1933).

382. Agnes Bernauer was the daughter of a barber from Augsburg. She was secretly betrothed to Albrecht, the heir of Duke Ernst of Bavaria. In 1435 she was accused of witchcraft and drowned in the Danube. The story has been told in an anonymous poem of the 15th century and was made the subject of tragedies by Friedrich Hebbel and by others.

PAUL ZECH was born in Briesen in West Prussia. He went to school in Wuppertal-Elberfeld and studied literature and art at Bonn, Heidelberg, and Zurich universities. He then chose to work as a miner in Belgium and France. Later he became a Trades Union delegate in Paris where he met the younger generation of French poets, including Apollinaire. Afterwards he took up different administrative posts in Berlin. He was arrested in 1933, and in 1934 emigrated to South America where he travelled widely in the remoter parts of Argentina and Brazil. He died in Buenos Aires. Beginning his literary career by translating Villon, Mallarmé, Verlaine, and Rimbaud, he became a prolific writer of poetry, short stories, and dramas. His most significant poetic work is contained in the early volumes *Schollenbruch* (1912) and *Das schwarze Revier*, and in the later *Neue Welt. Verse der Emigration* (1939). See the collection of *Gedichte*, Berlin, 1949, and the volume of essays on him edited by F. Hüser (1961).

WILHELM LEHMANN was born at Puerto Cabello in Venezuela and educated in Hamburg. He studied philology and science in the universities of Tübingen, Strasbourg, Berlin, and Kiel. During the First World War he was a prisoner in England. He published his first volume of poetry under the title *Antwort des Schweigens* in 1935. See his collections *Meine sieben Gedichtbücher*, Frankfurt am Main, 1957, and *Abschiedslust* (1962). See also the selection by R. Hagelstange, Stuttgart, 1964, and the monograph by H. Bruns (1962).

386. From *Antwort des Schweigens* (1935).

387. From *Entzückter Staub* (1942).

388. From *Abschiedslust* (1962).

389. From *Gedichte*, ed. R. Hagelstange (1964).

ERNST STADLER was born in Colmar in Alsace. He studied German and French language and literature in Strasbourg and Munich and obtained his doctorate with a thesis on Wolfram von Eschenbach's *Parzival*. From 1906 to 1908 he was a Rhodes Scholar at Magdalen College, Oxford. He became a lecturer at Strasbourg in 1908 and at the University of Brussels in 1910. He was an officer in the First World War and was killed in action at Ypres. He published two volumes of poetry, *Präludien* (1905) and *Der Aufbruch* (1914). See the edition of his poems in 2 vols., by K. L. Schneider, Hamburg, 1954, and works on him by H. Naumann (1920) and K. L. Schneider (1954).

390-1. From *Dichtungen*, 2 vols., Munich, 1954.

390. 12 The last phrase is taken from Angelus Silesius's *Der Cherubinische Wandersmann*. See no. 54. 11.

JAKOB VAN HODDIS was born in Berlin, his real name being Hans Davidsohn. He studied architecture in Munich, but changed to Greek literature and philosophy at the universities of Jena and Berlin. The death of Georg Heym in 1912 and his own unhappy love affairs caused him much suffering. The first signs of madness showed themselves in 1912. From 1914 he was committed to different mental hospitals. On 30 April, 1942 he was taken from one of these and sent to an extermination centre. His lyric output was extremely small, but the poem *Weltende* is a remarkable example of Expressionist poetry. See the collection *Weltende*, edited by P. Pörtner, Zurich, 1958.

OSKAR LOERKE was born at Jungen in Prussia. He studied history, literature, philosophy, and music in Berlin where he spent most of his life as a publisher's reader. In 1933 he gave up the secretaryship of the Prussian Academy of Arts (which he had held since 1928) in protest against National Socialism.

His first volume of poetry, *Wanderschaft*, appeared in 1911. See his collected works edited by P. Suhrkamp, Frankfurt am Main, 1958, and the monograph by H. Kasack (1951).

393–5. From *Gedichte und Prosa*, vol. i, Frankfurt am Main, 1958.

GOTTFRIED BENN was born in Mansfeld in Prussia. For two years he studied theology and philology in Marburg and then took up medicine. He qualified at the Kaiser Wilhelm-Akademie and first practised as a ship's surgeon. During the 1914–18 war he served as an army doctor on the Western Front. Until 1935 he was in practice in Berlin. When Hitler came to power, he first supported the new regime but was soon disillusioned, particularly with the National Socialists' attitude to art, and gave up his private practice in order to serve again in the medical corps. After the Second World War he returned to private practice in Berlin. His first volume of poetry, *Morgue*, appeared in 1912. In this, as in the subsequent collections *Söhne* (1913), *Schutt* (1924), and *Spaltung* (1925) he developed a form of Expressionism which was nihilistic rather than idealistic in outlook. Some of his best poetry is to be found in his last volumes *Statische Gedichte* (1948) and *Destillationen* (1953). He has had a powerful influence on the younger generation of poets, who have tended, however, to overrate his merits. See his *Gesammelte Gedichte*, Wiesbaden and Zurich, 1956, and *Gesammelte Werke*, ed. D. Wellershoff, Wiesbaden, 1958– . See also T. S. Eliot's discussion of Benn's lecture *Probleme der Lyrik* (1951) in *The three voices of poetry*, R. Grimm, *Gottfried Benn*, Nuremberg, 1958, D. Wellershoff, *Gottfried Benn. Phänotyp dieser Stunde*, Cologne, 1958, and works by P. Garnier (1959), E. Buddeberg (1961), and B. Allemann (1962).

GEORG HEYM was born in Hirschberg, Silesia. He studied law at the universities of Würzburg, Berlin, and Jena. He was drowned with his friend Ernst Balcke while skating on the river Havel. He published one collection of poems, *Der*

ewige Tag, in 1911, and friends brought out *Umbra vitae* posthumously in 1912. See the collected edition of his works, including hitherto unpublished material, by K. L. Schneider, Hamburg and Munich, 1960– , and works by H. Greulich (1931), K. L. Schneider (1954), and E. Loewenson (1962).

399. See J. Pfeiffer in *Wege zum Gedicht*, pp. 349 ff., and F. Martini in *Die deutsche Lyrik*, vol. ii, pp. 425 ff.

400. See C. Heselhaus in *Deutsche Lyrik der Moderne*, pp. 183 ff.

GEORG TRAKL was born in Salzburg. During the years 1908–10 he worked in pharmacies in Salzburg and in Vienna but failed to make a living. He was supported by friends, particularly by Ludwig von Ficker, the editor of *Der Brenner*, with whom he lived at Innsbruck from 1912 until the outbreak of war. He served in the medical corps in Galicia and died in Cracow of an overdose of cocaine after taking part in the battle of Grodek. See the *Gesammelte Werke*, ed. W. Schneditz, Salzburg, 1948–51, and the critical edition in preparation by W. Killy. See also S. Lindenberger, *Georg Trakl. The development of his poetic world* (1955), W. Killy, *Über Georg Trakl*, Göttingen, 1960, and T. J. Casey, *Manshape that shone. An interpretation of Trakl*, Oxford, 1964.

401. See A. Weber in *Wege zum Gedicht*, pp. 339 ff.

402, 406. See W. Höllerer in *Die deutsche Lyrik*, pp. 409 ff.

HANS ARP was born in Strasbourg. Here, and in Paris, he studied art. Today he is better known as a sculptor, but he has played an important part in modern German literature by helping to inaugurate the Dadaist movement in 1916 when he was in Zurich. The movement itself soon gave way to Surrealism but it has left its mark in Arp's trenchant word-constructions and creative play on words. See his collections *der vogel selbdritt* (1920), *die wolkenpumpe* (1920), *Der Pyramidenrock* (1924), and *Auf einem Bein* (1955). See also

the collected edition of 1962, the selection *Wortträume und schwarze Sterne*, Wiesbaden, 1953, and the work by C. Giedion-Welcker (1957).

FRANZ WERFEL was born in Prague. After studying in Prague, Leipzig and Hamburg, he began earning his living as an apprentice in a commercial firm in Hamburg. In 1912 he became a publisher's reader in Leipzig and helped to make many poets of the Expressionist generation known to the public. He served in the Austrian army during the First World War, and afterwards settled in Vienna where he married the widow of the composer Gustav Mahler. In 1938 they fled first to Paris and then, after crossing the Pyrenees on foot, to Spain and Portugal. They finally reached America where he died. His first volume of poetry, *Der Weltfreund*, appeared in 1911, followed by *Wir sind* in 1913, and *Einander* in 1915. He later devoted more time to writing dramas and novels. See his collected poems, edited by E. Gottlieb and F. Guggenheim, Los Angeles, 1946, and works on him by A. von Puttkammer (1952), C. Junge (1956), and W. Braselmann (1960).

YVAN GOLL was born at Saint-Dié in France. After the death of his father, who came from Alsace, he went with his mother to Metz, and later studied at the universities of Strasbourg and Paris. During the First World War he lived in Zurich and met, among others, Hans Arp and James Joyce, whose *Ulysses* was translated into German on his initiative. In 1919 he and his wife Claire settled in Paris where he actively promoted Surrealism and other *avant-garde* movements. He emigrated to America in 1939 and returned to Europe in 1947. After settling in Paris he wrote mainly in French, but shortly before his death, when he was in hospitals in Paris and in Strasbourg, he went back to composing German poems which are collected in the volumes *Traumkraut* (1951) and *Abendgesang* (1954). Goll shared in the publication of some influential literary journals in Europe and in America. He was associated with many of the most eminent painters, some of whom, like Fernand Léger, Marc

Chagall, Picasso, and Matisse, illustrated his books. His best-known work is the cycle of poems *La chanson de Jean sans Terre* (1936–9), predominantly French but partly German, which was translated in America under the title *Landless John*. See the edition of his works by his wife, Darmstadt and Berlin, 1960. See also F. J. Carmody, *The poetry of Yvan Goll*, Paris, 1956.

WERNER BERGENGRUEN was born in Riga. After studying at the universities of Marburg, Munich, and Berlin, he lived successively in Germany, Austria, and Switzerland, and in 1958 returned to Germany. His novels are his main work, but he also wrote some notable poems during the Second World War and immediately afterwards. See his *Dies Irae* (1945) and *Lombardische Elegie* (1951). See also M. W. Weber, *Zur Lyrik Bergengruens* (1958), and works by H. Kunisch (1958), and G. Klemm (1961).

413. From *Dies Irae*, Arche-Bücherei, no. 17, Zurich.

GERRIT ENGELKE was born in Hanover and died in a British field hospital near Cambrai. He ranks among the 'Arbeiterdichter' and the pioneers of Expressionism. See his collected works, published in 1960, and the essays on him edited by F. Hüser (1958).

JOSEF WEINHEBER was born in Vienna. After the death of his father he was employed in a butcher's shop belonging to an aunt. He freed himself from this depressing occupation by educating himself and by serving in different capacities in the postal service. His youthful experiences explain his distrustful attitude to life which he expressed in tenaciously traditional forms, the ode being one of his favourites. However, he also wrote humorous verse in the Viennese dialect. His death by his own hand in 1945 is sometimes explained by the fact that he had collaborated with National Socialists during the war. His collected writings

have been edited by H. Weinheber and J. Nadler, Salzburg, 1953–6. See also the works on him by F. Koch (1942), F. Sacher (1949), and J. Nadler (1952).

415–16. From *Sämtliche Werke*, Hamburg, 1959.

GERTRUD KOLMAR (pseudonym for Gertrud Chodziesner) was born in Berlin. She studied history and languages and acted as an interpreter during the First World War. Later she travelled in France and then taught in an institution for deaf and dumb children. In 1943 she was deported to a concentration camp after her 80-year-old father, whom she refused to leave, had been sent to Theresienstadt. It is not known to which camp she was taken or when she was killed. She wrote a large number of ballads, but her more distinguished work is her lyric poetry in which she expressed her highly individual feeling with great technical skill. See her collected poetry edited by J. Picard, Heidelberg, 1955, and by H. Wengel, Munich, 1960.

417–18. From *Das lyrische Werk*, Munich, 1960.

BERTOLT BRECHT was born in Augsburg in Bavaria. He studied science and medicine in Munich and served in the medical corps in the First World War. He held posts at the 'Kammerspiele' in Munich and with Reinhardt in Berlin until 1939 when he emigrated, reaching California after journeys through Austria, Switzerland, Denmark, Sweden, Finland, and Russia. He returned to Europe in 1947 and lived in East Berlin until his death. A rebel against bourgeois society from his school days, he became the most effective of the politically committed poets and playwrights in Germany between the wars, yet also retained his artistic independence. In poetry he made his first impact by his 'Chansons', his ballads, and his deliberately harsh and wry political verse. His first collection, *Bertolt Brechts Hauspostille*, appeared in 1927. Towards the end of his life he wrote a number of short poems which are markedly more detached than his earlier poetry: they are

written somewhat in the style of Chinese poetry as presented by Arthur Waley, whose work Brecht greatly admired. See the selection of his poetry, Frankfurt am Main, 1958, and the collection of *Gedichte*, Frankfurt am Main, 1961– . See also K. Schuhmann, *Der Lyriker Bertolt Brecht*, Berlin, 1964, and works by J. Willett (1959), R. Gray (1961), M. Esslin (1962), and H. Kaufmann (1962).

419–24. From *Gedichte*, Frankfurt am Main, 1960–5.

LIST OF POETS

(The figures refer to the numbers of the poems)

LIST OF POETS

INDEX OF FIRST LINES

(The figures refer to the numbers of the poems)

INDEX OF FIRST LINES

INDEX OF FIRST LINES

INDEX OF FIRST LINES

INDEX OF FIRST LINES

INDEX OF FIRST LINES

INDEX OF FIRST LINES

INDEX OF FIRST LINES

INDEX OF FIRST LINES

INDEX OF FIRST LINES

PRINTED IN GREAT BRITAIN
AT THE UNIVERSITY PRESS, OXFORD
BY VIVIAN RIDLER
PRINTER TO THE UNIVERSITY